ENTRE DEUX GUERRES

Pascale Noger

Bibliographie

Madame l'Inspecteur Vottier

Sacrifices - Inspecteur Vottier tome 2

Les Innocentes – Inspecteur Vottier tome 3

Entre Deux Guerres – Roman historique

Vous reprendrez bien une petite part de vie ? – Recueil de nouvelles noires

Mes livres sont disponibles principalement sur Amazon et sur le site de la Librairie Jeunes Pousses www.librairiejeunespousses.fr.

Vous pouvez me suivre sur

Pascale Noger

@pascalenoger

@NogerPascale

https://pascalenogerauteure.over-blog.com/

Correcteur : Thomas Lebescond

Photo de couverture : Pexels-Cottonbro

Dépôt légal : 17/11/2020

Table des matières

15 août 1806

30 août 1806

22 février 1807

16 mars 1807

5 avril 1807

30 juin 1807

20 novembre 1807

21 novembre 1807

21 mars 1808

15 mai 1808

18 mai 1808

24 septembre 1808

19 mars 1809

16 avril 1809

17 avril 1809

25 juin 1809

17 juillet 1809

6 août 1809

30 août 1809

18 septembre 1809

25 décembre 1809

23 janvier 1810

26 février 1810

8 avril 1810

1er mai 1810

10 mai 1810

26 août 1810

Prologue

Toute ressemblance avec des faits et des personnages ayant existé n'est absolument pas fortuite et n'est pas le fruit d'une coïncidence.

L'histoire que vous allez lire maintenant est une histoire vraie, cette famille a existé et les évènements, les dates et les lieux que je cite sont réels.

Ce qui est romancé alors ? Les caractères des personnages, certains traits physiques, les surnoms que j'ai attribués à deux des sœurs, car Michel et Anne Carle avaient réellement trois filles qui portaient toutes trois le prénom de Françoise. Je pense, en toute logique, que c'est certainement ce que leurs parents ont dû faire, car aucune des trois sœurs n'avait de second prénom qui aurait pu se substituer à Françoise.

J'ai aussi inventé quelques personnages : si les trois sœurs étaient bien blanchisseuses, Madame Hortense, sa famille et ses employées sortent de mon imagination. Je ne sais d'ailleurs pas si les sœurs Carle étaient employées dans la même blanchisserie. Jeannot aussi a été inventé de toutes pièces. Mais les témoins des actes officiels, les sages-femmes et les officiers d'état civil sont ceux qui figurent dans les actes.

En ce qui concerne le Caporal Philippe, sa carrière militaire est réelle, Pierre Talo a bien été incorporé en même temps que lui et sa carrière aussi est véridique. Seule leur amitié est inventée. Jean Meunier aussi est réel, et son rôle dans la vie d'Étienne Philippe m'amène à penser qu'ils étaient proches. Par contre, les différents François, Henri et autres « Le Taiseux » sortent de mon imagination.

Je ne vous en dis pas plus, je vous laisse découvrir ce roman. Roman historique ? Je l'espère oui, car j'ai passé énormément de temps à recouper l'Histoire de France avec l'histoire de mes héros. S'il y a quelques erreurs, n'hésitez pas à me les signaler, je me ferai un devoir de les corriger lors d'une prochaine édition.

PREMIÈRE PARTIE

1799 - 1805

12 juin 1799 - 24 prairial an 7

Il fait doux, mais il ne sent pas le vent léger qui soulève ses cheveux, le soleil qui caresse sa peau. Il ne voit pas non plus les champs de blé encore verts, les lézards qui courent devant ses pieds pour se cacher dans les herbes folles, avec leur façon de se tortiller qui le faisait rire aux éclats lorsqu'il était enfant. Les oiseaux qui s'envolent des haies avec leurs cris affolés, persuadés que cet homme, marchant d'un pas décidé sur cette route de campagne, va s'en prendre à leurs nids, le laissent indifférent. Tout ça défile devant ses yeux sans arriver à le distraire de son but. Son baluchon sur l'épaule, il se dirige d'un pas alerte vers la caserne où il doit se présenter.

Pourtant, il n'est pas serein. Dans son esprit, il revit cette terrible soirée, le lendemain de ses seize ans, quand il a annoncé à ses parents qu'il voulait s'engager. Son père, arpentant la salle d'un pas rageur, bousculant au passage les tabourets, le pot à eau, le baquet. Sa mère, debout devant la cheminée, se tordant les mains en gémissant. Mais ni les pleurs de sa mère ni les cris de son père n'ont pu le faire changer d'avis. Ils ont tout essayé : le chantage, les sentiments, les menaces.

En désespoir de cause, ils ont fini par dire oui, mais à une condition : qu'il attende encore quelques années, qu'il prenne le temps de réfléchir. Seize ans, c'est trop jeune, lui ont-ils dit, attend au moins d'avoir l'âge de la conscription. Mais il n'a pas cédé, menaçant de tricher sur son âge pour s'engager sans leur accord. De guerre lasse, sachant son fils capable de tout pour arriver à ses fins, son père a fini par lui donner son autorisation, et il a signé son enrôlement quelques jours plus tard.

Il a été affecté à la quarante-neuvième demi-brigade d'infanterie, et doit se présenter aujourd'hui, vingt-quatre prairial, à sept heures tapantes. Maintenant, frémissant d'impatience, il attend l'ouverture des portes, appuyé contre l'épais mur d'enceinte de la caserne. Il est à peine six heures trente. D'autres hommes, jeunes ou moins jeunes, arrivent un par un et se joignent à lui. Certains feignent la décontraction, d'autres, certainement des conscrits, portent l'angoisse sur leur visage. Un grand maigre a même des traces de larmes sur les joues, traces qui ont laissé des sillons plus clairs dans le gris de la poussière.

Étienne les regarde rapidement les uns après les autres, puis revient sur un visage. Il lui dit quelque chose, ce visage. L'homme aussi le regarde. Un peu plus grand que lui, brun de poil, les yeux sombres, il affiche le même air interrogatif. Soudain, son visage se fend d'un large sourire et il se dirige vers l'inconnu, la main tendue.

— Bonjour, je m'appelle Étienne, je suis de Douai. On s'est vus au marché, à Lille, il y a quelque temps. J'accompagnais mon père qui était venu pour acheter une vache.

— Oui, ça y est, je me souviens. Le maquignon tentait de lui vendre une vache stérile. Je l'avais reconnu, il avait fait le même coup à mon voisin l'année passée, c'est pourquoi je suis intervenu. Il m'en veut encore ce brigand, à chaque fois que je le croise, il me maudit. Moi c'est Pierre, Pierre Talo.

Les deux hommes se donnent l'accolade, heureux de se retrouver.

— C'est qu'il n'y connaît pas grand-chose en bestiaux, mon père, s'exclame Étienne en riant. Il travaille chez un tanneur. Il ne saurait pas reconnaître une bonne vache laitière d'une génisse à peine sevrée. Par contre, tu ne le voleras pas sur la qualité du cuir. Mais comme ma mère a reçu en héritage un bout de terrain derrière chez nous, il voulait y mettre une vache, pour avoir un veau par an et du lait.

— C'est une bonne idée, comme ça, vous avez le lait et la viande, acquiesce Jean.

— Ma foi, le terrain est trop petit pour nourrir deux bêtes. Mais une fois le veau sevré, il l'aurait vendu pour améliorer l'ordinaire. Tu es volontaire, toi aussi ? questionne Étienne.

— Oui. Impossible de vivre tous sur le peu de terre que nous avons. Les riches ont racheté les terres du clergé, sont devenus encore plus riches, ne laissant rien aux pauvres paysans que nous sommes. Alors je m'engage. J'aurais pu me faire laboureur, mais je préfère protéger la France de ceux qui veulent retirer le pouvoir au peuple, et essayer d'apporter un peu de justice à mes semblables... Si c'est possible. Et toi, ton père est tanneur donc ?

— Oui, ils sont trois à travailler sous les ordres d'un maître tanneur. Mais ça n'est pas plus enviable. Il passe ses journées à nettoyer les peaux, dans l'odeur nauséabonde du tan qui fermente. Je n'ai jamais vu ses mains autrement que couvertes d'engelures et de coupures. Quant à ma mère, usée par les enfantements, quand tout le monde dort et que la maison est rangée, elle s'use les yeux à la chandelle pour quelques travaux de couture payés une misère, mais qui rajoutent des morceaux de viande dans la soupe, le dimanche.

Pierre soupire, et s'adosse au mur de la caserne, les yeux mi-clos dans le soleil levant, tandis que derrière la porte résonnent les bruits des hommes qui commencent leur journée, criant après un cheval récalcitrant, claquant portes et fenêtres, et d'autres bruits propres à une caserne, difficilement identifiables pour les profanes.

— Parfois, je me demande si on y a vraiment gagné quelque chose, avec cette révolution. J'ai l'impression que les pauvres sont toujours aussi pauvres, que les bourgeois et les propriétaires ont remplacé les nobles. Avant, on avait les ducs qui ferraillaient avec les comtes ou les marquis, pour quelque question d'honneur ou des dettes de jeu. Ensuite Danton, Robespierre et j'en passe, qui se sont exécutés les uns les autres. Tu peux me dire où tout ça va s'arrêter ?

— Je ne sais pas, avoue Étienne. Depuis que le Directoire a été instauré, il me semble qu'on a atteint une certaine stabilité. Si on vivait à Paris, on serait au cœur de l'action, on aurait les nouvelles plus rapidement. En tout cas, je pense qu'il est heureux que ce général Bonaparte n'ait pas connu le même sort que Robespierre. Il me fait l'effet d'être capable de protéger la France des envahisseurs. Avec lui, les Autrichiens et les Anglais vont avoir du fil à retordre s'ils veulent rétablir la royauté en France.

Pierre ouvre la bouche pour répondre, mais le grincement qui retentit soudain impose le silence à la quelque vingtaine d'hommes, maintenant rassemblés devant la caserne. La porte s'ouvre et un officier leur intime l'ordre de se mettre en rang l'un derrière l'autre, et de le suivre.

***

En file indienne, les hommes rentrent dans la cour et la lourde porte se referme derrière eux. Ce bruit fait aux conscrits l'effet d'une porte de prison, mais pour Étienne et Pierre, c'est le début d'une nouvelle vie qui s'annonce.

— Alignez-vous, plus vite que ça, face à moi. Et en silence !

Les hommes s'alignent tant bien que mal et les voix s'éteignent peu à peu, passant progressivement du murmure au silence le plus complet.

— Toi, tu rentres là, dit-il en indiquant au premier de la file une porte ouverte, à droite du bâtiment central, juste devant eux. Toi, quand il sort, tu rentres à sa place et ainsi de suite.

Il se passe un peu plus d'une heure avant que ce ne soit le tour d'Étienne. Pierre, lui, se trouve un peu plus loin dans la file, une demi-douzaine d'hommes après lui. Quand vient son tour, Étienne entre dans une pièce qui lui paraît sombre, tant est vive la clarté qui règne dans la cour. Il cligne des yeux et distingue un officier, assis face à une table, un registre ouvert devant lui, et s'approche vivement. L'homme lève les yeux vers lui, et, dans son regard, on peut lire toute la lassitude d'un homme habitué à l'action, affecté maintenant à une tâche répétitive et ennuyeuse. La manche de son uniforme est coupée au niveau de l'épaule, son bras gauche, absent, se désagrège certainement dans une fosse commune, sur un lointain champ de bataille. Un soldat se tient debout à sa droite, à côté d'une toise. Des cartes sont fixées au mur, couvertes de flèches, de croix, et d'autres symboles qui paraissent à Étienne aussi incompréhensibles les uns que les autres.

— Nom, prénom, date et lieu de naissance, nom de ton père et de ta mère.

Raide comme la justice, les bras le long du corps, le regard au loin, dans ce qu'il imagine être un garde-à-vous impeccable, Étienne répond d'une voix forte.

— Citoyen Étienne, Joseph, Philippe, né le 16 mars 1783 à Douai, département du Nord, fils d'Ignace Joseph Philippe, garçon tanneur et de Julie Henriette Delène.

— Il n'y a plus de citoyen ici, ça sera soldat Étienne Philippe maintenant. Volontaire ou conscrit ?

— Volontaire.

— Enlève tes galoches et va te faire mesurer.

Collé contre la toise, le torse bombé pour se grandir, Étienne sent le morceau de bois se poser sur le haut de son crâne et le soldat annoncer un mètre soixante-trois. L'entretien se prolonge encore, l'officier note, questionne, note encore, puis pose enfin sa plume.

— Très bien, tu sors et tu vas au magasin, troisième porte à droite, au bout du bâtiment. Tu leur donnes ce papier. Là on te donnera ton uniforme, ton matériel, ta besace et ta giberne. Prends-en bien soin, il faut faire durer. Ah, et on t'indiquera ta chambrée aussi.

Congédié sans plus de cérémonie, Étienne ressort dans la cour, fait un rapide signe de la main et un sourire à Pierre, puis se dirige vers le magasin d'un pas rapide. Il a tellement hâte de voir son uniforme, et surtout de le revêtir, qu'il n'a même pas regardé le papier que l'officier lui a remis.

Aussitôt la porte franchie, il a l'impression de rentrer dans un de ces ateliers de tailleurs devant lesquels il passait, sans jamais oser se risquer à y mettre un seul pied, à supposer qu'il en ait seulement eu les moyens. Partout, sur de longues tables, des culottes, des souliers, des sacs, des chemises, le tout en piles impeccables. Ébahi, il reste figé, bouche ouverte, avant d'être violemment rappelé à l'ordre.

— Alors soldat, tu bayes aux corneilles ? Tu n'as pas choisi le bon endroit pour paresser. Donne-moi ça.

L'homme qui l'a ainsi interpellé lui arrache presque des mains la feuille de papier, et commence à lire en silence, remuant des lèvres minces que l'on devine à peine sous une grosse moustache. Il se dirige vers les tables, et empile les uns sur les autres les pièces de vêtement qui vont constituer l'uniforme d'Étienne, puis il les entasse dans un sac, rajoute brosses, assiette et cuillère en métal, couteau, et divers autres objets qu'Étienne n'a jamais vus, appose un cachet et sa signature au bas du papier et lui tend le tout.

— Voilà. Tu es dans la chambrée numéro cinq, sous les ordres du Caporal Degravel. C'est lui qui fera de toi un soldat. Allez, file, qu'est-ce que tu attends ?

— Elle est où la chambrée numéro cinq ?

—Bâtiment central, premier étage. C'est marqué sur la porte.

Puis, sans plus s'occuper de lui, il repart vers les uniformes pour redresser une pile de chemises qui n'en a pourtant pas besoin. Étienne ressort du magasin en se demandant si l'officier auprès de qui il a signé son engagement ne s'est pas moqué de lui, en lui vantant la grande famille qu'est l'armée. Comme accueil chaleureux et familial, on peut certainement trouver mieux !

Le soleil est maintenant haut dans le ciel et il reste moins de dix hommes qui attendent leur enregistrement. Étienne rentre dans le bâtiment où sont regroupées les chambres et se trouve soudain tout étourdi par le nombre d'hommes qui entrent et qui sortent d'un pas pressé, sans lui accorder le moindre regard.

Amusé, il les regarde courir, et cette vision lui rappelle, par association d'idées, les ruches qu'un riche bourgeois de son village a installées sur ses terres, au bout de la rue. L'homme qui s'en occupe l'avait pris en affection, le laissant s'approcher pour observer les incessantes allées et venues des abeilles qui rentrent par les ouvertures, les pattes chargées de boules de pollen, puis repartent aussitôt leur fardeau déposé, indifférentes à la curiosité de ce jeune gamin dépenaillé. Il lui a même fait goûter un peu de miel un jour, après avoir vérifié soigneusement que personne ne pouvait les voir. Étienne se souvient encore de cette saveur douce et parfumée, un plaisir qu'il n'a jamais retrouvé depuis.

Une fois passée la porte de la chambrée, il se retrouve dans une pièce qui lui paraît immense, comparée au logement qu'il occupait avec ses parents et sa fratrie. Là, une vingtaine de lits sont alignés contre le mur, sous les fenêtres. Sur certains, des hommes sont assis, jouant aux dés, fourbissant une baïonnette ou recousant les semelles de leurs souliers. À gauche, des patères surmontées de planches fixées au mur. Certaines, vides, attendent les maigres possessions des nouveaux arrivants. D'autres disparaissent sous les sacs et les uniformes. Enfin, à droite, rutilants, le bois satiné des crosses luisant sous les rayons du soleil, des fusils sont alignés, soigneusement fixés sur un râtelier.

Avisant le seul officier présent, Étienne s'approche et se présente, gardant en mémoire ce qui lui a été dit par l'officier qui lui a remis son uniforme.

— Soldat Étienne Philippe mon caporal. Au magasin, on m'a dit que je suis dans cette chambrée.

Sans un mot, le caporal prend le papier que lui tend Étienne et le lit attentivement. Puis il dévisage le jeune homme en silence.

— Tu as quel âge ?

— Seize ans mon caporal.

— Tu es bien jeune. Tu partageras le lit du soldat Divos. Il est là depuis quatre semaines, il t'expliquera tout ce que tu dois savoir. Les repas sont à dix heures et à dix-sept heures, dans la salle du bas. Aujourd'hui, tout est prêt, mais les jours suivants, tes camarades et toi participerez par roulement à la confection de la soupe. Ta patère est la deuxième de ce côté – dit-il en tendant le doigt. (Puis, sortant une montre gousset de sa poche :) bientôt dix heures. Range tes affaires et après le repas, rassemblement dans la cour. Exécution !

Étienne a tout juste le temps d'empiler les différentes pièces de son uniforme sur le bout d'étagère qui lui est dévolu, et d'accrocher son sac en dessous, qu'un son de cloche retentit. Alors qu'il va suivre les autres pour son premier repas de militaire, celui que le caporal lui a indiqué comme étant le soldat Divos l'attrape par le bras :

— Attends, n'oublie pas ta cuillère !

Le remerciant d'un sourire, Étienne pioche la grosse cuillère de métal dans son sac, et suit ses camarades de chambrée dans le grand escalier de bois, faisant résonner les marches sous leurs pieds, comme des générations de soldats l'ont fait avant eux.

***

Après le repas, une fois l'uniforme revêtu et le fusil sur l'épaule, c'est leur premier exercice qui attend les jeunes recrues : marcher au pas. Un exercice qui s'effectue sous des trombes d'eau, de lourds nuages gris ayant remplacé le soleil du matin. Quand certains grognent, ils sont vite rabroués par le caporal :

— Taisez-vous, bande de paysans ! Vous croyez peut-être que l'ennemi va attendre le beau temps pour attaquer, et peut-être même vous offrir des ombrelles, comme à des pucelles ? Vous allez marcher et combattre par tous les temps, autant vous y faire tout de suite.

La menace de la savate, tout comme la fatigue, ont vite fait de ramener le silence dans les rangs, et tous gardent leurs quelques forces pour effectuer les mouvements le mieux possible. Car pendant le repas, les anciens se sont fait un plaisir d'expliquer aux nouveaux en quoi consiste cette punition, et personne n'a envie de se prendre des coups de semelles sur les fesses par tout le reste de la chambrée.

Étienne peste intérieurement lui aussi, mais pas contre les exercices. Ce qui l'agace, c'est qu'au lieu de dire gauche, droite, gauche, droite, comme il l'a entendu les rares fois où il a pu voir des troupes défiler, les yeux brillants d'envie, le caporal scande paille, foin, paille, foin. Lui qui sait parfaitement différencier sa gauche de sa droite est effaré de voir que ça n'est pas le cas de la majeure partie de ses camarades. Alors, en attendant que cette notion leur rentre dans le crâne, le caporal leur a demandé de mettre de la paille dans leur chaussure gauche et du foin dans la droite.

Il a eu la chance, tout comme ses frères, d'avoir appris à lire, à écrire et à compter. Son père espérait que ces quelques rudiments d'éducation permettraient à ses fils d'avoir une meilleure situation que la sienne, qu'ils seraient peut-être maîtres tanneurs un jour. Les filles n'ont pas eu cette chance. Quand Étienne a demandé pourquoi, son père lui a répondu que pour faire la cuisine et élever des enfants, il n'est pas nécessaire de savoir lire, que c'est même inutile et dangereux, et que ça peut leur donner l'idée de discuter les décisions de leur mari. Il a juste consenti à ce qu'elles apprennent à compter « pour tenir au mieux l'argent du ménage ».

C'est le curé de son village, un vieil homme à la soutane rapiécée, qui les rassemblait dans le presbytère en fin de journée pour leur enseigner avec patience à déchiffrer les lettres et les chiffres, et qui partageait entre eux le morceau de pain qu'il avait soustrait à son propre repas.

Même s'il est révolutionnaire dans l'âme, Étienne n'a jamais, comme certains, rejeté le clergé en totalité. Bien sûr, il a vu ces caricatures de moines gras comme des oies, une coupe de vin dans une main et un cuissot de viande dans l'autre. Lui aussi sait pertinemment que le haut clergé, formé de nobles, ne vit ni dans la pauvreté ni dans la chasteté, loin s'en faut. Mais il garde une tendresse particulière pour ce vieil homme qui faisait preuve d'une patience infinie avec eux.

La cloche qui sonne le repas est accueillie avec soulagement.

— Fin de l'exercice. Avant de vous remplir la panse, allez essuyer et ranger vos fusils. Inspection après la soupe, celui dont le fusil n'est pas bien droit et impeccablement nettoyé balayera la cour pendant huit jours. Exécution !

Tous se précipitent dans les chambres, et, une fois les fusils secs et rangés, empoignent leurs cuillères pour descendre manger. À peine la première journée touche-t-elle à sa fin qu'ils ont déjà intégré les rudiments de la vie de caserne.

Après le repas, ils peuvent bénéficier de quelques moments de liberté avant l'extinction des feux. Certains entament une partie de dés, d'autres s'allongent déjà sur leur lit et les quelques ronflements qui sortent de leurs bouches entrouvertes attestent de leur état de fatigue. Décidé à profiter du soleil revenu plutôt que de s'enfermer dans la promiscuité et l'odeur des corps échauffés de sueur, Étienne, accompagné de François Divos, a rejoint Pierre, qui s'est vu attribuer un lit dans la pièce située juste au bout du couloir. Tous les trois s'installent dans la cour de la caserne et, assis sur le sol, le dos bien calé contre le mur, ils commencent par bourrer et allumer leurs pipes respectives en silence, comme un rituel qui ne souffrirait aucune distraction. Puis François prend la parole tout en tirant ses premières bouffées :

— Alors les bleus, vos premières impressions ?

Étienne fait un geste vers Pierre pour l'inciter à prendre la parole en premier.

— Bah, ce n'est pas plus fatigant que de pousser la charrue toute la journée ou de faucher du blé. Après, faut voir la suite. Et toi Étienne ?

— Pareil, marcher au pas de dix heures à dix-sept heures, puis la soupe et fumer une pipe en profitant de la fin de la journée, franchement, j'ai connu pire. J'ai été apprenti tanneur avant de m'engager, tu as le dos cassé quand tu rentres chez toi, et il faut encore fendre le bois, aller chercher l'eau, aider la mère à ceci, à cela.

François éclate de rire.

— Oui, ben ça ne sera pas tous les jours comme ça, ne rêvez pas. Et puis là c'est juste la formation, mais attendez de marcher des dizaines de kilomètres, de dormir en bivouac à même la terre. Et les batailles, attendez un peu de vivre vos premières batailles, vous allez regretter vos champs et vos peaux, croyez-moi.

— Tu t'es déjà battu toi ? Le caporal a dit que tu n'étais là que depuis un mois.

— Non, mais ça ne va pas tarder. Et puis des anciens qui sont revenus entre deux campagnes m'ont raconté. Ça ne donne pas envie.

Ils continuent à fumer en silence en réfléchissant à cette première journée. Les ombres commencent à s'étirer, une demi-douzaine d'oiseaux se risque près d'eux, espérant peut-être quelques miettes. Avec l'idée d'améliorer l'ordinaire, Étienne sort une fronde de sa poche pour tirer deux ou trois grives, mais celles-ci s'échappent à tire-d'aile vers les branches d'un arbre que l'on aperçoit, de l'autre côté du mur.

Par-dessus ce mur, justement, on peut entendre les cris et les appels des hommes qui rentrent de l'atelier ou des champs, les pleurs des enfants houspillés par leurs mères.

— On a le droit de sortir de temps en temps ?

— Pas tant que tu n'as pas ta première permission. Mais dans huit jours, tu monteras la garde. Tu resteras dehors, debout avec ton fusil et en uniforme. Ce n'est pas vraiment sortir, mais au moins, tu verras passer du monde, ça te changera des militaires.

Ils en sont à leur deuxième pipe lorsque sonne l'heure de se mettre au lit. François se lève d'un bond, vide les cendres en tapant sa bouffarde contre son talon, et disparaît après cette injonction :

— Ne traînez pas, demain c'est debout avec le soleil et ils vont vous apprendre à charger un fusil. Faudra avoir les idées claires.

Pierre et Étienne, eux, prennent le temps de terminer leur pipe. Les nuits courtes ils connaissent. Les occasions de s'amuser étant rares, la nuit de la Saint-Jean, ou bien, après la révolution, celle célébrant la prise de la Bastille, donnaient lieu à des libations qui se terminaient tard dans la nuit, mais ne les empêchaient pas de reprendre le travail à l'aube, en dépit de quelques heures de sommeil, voire même d'une nuit blanche.

Quand Étienne se glisse dans le lit, François dort déjà et ronfle, alternant inspirations sifflantes et expirations assorties de vibrations tellement sonores qu'aucune comparaison ne vient à l'esprit d'Étienne. Ce dernier se dit qu'il ne fermera pas l'œil de la nuit, mais à peine a-t-il posé la tête sur la paillasse et fermé les yeux qu'il sombre déjà dans un profond sommeil.

2 octobre 1799 – 10 vendémiaire an 8

Bien alignés, le fusil chargé, ils attendent les ordres. Il est loin le temps où on l'appelait « le bleu ». Maintenant, s'il était encore à la caserne, c'est lui qui appellerait comme ça les nouveaux arrivants. Mais il n'est plus à la caserne. Après avoir appris à marcher au pas, à obéir aux ordres et à charger son fusil de manière réglementaire, de mieux en mieux et de plus en plus vite, il est maintenant au cœur de la bataille. Et il remercie ce fichu règlement, car les heures à s'entraîner à charger son fusil lui ont peut-être sauvé la vie il y a une dizaine de jours, lors de sa première bataille, quand il a abattu l'Anglais qui allait lui enfoncer son sabre dans la poitrine.

Cette première bataille, à côté de la petite ville de Bergen, s'était terminée par une victoire pour les Français et les Néerlandais, et Étienne avait eu l'immense honneur de voir le Général Brune passer dans les rangs pour les féliciter. Quel homme imposant que ce général, avec son haut front qui commençait à se dégarnir, son nez fin, ses lèvres minces. Un physique de chef de guerre, avait pensé Étienne avec envie.

Seulement voilà, les Russes et les Anglais ne s'étaient pas avoués définitivement vaincus et en ce dix vendémiaire, une nouvelle bataille s'annonce, peut-être encore plus violente que la précédente. Les Anglais et leurs alliés russes se sont avancés un peu plus dans les terres, et ils sont maintenant à côté du village d'Alkmaar. Les Français sont bien décidés à les empêcher d'avancer plus loin, et même à les renvoyer définitivement sur leurs bateaux en direction de la perfide Albion, que, selon Étienne, ils n'auraient jamais dû quitter !

Pierre n'est pas très loin de lui et les deux hommes échangent un bref regard, leur amitié naissante s'étant encore renforcée au fil des épreuves. Soudain, l'ordre résonne « Chaaaargez ». Aussitôt, tous avancent du même pas, la baïonnette en avant, déterminés à en découdre avec l'ennemi héréditaire. Les uniformes, brossés à la hâte la veille au soir, portent encore les stigmates des batailles précédentes, taches de sang, de boue, de graisse et de poudre. Leurs pieds s'enfoncent dans le sol spongieux, et on ne voit plus de différence entre les souliers, les bas et le pantalon, le tout étant maintenant couvert de boue et d'une teinte brune uniforme des pieds jusqu'à mi-cuisse.

Étienne avance, ses compagnons tombent à ses côtés, les Anglais et les Russes aussi tombent et meurent sous ses coups, le visage explosé d'un coup de fusil, le torse ou le ventre ouvert d'un grand coup de baïonnette. Étienne n'y fait plus attention. Il a vu trop d'hommes mourir autour de lui. C'est la guerre, ça lui paraît presque normal maintenant. Pourtant, quand ce jeune Russe s'écroule devant lui, il a un sursaut. Il est jeune, certainement même plus jeune qui lui. Il avait toute la vie devant lui, une mère, une fiancée peut-être. Mais non, pas d'attendrissement, il faut avancer, tuer avant d'être tué.

Il a perdu de vue son ami Pierre, mais il ne le cherche pas des yeux, car il sait qu'un instant d'inattention peut lui être fatal. Il faut être en permanence sur le qui-vive, surveiller non seulement devant, mais aussi sur les côtés et même avoir des yeux derrière la tête. L'ennemi est partout. Les amis, on les retrouve le soir, devant le feu, s'ils sont encore vivants.

La journée s'écoule sans qu'Étienne ait l'impression d'avoir avancé un tant soit peu. Chaque pouce de terrain âprement conquis est repris peu après, que ce soit par l'un ou l'autre des deux camps. Soudain, en reculant, il bute sur un corps, et dans ce corps, il reconnaît son ami Pierre, à demi caché sous un soldat ennemi, bien mort celui-là. Pierre, recroquevillé sur lui-même, lève vers son camarade un visage tordu de souffrance.

— Pierre, ça va ? Tu es blessé ?

— J'ai pris une balle dans le bas-ventre. J'ai mal.

— Je vais t'aider.

— Non, laisse-moi, je vais m'en sortir seul.

Sans écouter les protestations son ami, Étienne avise un dénommé Henri, membre d'un autre bataillon, mais avec qui il a déjà échangé le soir à la veillée.

— Henri, couvre-nous, je ramène Pierre à l'arrière.

Henri fait signe qu'il a compris et, tandis qu'il empale un anglais qui tentait une avancée,

Étienne passe le bras de Pierre autour de son cou et, moitié tirant, moitié portant, il rebrousse chemin vers l'arrière. Ses compagnons s'écartent devant lui, l'encourageant qui d'un signe, qui d'une parole, avant de repartir à la charge de l'Anglais en hurlant à qui mieux mieux, autant pour effrayer l'ennemi que pour se donner du cœur au ventre.

Après un périple épuisant, Étienne arrive enfin à l'arrière, là où sont rassemblés les blessés pris en charge les uns après les autres par les chirurgiens. Les fumées des canons qui assombrissent le champ de bataille se dissipent, et Étienne aurait préféré que ce ne soit pas le cas. La scène qu'il a devant les yeux est plus horrible que le combat lui-même. Des hommes s'entassent, gémissant, hurlant. Certains, un membre arraché par un boulet, le sang s'échappant de leur blessure par à-coups, sont évanouis, ou peut-être même morts. Il baisse les yeux vers Pierre, se demandant l'effet que ce spectacle peut avoir sur lui, mais ce dernier a perdu connaissance. Étienne en est presque soulagé.

Il hèle deux brancardiers :

— Eh là, j'ai un blessé, je le mets où ?

— Bras ou jambe, questionne le plus âgé ?

— Ventre.

— Alors, mets-le sous la tente là-bas, un chirurgien viendra l'examiner.

Étienne s'exécute et dépose Pierre sur une paillasse, à l'entrée de la tente, plaçant son visage vers l'ouverture, pour l'éloigner le plus possible de l'odeur pestilentielle qui se dégage des blessés, sang, poudre et crasse confondus. Même si Pierre ne l'entend pas, il lui promet de passer le voir après le combat, puis il se hâte de retourner au front. Il ne sait pas quel homme a blessé son ami, mais Russes ou Anglais, ils vont tous payer.

***

La nuit tombe sur la terre gorgée de sang. La bataille reprendra demain, ou peut-être pas. Il n'en sait rien et ne se pose même pas la question. Il sait juste que la trompette a sonné le repli pour les deux armées. Alors il retourne vers l'arrière, enjambant les morts, aidant les blessés comme il a aidé Pierre plus tôt dans la journée, en dépit de la fatigue qui endolorit tout son corps. Son ventre se crispe de faim, mais il ne mangera pas encore, pas tant qu'il y aura un seul blessé français ou néerlandais à aider.

Demain ? Demain se décide là-bas, sous la tente des généraux, des commandants. Des hommes sortent, rentrent, des estafettes empressées, un courrier à la main, se précipitent vers leur cheval. Lui ne fait qu'obéir, aveuglément, sans penser à l'avenir, en supposant qu'il en ait un d'avenir.

Un homme l'appelle, tend vers lui ce qui lui reste de bras, un moignon sanguinolent. Il ne comprend pas ce qu'il dit, mais il reconnaît l'uniforme, c'est un Batave, un allié, un ami. Épuisé, mais avec un sourire qu'il espère réconfortant, il s'approche de lui.

— Ça va aller mon ami, je vais t'aider.

Comme il l'a fait pour tant d'autres ce soir, il passe le bras valide de l'homme autour de son cou et le soutient par la taille pour le guider vers les chirurgiens qui œuvrent sans discontinuer depuis le début des combats et qui, il le sait, vont se relayer tout au long de la nuit, tant qu'il restera des hommes à soigner, à sauver peut-être.

Après avoir confié l'homme à un infirmier, il se dirige vers la tente où il a déposé Pierre beaucoup plus tôt dans la journée.

L'odeur est encore plus insoutenable ce soir et il peut à peine avancer, tant les corps sont les uns contre les autres. Avisant deux brancardiers qui sortent un blessé, il les apostrophe.

— Hé, vous, j'ai déposé un homme blessé aujourd'hui, je l'ai allongé là, à côté de l'entrée, il est où ? Il s'appelle Pierre, Pierre Talo, de la quarante-neuvième brigade.

L'un des hommes lève vers lui un regard injecté de sang.

— Mon pauvre, si tu crois qu'on a le temps de demander leur nom à ceux qu'on transporte. S'il n'est plus là, ton gars a certainement été soigné, va voir dans la tente d'à côté.

Puis il retourne à sa tâche sans plus s'occuper d'Étienne. Après s'être assuré d'un coup d'œil circulaire que Pierre n'est réellement plus là, il entre dans la tente voisine, à l'ambiance plus calme, même si des gémissements s'exhalent parfois entre les lèvres blafardes des blessés. C'est là que se trouvent ceux qui ont été soignés, amputés, pansés, et qui maintenant tentent de se reposer un peu, abrutis par quelque potion calmante.

À peine a-t-il fait quelques mètres qu'une voix connue le hèle faiblement :

— Étienne, je suis là.

Pierre lève la main, mais la laisse vite retomber sur son grabat, tandis qu'Étienne s'approche aussi vite que possible, enjambant un corps par-ci, en contournant un autre par-là. Il finit par s'agenouiller aux côtés de son ami.

— Alors comment vas-tu ?

— Ça va, le chirurgien a nettoyé ma plaie et l'a pansée. S'il n'y a pas d'infection, je devrais m'en sortir. Mais cette bataille est finie pour moi. Dommage, j'aurais bien aimé me faire encore quelques Anglais.

— Ne t'inquiète pas, je vais en tuer le double pour toi. Tu as mangé ?

— Non, rien pour moi ce soir, j'ai juste eu droit à un peu d'eau. Le chirurgien a dit que je devais rester à la diète jusqu'à demain. Et toi, tu as mangé ?

— Pas encore, j'y vais.

Pierre tente un sourire qui se termine en grimace.

— File vite alors, tu connais ces rapaces, ils ne vont pas te laisser une seule goutte de soupe ni une miette de pain.

Étienne s'apprête à se lever, mais Pierre agrippe sa main, la serre de toutes les forces qui lui restent et plonge ses yeux dans les siens.

— Merci. Merci de m'avoir sauvé.

Ému, Étienne ne peut que lui répondre d'un ton bourru.

— Mais non, si ça n'avait pas été moi, un autre camarade s'en serait occupé.

— Peut-être, oui, ou peut-être trop tard.

Étienne tapote l'épaule de Pierre dans un geste amical.

— Quand je pense que tu voulais que je te laisse te débrouiller seul, bougre d'âne ! Allez, repose-toi et reviens-nous vite. Nos longues discussions le soir au bivouac me manquent déjà.

6 octobre 1799 – 14 vendémiaire an 8

Le général Brune a ordonné le repli, et maintenant l'armée gallo-batave lèche ses plaies. Mis à part quelques escarmouches, rien de décisif n'a eu lieu, ce qui a donné aux hommes un répit bien mérité, leur permettant ainsi de reprendre des forces. Pierre a été évacué en chariot à cheval avec les autres blessés légers et Étienne se sent maintenant un peu seul. Alors, il s'est rapproché de Philippe Goyen. Âgé de 18 ans, c'est un conscrit qui est arrivé le même jour qu'eux. Étienne l'a toujours trouvé d'un abord sympathique, mais la solide amitié qui le liait à Pierre, ajouté au fait que le soldat Goyen soit un peu secret, n'avait pas vraiment favorisé de rapprochement entre les deux hommes.

Un soir, se rendant compte que l'absence temporaire de Pierre laissait Étienne un peu désœuvré, Philippe lui avait proposé du tabac et ils avaient fumé de concert, devisant de choses et d'autres, de leurs familles, de leurs villages. Ils avaient fini par se trouver quelques points communs, et depuis, ils se retrouvent avec plaisir, que ce soit pour les corvées, une partie de dés ou simplement pour fumer en silence.

C'est donc ensemble qu'ils sont partis à la recherche de quelques victuailles pour agrémenter l'ordinaire. En effet, si les premiers jours de guerre, ils ont reçu une soupe épaisse et du pain blanc à chaque repas, les vivres ont maintenant du mal à arriver en quantité suffisante, et la soupe, quand il y en a, ressemble souvent à de l'eau dans laquelle flottent quelques légumes et ne tient pas au corps.

La veille au soir, ils avaient posé des collets dans une forêt proche, espérant y attraper quelque gibier, et ce matin, alors que tout le monde dort encore, et que seules les sentinelles sont éveillées, ils partent ramasser ce qu'ils espèrent être une prise fructueuse.

Le soleil se lève à peine, teintant l'horizon de rouge et d'ocre et dans une ferme au loin, un coq salue bruyamment le réveil de l'astre solaire. Avant de s'engager dans la pénombre du sous-bois, Philippe s'arrête un moment et regarde les vastes plaines qui les entourent.

— Ça me fait penser à chez nous, ces terres toutes plates, ces fermes. Tu ne regrettes pas de t'être engagé ?

— Non, jamais, répond Étienne. Et toi, si tu avais pu éviter la conscription, tu l'aurais fait ?

Philippe hésite un peu avant de répondre. Il se gratte la tête, soupire.

— Franchement, je ne sais pas. J'étais tiraillé quand mon numéro est sorti. D'un côté, je devais reprendre le magasin d'épices de mon père, je suis fiancé à une fille jolie comme un cœur et en plus, dotée d'un caractère enjoué, alors oui, j'aurais bien aimé rester. Mais d'un autre côté, je sentais au fond de mes tripes que c'était une occasion qui ne se reproduirait jamais, l'appel de l'aventure, sortir enfin de mon village. Les seuls voyages que je fais sont imaginaires, quand je plonge mon nez dans un sac d'épices odorantes tout juste déchargé du bateau.

Étienne éclate de rire.

— Voyager, certes, mais notre armée n'ira jamais dans les colonies ou les Amériques.

— Va savoir. Napoléon les a bien menés en Égypte il y a peu. Alors on peut toujours rêver.

Comme ils quittent les broussailles et arrivent sous les hautes ramures des arbres, Étienne pose un doigt sur ses lèvres et lui montre d'un signe de tête un lièvre qui se débat dans un collet. Ils échangent un sourire radieux : du lièvre, quelle aubaine ! Celui-ci n'est retenu que par une patte, aussi de dépêchent-ils de l'immobiliser et de l'abattre d'un coup sur la nuque. En une heure, ils relèvent tous leurs pièges et c'est portant fièrement le lièvre et quatre jeunes lapins qu'ils rentrent au camp.

Aussitôt le feu ranimé et les bêtes dépecés, ils les mettent à rôtir, et l'odeur alléchante finit de réveiller la dizaine d'hommes avec qui ils mettent en commun leurs trouvailles. Deux autres ont volé des légumes dans un champ, arrachant au petit bonheur tout ce qui passait à portée de leurs mains, avant d'être mis en déroute par le fermier et ses fils armés de fourches. C'est donc un repas de rois qu'ils s'offrent là, une soupe épaisse et de la viande rôtie, « le meilleur repas depuis le mariage de ma jeune sœur » décrète un vieux soldat, tout en cassant un os pour en sucer l'intérieur.

Ils ont à peine le temps d'essuyer rapidement leurs gamelles et leurs couverts qu'une nouvelle parcourt les rangs, comme un coup de vent soudain sur un champ. La bataille va reprendre, il faut se préparer.

Aussitôt, les couvertures sont roulées serrées, les paquetages préparés, les havresacs accrochés sur les dos encore endoloris, et chacun reprend hâtivement le fusil déjà tout chargé qu'il avait dressé en faisceaux avec ceux de ses camarades.

Certains prient discrètement, d'autres, au souvenir des batailles précédentes, sentent la peur serrer leurs entrailles. Étienne lui, n'a pas peur, non. Ce qu'il ressent, c'est plutôt de l'excitation. Enfin, il va pouvoir tenir la promesse qu'il a faite à Pierre, et tuer autant d'ennemis qu'eux deux réunis.

Au loin, un grondement. C'est l'ennemi, le roulement des tambours confondu avec les chocs des sabots des chevaux sur le sol. Comme la machine de guerre bien huilée qu'elle est devenue, l'armée gallo-batave, composée de tous ses hommes, fantassins et cavaliers, tous en rangs bien ordonnés, commence à marcher vers ce qui va devenir le front, là où les hommes vont mourir.

Étienne ne pense à rien, il marche. Le soleil est haut dans le ciel, quelques nuages blancs s'étirent dans le ciel, coupés parfois par le vol d'un oiseau, mais il ne voit que cette ligne sombre qui s'avance vers eux, dans un halo de poussière. Tout son corps est tendu vers un seul but, éliminer ces hommes en face de lui, ceux qui veulent les empêcher d'être un pays libre de se gouverner, libre de son destin.

À la fin de la journée, il ne sait même plus s'il est indemne ou blessé, si le sang qui le recouvre est le sien ou celui de ceux qu'il a blessés ou tués. Tout ce qu'il sait, tout ce qu'il sent, c'est cette formidable explosion de joie et ce cri qui court d'un homme à un autre, d'une bouche à une autre : « Victoire ! Victoire ! » Ils oublient tout et tombent dans les bras les uns des autres, ivres de joie.

Le vieux soldat qui s'était régalé le matin même d'un beau morceau de lièvre le serre dans ses bras en sanglotant « C'est le plus beau jour de ma vie », ce qui déclenche chez Étienne un fou rire qu'il ne cherche même pas à refréner. Une fois calmé, il sort de son sac la petite gourde remplie d'eau-de-vie qu'il gardait pour une grande occasion, mais avant de boire et de la passer à ses camarades, il la lève à bout de bras en clamant haut et fort :

— Je dédie cette victoire à tous nos camarades morts ou blessés sur le champ de bataille !

Dans un « hourra » d'allégresse, tous jettent leurs couvre-chefs dans les airs.

11 décembre 1799 – 20 frimaire an 8

Dans un demi-sommeil, elle entend le bruissement des voix dans la pièce voisine. Elle tend la main et sent le lit vide à côté d'elle, là où devrait se trouver Françoise, sa sœur cadette âgée de douze ans.

Elle tire un peu le rideau pour examiner la chambre et frissonne dans le courant d'air froid qui en profite pour se glisser à l'intérieur. Quatre lits clos occupent chacun un angle de la pièce.

Dans le premier, celui occupé habituellement par Joseph et Augustin, ses deux frères, un grand vide décoré d'un fouillis de draps et d'édredons. Ça la fait sourire. Rien de surprenant pour Augustin qui est un lève-tôt, toujours le premier avec la mère pour allumer le feu, préparer les pièces de cuir que son père garde chez eux plutôt qu'à l'atelier, par sécurité. Mais que Joseph, l'aîné, soit debout un jour comme aujourd'hui, un jour où il ne travaille pas, c'est surprenant. Joseph aime se laisser vivre. Il n'est pas paresseux, ça non. Quand le père ou la mère lui demandent quelque chose, il met la main à la pâte, et avec le sourire en plus, toujours de bonne humeur. Mais il n'est pas non plus le premier à proposer son aide. Cependant, aujourd'hui, c'est différent : c'est jour de fête, Augustin se marie.

Dans l'autre angle, un lit dont les rideaux sont ouverts, les draps bien tirés, l'édredon regonflé. C'est le lit de Françoise, sa sœur aînée âgée de seize ans. Bon gré, mal gré, elle s'est levée à l'aube pour aider la mère à préparer le repas de mariage. C'est même surprenant qu'elle n'ait pas pris un malin plaisir à la réveiller au passage. Françoise a un lit pour elle toute seule, privilège qu'elle doit à son mauvais caractère : personne ne veut dormir avec elle.

À l'autre bout, le lit occupé par Claude, son petit frère de huit ans et Barbe, quatre ans, est encore fermé, les rideaux bien tirés pour garder la chaleur des deux petits corps enfouis sous l'édredon. Pour une fois qu'ils peuvent dormir, ils en profitent. Mais ça ne va pas durer. Si Barbe passe encore ses journées à jouer, surveillée par leur mère ou ses aînés, Claude lui, quand il n'est pas à l'école, doit déjà faire sa part de travail. Rentrer le petit bois, aller chercher le pain, et surveiller Barbe, et surtout Madeleine, la petite dernière qui dort encore dans son berceau, dans la pièce commune, au bout du lit des parents, fait partie de ses tâches.

Tâches qu'il exécute en rechignant, prétextant que ce sont des travaux pour les filles. Ce qu'il préfère par-dessus tout, c'est quand le père lui demande de passer à l'atelier avant la fin de la journée pour nettoyer et ranger les outils, et, honneur suprême, mélanger les divers ingrédients pour préparer les boulettes de poix. Elle a beau le taquiner, lui dire que nettoyer, c'est aussi un travail de fille, il s'en tient à son idée : nettoyer l'atelier de cordonnier du père, c'est un travail d'homme.

Et maintenant, Augustin se marie et emménage ce soir avec Louise, sa jeune épousée, dans une pièce qu'il a louée, au dernier étage de la maison. C'est donc Claude qui partagera le lit avec Joseph, tandis que Madeleine, qui commence à être à l'étroit dans le petit berceau qui les a tous accueillis pendant leur plus tendre enfance, prendra sa place avec Barbe. Si Joseph, qui espérait avoir le lit pour lui tout seul, n'est pas vraiment ravi de ce nouvel arrangement, Barbe, elle, a sauté de joie à l'annonce de la nouvelle. D'une part, elle adore câliner sa petite sœur, qui le lui rend bien, et surtout, elle se plaint régulièrement de Claude qui geint, gigote, et la réveille plusieurs fois par nuit.

Profitant de l'absence de sa sœur, elle s'étire, tend les bras au-dessus de sa tête puis sur les côtés. Elle tire doucement les rideaux et s'habille rapidement, en silence. Même si le temps leur est compté, elle veut accorder aux deux petits dormeurs quelques minutes de sommeil supplémentaire. Elle enfile rapidement ses bas, sa jupe ample et sa chemise de tous les jours, puis son caraco et le fichu de couleur vive qui couvre ses épaules, et enfin enfile ses souliers. Il faut aider à préparer le repas, elle mettra ses habits du dimanche juste avant le mariage qui est prévu à dix heures ce matin.

***

Lorsqu'elle entre dans la pièce commune, la petite horloge que son père a rapportée d'Allemagne dans ses bagages, et qu'il est le seul à avoir le droit de remonter, indique sept heures quinze. Sa mère se tourne vers elle avec un sourire. Ses manches sont remontées sur ses coudes, son tablier est taché de farine et elle roule fermement la pâte sous son gros rouleau de bois. Ses joues sont rouges, tout comme les pommes bien brillantes qui jonchent la table, des mèches de cheveux s'échappent du chignon qu'elle a rapidement roulé sur sa nuque et de grosses gouttes de sueur coulent dans son cou.

— Tiens, te voilà ma Fanchon ! Viens donc couper les pommes pour la tarte à la place de ta sœur.

Puis, se tournant vers sa fille aînée :

— Françoise, coupe-moi donc ces carottes.

Françoise se renfrogne, fronce son nez et fait la moue. Et Fanchon se dit que cette grimace ne l'arrange pas. C'est que Françoise n'est pas une beauté. Le père dit toujours qu'elle ressemble à sa mère à lui, et que ça va s'arranger. C'était une chose bien connue dans sa famille, là-bas, à Endingen. Son père, Antoine Carle, quand sa femme lui faisait des remontrances, disait toujours « Anne Marie Mevesleen, quand tu étais une gamine, tout le monde te trouvait laide comme les sept péchés capitaux, même si on ne te le disait pas en face. Et au sortir de l'enfance, tu es devenue une vraie merveille. C'est bien pour ça que je t'ai épousée d'ailleurs, parce que ton caractère lui, au contraire, il empire avec l'âge ! »

Son père dit ce qu'il veut, ses grands-parents d'Endingen, elle ne les a jamais vus et elle ne les verra jamais. Ses grands-parents maternels non plus d'ailleurs, puisqu'ils sont morts plus de dix ans avant sa naissance. Mais sa sœur Françoise, elle, elle la voit tous les jours. Et contrairement à ce que prédit son père, elle est restée laide !

— Et pourquoi ce n'est pas elle qui les coupe, les carottes ?

— Parce que je te le dis, ma fille, et que c'est encore moi qui commande dans cette maison.

Fanchon, elle, elle sait pourquoi. Les carottes sont plus dures que les pommes et la dernière fois qu'elle a aidé sa mère pour la soupe, elle s'est méchamment coupé le doigt. Depuis, la mère évite de lui confier cette tâche.

Fanchon, son nom de baptême, c'est Françoise, comme sa marraine. C'est une tradition, les enfants prennent le nom de leur marraine pour les filles, de leur parrain pour les garçons. Seulement voilà, quand sa sœur aînée est venue au monde, sa marraine aussi s'appelait Françoise. Et quand sa plus jeune sœur est née, sa marraine à elle aussi s'appelait Françoise.

Qu'à cela ne tienne, l'aînée est restée Françoise, privilège d'aînesse, elle, ses parents l'ont surnommée Fanchon tandis que la petite dernière est devenue Fanchette.

Fanchon se glisse sur un tabouret, devant la longue table qui occupe le centre de la pièce et commence à éplucher et couper les pommes de manière la plus régulière possible. Les trois femmes travaillent en silence pendant un bon moment. Les hommes eux, sont partis chercher le pain, les entremets qui ont été commandés chez le confiseur, le vin bouché et le cidre. C'est qu'il va y avoir du monde à nourrir. Louise bien sûr, la future mariée, ses parents, et ses cinq sœurs. En fait, Louise en a six de sœurs, mais l'aînée, mariée depuis un an, attend son premier enfant et la sage-femme lui a conseillé d'éviter la noce « À moins que vous ne vouliez accoucher dans la maison commune ou en plein banquet ! » Le petit est bien descendu et l'accouchement est pour bientôt.

Quand Augustin a présenté Louise à sa famille, Michel, le père, s'est exclamé : « Sept filles ! Mais le pauvre homme est maudit ! Sept filles à surveiller, je le plains. Et qui va donc reprendre son atelier de tisserand ? Il n'a plus qu'une solution, marier l'une de ses filles avec son apprenti le plus méritant ».

Fanchon, elle l'aime bien Louise, contrairement à Françoise qui l'a immédiatement prise en grippe. D'ailleurs, presque personne ne trouve grâce aux yeux de Françoise. Pourtant Louise est douce, gentille, elle s'occupe bien des petits, Madeleine l'adore presque autant qu'elle adore Barbe. Fanchon soupçonne sa sœur aînée d'être jalouse, car non seulement Louise est une fille adorable, éperdument amoureuse d'Augustin, mais en plus elle est belle, blonde, avec de grands yeux dorés et une taille de guêpe, ce qui fait dire à sa sœur avec une lueur méchante dans le regard « on verra bien si elle a toujours sa taille fine quand elle aura accouché et qu'Augustin lui aura fait deux ou trois autres marmots supplémentaires ». Malheureusement pour elle, le père l'a entendu et lui a filé une calotte à lui décoller les oreilles. Parce que oui, comme a dit la sage-femme qui a examiné Louise il y a quelques mois, les futurs mariés ont mis la charrue avant les bœufs, et Augustin va être papa aux alentours du printemps.

Fanchon elle, a ri sous cape. Elle ne risque pas de la perdre sa taille fine, la Françoise, vu qu'elle a déjà un tour de taille imposant. Même la mère, avec toutes ses grossesses, est plus fine que sa fille aînée. Il faut dire que sa sœur ne perd pas une occasion de s'empiffrer. Elle peut toujours faire des mines et des sourires aux garçons : même si les moins regardants d'entre eux pourraient faire abstraction de ses cheveux plats, de son nez en patate et de son embonpoint, son sale caractère les fait fuir à toutes jambes.

Joseph lui, sa mère dit toujours que c'est son père en plus jeune, quand elle l'a rencontré. Toujours un sourire, le regard franc, la chanson aux lèvres. Mais elle tempère vite ses compliments en rajoutant « sauf que ton père lui, il est dur à la tâche, premier levé, dernier couché, il livre toujours les chaussures au jour et à l'heure promis, quitte à y passer la nuit et à s'user les yeux sur la chandelle ».

Joseph, lui, le travail de cordonnier ne l'a jamais attiré. Il aime le bois, l'odeur et la chaleur du bois. Alors le père l'a placé comme apprenti chez Nicolas Poissenot, le maître ébéniste. Et il est content de lui, Maître Poissenot. Il a même dit au père, un soir, à l'auberge, devant un verre de cidre, qu'il pourrait envisager d'en faire son successeur, puisque ses fils à lui ne semblent pas intéressés par le métier.

Mais Joseph, il n'a pas envie de prendre de responsabilités. Travailler pour un patron, ça lui convient parfaitement. Par contre, diriger un atelier, avoir des hommes sous ses ordres, tenir les comptes, voir les clients, très peu pour lui. Son père a beau lui dire qu'à vingt ans, il devrait songer à son avenir, et surtout prendre une femme, fonder une famille en lui citant son frère en exemple, Joseph se contente de lui offrir son plus beau sourire.

Se marier ? Certainement pas. Ce qu'il aime chez les femmes, c'est ce qu'il aime aussi dans une belle pièce de bois : une surface douce à caresser, le plaisir qu'il en retire. Il a dit un jour au père : « Je travaille le chêne, le noyer, l'olivier quand nous en recevons d'Italie, j'ai même eu sous la main de superbes bois exotiques en provenance des colonies. Pourquoi, quand je peux travailler plusieurs essences de bois à l'atelier, devrais-je me contenter d'une seule femme quand je rentre chez moi ? » Alors le père a poussé un profond soupir et il a abandonné la partie. Le soir même, Fanchon l'a entendu dire à la mère « Joseph travaille, il participe aux frais du ménage tant qu'il vit chez nous, alors s'il veut finir vieux garçon, grand bien lui fasse après tout ».

***

Tout est presque prêt. L'odeur des rôtis et des légumes qui mijotent doucement dans la marmite embaume la pièce. Tandis que leur mère enfourne ses tartes aux pommes dans la niche creusée sous le manteau de la cheminée, un courant d'air glacial s'engouffre dans la grande salle. En même temps que les trois hommes de la famille, le froid de l'hiver rentre dans la pièce.

— Vite, fermez la porte, que la chaleur ne se perde pas.

Le père pose les pains et les entremets sur la table, et referme la porte derrière ses deux fils, tous deux les bras débordant de bouteilles et de fagots.

— Ça sent rudement bon ici aujourd'hui.

— Ah parce que d'habitude, quand je cuisine, ça sent mauvais ?

Les deux époux échangent un sourire, signe d'une complicité que de longues années de mariage n'ont pas entamée.

Claude délaisse la surveillance des viandes qui rôtissent pour venir chahuter Joseph qui n'est pas le dernier à jouer avec les petits. Puis c'est le tour de Barbe et de Madeleine de venir embrasser les hommes.

— Tu piques papa, toi aussi Augustin, grimace Barbe tandis que Madeleine imite la grimace de sa sœur en répétant « pique papa, pique papa ».

— La petite a raison, intervient la mère, il est temps de vous préparer. Prenez la cuvette, le broc, et allez vous raser et vous apprêter à côté. Ensuite ça sera notre tour.

— Qui va surveiller ces belles victuailles pendant la noce ? Questionne Joseph.

— J'ai pris une journalière pour m'aider. Elle devrait arriver bientôt. D'ailleurs tu la connais, c'est Claudinette, la fille au père Clerc, le laboureur.

Sans répondre, Joseph, rouge comme une tomate, s'éclipse avec Augustin et Claude dans la pièce, sous le regard interrogateur des parents.

— Mais quelle mouche l'a piqué ? Interroge la mère.

— Est-ce que je sais moi ?

— Moi je sais, fanfaronne Françoise, l'air pincé. Je les ai vus fricoter derrière le lavoir l'autre jour. C'est une de ses bonnes amies.

La mère soupire en s'essuyant les mains sur son tablier.

— Un de ces jours, il va en mettre une dans une situation embarrassante. À force de butiner à gauche et à droite, il risque de se retrouver forcé au mariage par un père furieux.

— Ça ne serait pas si grave, puisque c'est ce qu'a fait Augustin ?

La mère regarde Fanchon d'un air triste.

— Augustin et Louise avaient prévu de se marier de toute façon. Tu n'as quand même pas oublié qu'ils se sont fiancés au printemps dernier ? L'arrivée du bébé plus tôt que prévu ne change rien. Et Augustin fera un bon mari, un homme fidèle et droit sur lequel Louise pourra compter. Je n'en dirais pas autant de Joseph, surtout s'il se marie par obligation. Je ne pense pas que mon fils aîné puisse rendre une femme heureuse.

De l'autre côté de la porte, on entend des rires, des exclamations, et même Augustin qui entonne une chanson, ramenant le sourire sur le visage de sa mère. Lorsqu'ils sortent de la chambre, les trois hommes et le garçon sont tout raides dans leurs habits du dimanche, chacun vêtu d'un habit à jupe fermé d'une belle rangée de boutons de cuivre, les cheveux démêlés, peignés, lissés et rasés de frais pour les adultes.

— Eh bien, pour un peu, on vous prendrait pour des bourgeois. Faites donc attention que rien ne brûle. Allez, à notre tour. Claude, apporte-nous de l'eau fraîche.

Tenant les deux petites par la main, elle précède « ses trois Françoise » comme elle les appelle parfois, telle une poule suivie de sa couvée.

Une fois dans la chambre, tandis que Fanchon et Fanchette débarbouillent les deux plus petites, Françoise et la mère sortent de l'armoire les habits de fête qui ont été lavés et soigneusement inspectés pour l'occasion. C'est qu'on ne marie pas un de ses fils tous les jours. Elles étalent soigneusement sur les lits, pour chacune d'entre elles, la double jupe à rayures, les caracos brodés, les chemises de toile fine et les bonnets à ruche ornés de rubans de couleur, qui vont remplacer les pièces identiques, mais de moindre qualité et aux couleurs passées, qu'elles portent tous les jours.

Une fois la toilette terminée et les habits enfilés, elles s'asseyent à tour de rôle sur un petit tabouret et leur mère, assise sur le lit derrière elle, démêle et natte les chevelures de ses filles avant de leur passer leurs bonnets. Des rubans de couleur assortis aux fichus viennent parachever l'ensemble. C'est ensuite Françoise qui prend la place de sa mère pour défaire le chignon maternel et coiffer cette dernière, d'une longue natte enroulée sur la tête et fixée par une épingle d'argent, cadeau du père à sa femme le jour où un puissant seigneur lui a commandé des chaussures neuves pour toute sa famille.

Avant de sortir de la pièce, Fanchon donne à Madeleine et à Barbe leurs poupées de chiffon, espérant ainsi les faire tenir tranquilles, au moins pendant la cérémonie du mariage. Elle prend discrètement le petit cheval de bois que Joseph a taillé dans une chute et offert à Claude il y a quelque temps et, en entrant dans la salle commune, le tend à ce dernier :

— Tiens, pour t'amuser pendant la cérémonie.

— Ça ne va pas, je ne suis plus un gamin.

Pendant que les femmes s'apprêtaient, les hommes ont poussé dans un coin le lit des parents et installé au bout de la table une grande planche sur des tréteaux, des bancs et des tabourets supplémentaires, de manière à pouvoir accueillir tout à l'heure les deux familles réunies. L'heure du départ approche. Dans un coin, une jeune fille se tient debout, les yeux modestement baissés.

— Claudinette, te voilà. C'est bien, tu es à l'heure. Tu sortiras les tartes quand elles seront cuites, d'ici dix minutes environ. Surveille bien les rôtis et les poissons, quand ils auront refroidi, couvre-les avec ces linges. Les légumes sont cuits, ils attendent dans la marmite. Tu as la nappe et la vaisselle ici, je te laisse mettre la table. Nous serons là vers midi. Tu pourras repartir chez toi quand nous serons rentrés et j'enverrai Claude te chercher pour m'aider pour la vaisselle, quand la noce sera terminée. Tu as des questions ?

— Non, madame Carle.

— Parfait, à tout à l'heure.

L'un derrière l'autre, le père en tête suivi de sa femme puis de leurs enfants, tous descendent l'escalier du petit immeuble de quatre étages situés au dix de la rue des Casernes, à Vesoul dans lequel ils occupent, au deuxième, ce logement de deux grandes pièces. Toute la famille se dirige vers la maison commune où Louise, la promise d'Augustin, et toute sa famille, vont les rejoindre. Puis le cortège nuptial, Augustin et Louise en tête, reviendra par le même chemin pour fêter dignement le premier mariage d'un des enfants du couple formé par Michel Carle, le cordonnier immigré du diocèse de Constance et d'Anne Reuchet, la femme dont il est tombé éperdument amoureux.

***

Arrivées devant la maison commune, les deux familles se retrouvent avec plaisir. Tandis que les parents se saluent joyeusement, les enfants, eux, se rassemblent par affinité. C'est que depuis les fiançailles, il y en a eu des dimanches passés ensemble, surtout à la belle saison. Les femmes préparaient des paniers de provisions, les pains de quatre livres, les fromages, un peu de cochonnailles, et tout le monde s'installait au bord de la rivière pour une journée champêtre.

Françoise, comme à son habitude, reste un peu à l'écart, faisant la fière. Les futurs mariés, main dans la main, sont seuls au monde. Louise ressemble à un ange, tout du moins de l'avis de Fanchon. Toute vêtue de blanc, une couronne de fleurs d'oranger posée sur ses cheveux blonds, elle attire tous les regards. Avec l'aide de sa mère, elle a cousu sa robe de mariée qui réussit à cacher le début de sa grossesse.

Claude, intimidé par ce nombre impressionnant de filles, se tortille sur une jambe, les yeux baissés. Pour une fois, son petit frère n'en mène pas large. Fanchon elle, a vite oublié les grands et elle a retrouvé avec plaisir Anne et Barbe, les deux jumelles et plus jeunes filles de la famille Fournier. Même si elles ont seize ans et Fanchon treize seulement, cette dernière, qui a dû s'occuper très tôt de ses jeunes frères et sœurs, est une fille plutôt dégourdie, mature pour son âge, alors que les jumelles, qui sont les petites dernières de la famille, sont restées assez gamines.

— Bon, on entre, questionne Françoise avec impatience ?

— Non, il n'est pas encore l'heure, un autre mariage se déroule avant le nôtre. Et puis il manque les témoins. Tiens, en parlant des témoins…

Le père de Louise se retourne en même temps qu'il termine sa phrase pour montrer du doigt quatre hommes qui remontent la rue vers eux. Et termine par ces mots : « On dirait bien qu'ils ont déjà commencé à fêter la noce avant l'heure ».

Effectivement, les témoins rient à gorge déployée et se tapent sur l'épaule. Il y a là Jean, le parrain de Louise, qui malgré ses cinquante ans, n'est pas le dernier à lever le coude, Charles, grand jeune homme de vingt-sept ans, tellement timide qu'il peine à trouver une épouse et que Michel a formé au métier de cordonnier avant de prendre son propre fils comme apprenti. Depuis, ce dernier voue une admiration sans bornes à son maître. Il faut dire que le pauvre est affligé d'un père ivrogne et brutal et qu'il a souvent trouvé refuge chez les Carle quand son foyer n'avait plus de foyer que le nom. Et enfin, on retrouve Joseph et Claude, que les filles Fournier appellent leurs cousins, et qui sont en fait les fils aînés de la marraine de Louise, laquelle est décédée quelques années auparavant.

Joseph s'avance au-devant des quatre hommes et prend Charles par le bras pour l'entraîner vers les jeunes filles.

— Alors, tu ne vas pas me dire qu'il n'y en a pas une qui te plaise parmi toutes ces beautés. Je ne te parle pas de ma sœur Françoise, qui a un caractère en harmonie avec son physique ni de Fanchon qui est un peu jeunette, mais dans la fratrie de ma future belle-sœur, tu n'as que l'embarras du choix.

Puis se tournant vers les filles Fournier.

— Mesdemoiselles, vous ne trouverez pas meilleur parti dans tout Vesoul : courageux, économe, l'un des meilleurs artisans cordonniers de la ville, puisque formé par mon père. Il saura rendre heureuse l'une d'entre vous.

Voyant que le père de Louise fronce les sourcils en écoutant le boniment de Joseph, Michel s'apprête à intervenir pour calmer son fils, quand soudain la porte de la maison commune s'ouvre devant une noce tout sourire, qui dévale les marches dans de grands éclats de rire. Derrière eux un employé les hèle :

—Le mariage Carle-Fournier ? C'est à vous.

Même si la place de l'église n'est plus aussi prépondérante depuis la révolution et que tous les mariages se célèbrent à la mairie, le père de Louise tient à « mener sa fille à l'autel » comme il dit. Il prend donc la tête du cortège, Louise, toute rougissante, pendue à son bras. Augustin vient juste derrière, suivi de peu par ses parents. Les témoins marchent juste après, et enfin tous les enfants Carle et Fournier mélangés. Tout ce petit monde caquette à tout va, les vêtements chamarrés accentuant encore plus la similitude avec un rassemblement d'oiseaux au vif plumage.

Par contre, Augustin et son père sont restés intraitables : pas de mariage à l'église. La France est en marche vers l'avenir, un avenir républicain, dans lequel, selon eux, l'église ne doit plus avoir le droit de mettre son nez.

L'officier d'état-civil commence à peine la lecture que Fanchon s'ennuie déjà ferme. Elle a bien essayé de commencer à discuter avec Anne, assise à côté d'elle, mais les regards noirs que leur ont lancés conjointement sa mère et madame Fournier les ont vite calmées. Leurs yeux courroucés semblaient dire « On n'est pas à l'église, mais c'est un mariage quand même, alors silence ».

Tandis que sont énumérés l'âge, la filiation, le métier de son frère, puis de Louise, et ensuite des témoins, Fanchon regarde par la fenêtre. Le ciel est gris, lourd, son père a annoncé hier soir que la neige n'allait plus tarder. Elle aime bien la neige, le paysage est tellement plus beau sous ce manteau immaculé. Elle se régale surtout devant le spectacle des perles de givre qui pendent sur les rameaux des buissons, comme des diamants. Elle n'en a jamais vu en vrai des diamants, bien sûr, juste des dessins un jour, sur une gazette que son père avait ramenée de l'atelier. Son père et sa mère ont parlé longtemps, ce soir-là, de la reine qui dépensait l'argent du royaume en bijoux fabuleux plutôt que de donner du pain à son peuple. Perdue dans ses rêves, elle sursaute lorsque Claude, assis derrière elle, lui tape sur l'épaule.

— Oh, tu dors ? Réveille-toi, c'est presque fini.

Elle lève la tête et voit les témoins qui signent tandis qu'Augustin et Louise reçoivent les félicitations de quelques commères, toujours les mêmes, venues assister au mariage. C'est leur distraction, assister aux mariages, pour ensuite passer de longues heures à commenter la robe de la mariée, le nombre d'invités, la qualité des alliances.

Augustin et Louise ont été raisonnables. Avec le bébé qui s'annonce, ils ont choisi deux simples anneaux d'argent. Les parents d'Augustin ont payé le repas, mais Augustin, depuis les fiançailles, a mis de côté le nécessaire pour les meubles, et la vaisselle a été achetée par les parents de Louise, tandis que cette dernière ourlait et brodait le linge de leur nouveau foyer. Couturière émérite, elle gagne quelques francs en faisant des travaux d'aiguille pour les bourgeoises de Vesoul. Joseph lui, leur a offert un superbe coffre à linge orné de sculptures, coffre qu'il a réalisé lui-même dans une pièce de bois achetée à son patron.

Tout le monde sort de la maison commune, et c'est alors que Claude et Joseph, les deux témoins, sortent de leurs gilets l'un une flûte et l'autre un petit tambour. C'est donc au son d'un air entraînant que toute la noce, les mariés en tête, se dirigent vers la maison des Carle où les attendent viandes et volailles rôties, légumes assaisonnés d'épices exotiques achetées à grands frais, de fromages faits à point et de gâteaux et tartes sucrés à souhait, le tout arrosé de vin et de cidre coupé d'eau pour les plus jeunes. Comme a dit la mère un soir à son mari, quand tout le monde dormait :

— On peut offrir un beau mariage à Augustin, il le mérite. Joseph ne veut pas se marier, la Françoise, avec son fichu caractère et son visage ingrat, elle n'est pas près de trouver un mari, sauf à ce qu'il soit sourd pour ne pas entendre ses récriminations et aveugle pour ne pas la voir. Alors le temps que Fanchon se marie, on aura mis encore de l'argent de côté. Et puis tu as un bon métier, les gens n'iront pas pieds nus, tu auras toujours de l'ouvrage.

***

Arrivés dans la pièce commune où Claudinette a tout préparé, les hommes s'installent en riant tandis que la mère et ses trois aînées apportent les victuailles sur la table. Claude, qui espérait s'asseoir avec les hommes, fait grise mine, car sa mère l'a assis entre ses deux plus jeunes sœurs, avec pour mission de veiller à ce qu'elles mangent bien. Gentiment, Fanchon lui a murmuré à l'oreille :

— Ne t'inquiète pas, aussitôt le repas terminé, tu sais qu'elles vont s'endormir, tu auras un peu de temps à toi.

Tandis que les victuailles circulent autour de la table, la conversation commence à prendre un tour plus sérieux, menée par les hommes qui commentent abondamment le coup d'État du dix-huit brumaire et la mise en place du consulat. Même si les nouvelles mettent du temps à venir de Paris, tous les hommes de Vesoul suivent les événements au plus près, et Michel Carle, qui voit passer beaucoup de monde à son atelier, a souvent des informations avant tout le monde. Le père de Louise, qui reste toujours un peu attaché au passé, a un avis bien tranché sur la question.

— Je persiste à croire que l'exécution du roi et de la reine aurait pu être évitée. Et tous ces nobles qui ont été guillotinés, c'était une vraie boucherie.

Michel se redresse sur son banc, pensif.

— Je ne dis pas qu'il n'y a pas eu des abus, des vengeances personnelles. Mais n'oubliez pas une chose, c'est que si nous n'avions pas exécuté le roi, il aurait été chercher de l'aide auprès de la famille de sa femme, et les Autrichiens nous auraient envahis pour le remettre sur le trône. Imaginez un peu ce qui se serait passé s'il n'avait pas été rattrapé à Varennes. Je persiste à dire que la mort du roi et de la reine a sauvé la vie à de nombreux citoyens français.

Fanchon écoute d'une oreille tout en se délectant d'une cuisse de poulet grillée à souhait, de la peau qui croustille sous ses dents tandis que le jus lui coule sur le menton. Dommage qu'il n'y ait pas de mariage plus souvent. Du poulet grillé, même s'ils ne sont pas pauvres, ils n'en mangent pas tous les jours, tant s'en faut.

Née en mille sept cent quatre-vingt-six, elle se souvient à peine de l'époque dont parle son père, celle qui a précédé la révolution, l'époque des nobles et de leurs privilèges. Elle a entendu parler de ce Napoléon, ce général qui s'est couvert de lauriers lors de la campagne d'Italie, celui qui a pris la tête du coup d'État. Elle a vu des dessins qui le représentent et elle lui trouve l'air noble et en même temps, il a l'air d'un homme bon. Et puis, il est issu du peuple, même si l'île où il est né est bien loin de son Vesoul natal. Elle a entendu dire qu'il y faisait toujours chaud, que les citrons et les oranges y poussaient toute l'année. Quel pays merveilleux ce doit être ! Les oranges, elle ne les connaissait que par ouï-dire, jusqu'au Noël dernier, quand leur père en a rapporté à la maison, soigneusement enveloppée dans un linge. Elle se souvient encore de ce goût à la fois sucré et acide, de ce jus épais qui coulait entre ses doigts tandis qu'elle mordait dans les quartiers de fruits. Sa mère a gardé les peaux qu'elle a fait sécher pour les glisser entre les piles de linge et, à chaque fois qu'elle le peut, Fanchon ouvre l'armoire où sa mère garde le linge de maison, et enfouit son petit nez dans les draps pour retrouver cette odeur exotique.

Soudain, sa rêverie bercée par le brouhaha joyeux qui s'élève de la tablée est interrompue par un manège qui se tient en bout de table et qu'elle vient juste de remarquer. Jeanne, la jolie petite sœur de Louise, tout juste âgée de dix-neuf ans, est en train de succomber au charme enjôleur de Joseph. Fanchon soupire en son for intérieur. Son père avait pourtant prévenu Joseph « Tu ne touches pas aux sœurs de Louise, sinon tu auras affaire à moi et à son père ». Mais Joseph, subjugué par la beauté fragile de la petite Jeanne, a oublié toutes les recommandations paternelles. Fanchon jette un œil du côté de son père et de Monsieur Fournier, mais ceux-ci débattent du pour et du contre de l'école pour les filles et ne se sont rendu compte de rien.

— Je pense que les femmes, même si leur rôle est d'élever les enfants et de tenir la maison, doivent quand même savoir lire, écrire et surtout compter. Comment voulez-vous qu'elles tiennent correctement un ménage si elles ne peuvent pas compter la monnaie quand elles achètent le pain ou les légumes ?

— Jean, non seulement je suis d'accord avec vous, mais je pense que les femmes devraient aussi pouvoir apprendre un métier. Regardez le nombre de veuves qui n'ont pas d'autre choix que de se remarier très vite, juste pour donner à manger à leurs orphelins. Si encore elles tombaient sur un brave homme ! Mais ça n'est pas toujours le cas.

— Un métier, un métier, vous en avez de bonnes Michel. Vous voyez des femmes cordonniers ou ébénistes ! Sans parler des métiers de forgeron ou maréchal-ferrant qui nécessitent de la force.

— Je n'ai pas dit que les femmes allaient forger les armes ou ferrer les chevaux, mais mon métier ne nécessite aucune force physique particulière, pourtant il n'y a pas de femme cordonnier. Quelle raison plausible pouvez-vous donner à ça, mon ami ?

Jean Fournier réfléchit un instant avant de répondre.

— En réfléchissant, il n'y a pas d'autre raison que le fait que la femme est faite pour s'occuper des enfants et rester à la maison. Elle ne peut pas exercer un métier en même temps.

— Et nous en revenons à ce que je disais tout à l'heure, lorsqu'elle est veuve, ce qui arrive malheureusement très souvent, elle est obligée de se remarier pour subvenir aux besoins de ses enfants, ou pire, les mettre à l'hospice. On tourne en rond, comme ces jeunes chiens qui tentent d'attraper leur queue sans jamais y arriver. Sans parler des femmes qui ont un enfant naturel.

À ce moment-là, le père remarque le manège de Joseph, qui tient la main de Jeanne sous la table, laquelle, toute rougissante, baisse ses longs cils sur ses beaux yeux bleus. Faisant sursauter tout le monde, il tape du poing sur la table en rugissant :

— Et en parlant d'enfant naturel, j'en connais un qui ferait bien de se tenir tranquille s'il ne veut pas que je lui botte l'arrière-train ! Joseph, tu vas t'asseoir à la place de Claude entre tes deux petites sœurs.

Joseph, rouge de honte, de colère, ou les deux en même temps, qui sait, se lève d'un bond, renversant le tabouret sur lequel il était assis. Avant qu'il ait eu le temps d'ouvrir la bouche, c'est Anne, sa mère, qui se lève à son tour et prend la parole.

— Avant de changer de place avec son frère, il va aller chercher de l'eau à la fontaine. Je n'en aurai pas assez pour la vaisselle.

— Je vais avec lui, à deux on en rapportera le double comme ça tu seras tranquille demain matin et j'en prendrai aussi pour Louise et moi – intervient Augustin - allez, viens Joseph.

Augustin, sans laisser à son frère le temps de réagir, le prend par le bras, décroche leurs deux manteaux et le tire dehors.

Lorsque les deux hommes ne peuvent plus l'entendre, Jean Fournier se tourne vers Louise.

— Ma fille, tu as épousé un homme intelligent. C'est ce que j'appelle désamorcer un conflit. Puis se tournant vers Jeanne : quant à toi jeune fille, tu es aussi coupable que lui. Apprends donc un peu à te tenir correctement, tu vis encore sous mon toit et tu es mineure, et sache aussi je n'hésiterai pas à te calotter pour t'apprendre les bonnes manières. Tiens, commence donc par aider Madame Carle à débarrasser les viandes et à apporter les desserts. Tu n'es pas à l'auberge ici, tu ne vas pas te faire servir.

Jeanne se lève, imitée par ses sœurs et par sa mère lorsque c'est au tour de Michel d'intervenir.

— Monsieur Fournier a tout à fait raison, ça n'est pas parce que votre frère se marie que vous devez vous croire dispensées d'aider. Debout les trois Françoise. Madame Fournier et toi ma femme, restez donc assises. Les filles vont s'occuper de tout.

Les jeunes filles commencent à s'activer, conscientes qu'il en faudrait peu pour mettre le feu aux poudres, quand Joseph et Augustin rentrent bruyamment, chargés d'eau et couverts de flocons. Dans de grands éclats de rire, ils annoncent à la ronde que la neige a commencé à tomber, pour la plus grande joie des petits.

Les deux familles réunies et les témoins font honneur aux desserts et quelques heures plus tard, toute la famille Fournier et les témoins prennent la route du retour, tandis qu'Anne, aidée des plus grandes, mets au lit Barbe, Madeleine et même Claude, endormis depuis longtemps, roulés en boule sur les bancs, la tête posée sur les genoux des adultes. Les jeunes mariés eux, aussitôt leurs parts de douceurs avalées, se sont éclipsés depuis longtemps dans leur chambrette, main dans la main.

21 mars 1800 – 30 ventôse an 8

Fanchon geint, grogne, s'agite. Les bruits, les murmures autour d'elle la réveillent. Pourtant il fait encore nuit. Elle se dresse sur son séant, frotte du dos de ses mains ses yeux encore pleins de sommeil. Elle devine la silhouette de sa mère, tout habillée, debout dans la pièce. La chandelle qu'elle tient l'éclaire à contre-jour. Françoise, assise au bord de son lit, agite la tête de droite à gauche.

— La sage-femme a besoin de deux personnes, il faut l'aider et en plus soutenir Louise. Arrête de te conduire en égoïste. Et puis je dois monter l'eau chaude, les linges propres, je ne peux pas tout faire toute seule.

— Non, je ne peux pas, demande à quelqu'un d'autre.

Fanchon, qui est maintenant bien réveillée, mais qu'aucune des deux femmes n'a encore vue, intervient.

— Louise accouche ? Je viens avec toi.

— Tu es trop jeune. C'est à Françoise de le faire.

— J'ai quatorze ans, Jeanne, la fille à Jean Henry, elle a mon âge et elle se marie en mai. Je m'habille et je viens. Françoise ne te servira à rien, tu oublies qu'elle a manqué tomber dans les pommes quand je me suis entaillé la main.

Joignant le geste à la parole, Fanchon enfile rapidement ses vêtements de la veille, s'enveloppe dans un épais châle de laine et passe la porte d'un pas décidé, précédant sa mère qui n'a d'autre choix que de la suivre.

Tandis que Fanchon prend la pile de linges propres, sa mère empoigne deux pots d'eau chaude et toutes deux montent les deux étages qui séparent l'appartement familial de la pièce où habitent Augustin et Louise. Une fois passée la porte, Fanchon marque un temps d'arrêt.

La sage-femme, la veuve Cabanet, qui vient de se laver les mains, la salue d'un rapide sourire. Fanchon la connaît bien, elle sait que c'est elle qui l'a mise au monde, ainsi que ses frères et sœurs avant et après elle. Personne ne sait lui donner d'âge. Sa mère dit soixante ans, d'autres plus. Ses cheveux gris sont toujours emprisonnés dans un chignon strict sous son bonnet bien ajusté, et personne ne l'a jamais prise au dépourvu.

Quelle que soit l'heure du jour ou de la nuit, quand on vient la chercher pour une parturiente, elle est entièrement vêtue. Le panier dans lequel elle garde toujours un linge, des herbes pour les tisanes calmantes ou astringentes, est toujours prêt à côté de la porte. À croire qu'elle ne dort jamais et passe sa vie assise, à attendre que l'on ait besoin d'elle. Quant à son mari, ce citoyen Cabanet, personne ne l'a jamais vu ni ne sait quand il est mort. De là à penser qu'il n'a jamais existé, comme murmurent les mauvaises langues, il n'y a qu'un pas.

Toutes les chandelles sont allumées et on y voit presque comme en plein jour. Sur le lit dont les rideaux sont tirés grands ouverts, sa belle-sœur est allongée, sa chemise remontée sur ses jambes écartées, son dos soutenu par une profusion de coussins. Son fin visage est pâle, fatigué, la sueur coule en grosses gouttes, collant par mèches poisseuses ses beaux cheveux blonds.

Pourtant, ce qui frappe Fanchon, c'est le bonheur qui semble irradier de son sourire, de ses yeux brillants. Elle se tourne vers les deux arrivantes :

— Je suis tellement heureuse, je vais enfin voir mon fils.

— Ça va peut-être être une fille ma belle, interrompt la sage-femme.

— Non, je suis certaine que ce sera un garçon et qu'il ressemblera…

Louise ne termine pas sa phrase, interrompue par un gémissement, et son corps se cambre de douleur. Aussitôt, la sage-femme prend les choses en main.

— Fanchon, tu vas te mettre à la tête de Louise. Tu la soutiens à chaque fois que je te le dis. Tu lui essuies le visage que la sueur ne lui brûle pas les yeux.

— J'ai soif coupe Louise.

— Non, tu ne bois pas pour l'instant. Quand le petiot sera là seulement. Vous Madame Carle, vous me passerez l'eau et les linges propres quand je vous le demanderai.

De longues heures suivent, pendant lesquelles peu de mots sont échangés, le silence n'est entrecoupé que par les plaintes de Louise. Peu à peu, les chandelles se consument, s'éteignent, remplacées par le soleil qui se lève doucement à l'horizon, teintant d'or et de pourpre l'unique fenêtre de la pièce. Fanchon sent Louise, à bout de force, s'appuyer de plus en plus contre elle.

— C'est normal que ce soit si long ?

La veuve Cabanet lève les yeux vers elle.

— Oui, c'est presque toujours le cas pour un premier.

Fanchon a l'impression de lire de l'inquiétude dans ses yeux, mais elle n'a pas le temps de réfléchir, car une contraction plus forte que les autres l'oblige à retenir Louise qui pèse maintenant de tout son poids entre ses bras.

— Je vois la tête. Pousse ma belle, pousse.

Dans un grognement furieux, Louise rassemble ses dernières forces et la tête du bébé apparaît entre ses cuisses. Dans un mouvement expert, la sage-femme extrait les épaules du nouveau-né et quelques minutes plus tard, c'est d'un geste rapide qu'elle coupe le cordon qui relie encore Louise à son superbe petit garçon.

Sous les yeux horrifiés de la jeune maman, elle le suspend par les pieds et lui administre une claque magistrale sur le cul, ce qui a pour effet de lui faire expulser les dernières matières qui encombraient sa bouche dans un braillement de protestation, tandis qu'Anne rassure sa belle-fille.

— Ne t'inquiète pas, j'ai vu faire la veuve Cabanet plusieurs fois, elle sait ce qu'elle fait.

Après avoir essuyé le bébé avec un linge humide, elle le tend à la grand-mère de fraîche date.

— Madame Carle, pouvez-vous emmailloter votre petit-fils pendant que je m'occupe de la mère ?

Cette fois-ci, c'est Fanchon qui ouvre des yeux écarquillés en voyant la veuve Cabanet plonger la main entre les cuisses de Louise, pour ensuite sortir de son ventre une masse rosâtre de laquelle pend le cordon ombilical, et envelopper prestement le tout dans un vieux chiffon. Elle sort ensuite de son panier quelques herbes qu'elle met dans un bol d'eau brûlante, puis nettoie Louise avec le contenu d'un petit flacon dont elle imbibe un linge. Fanchon ne peut pas s'empêcher de la questionner. Tout en continuant de s'affairer, elle lui explique ses gestes au fur et à mesure :

— Ça, c'est le placenta. Il faut le sortir, s'il reste trop longtemps dans le ventre de la mère, on risque les fièvres. Là je nettoie Louise avec cette décoction pour éviter trop de saignements. Et les herbes qui infusent, c'est pour fortifier les jeunes mères et favoriser les montées de lait. Je vais vous en laisser, il faudra lui en redonner un bol ce soir et un autre demain matin, ça devrait suffire. Et non, avant que tu me le demandes, je ne te dirai pas ce qu'il y a dans mes préparations, c'est mon secret. Je vous laisse aussi un peu de décoction, il faudra la nettoyer comme je l'ai fait à chaque changement de linge.

La sage-femme se redresse ensuite dans une grimace en se tenant les reins, puis sort des profondeurs de sa jupe une grosse montre en argent en forme d'oignon. Quand on lui demande comment elle est entrée en possession d'un tel bijou, elle prend un air mystérieux et répond : « Un noble de l'ancien temps, de sang royal, dont j'ai mis au monde le fils aîné et héritier. Un accouchement difficile, j'ai bien cru perdre la mère et l'enfant. Il m'a donné cette montre en remerciement, en plus d'une bourse bien garnie. Je ne peux en dire plus. »

Elle regarde l'heure et déclare :

— Dix heures du matin, ça sera l'heure à déclarer pour la naissance. Je suis arrivée vers une heure, neuf heures pour un premier accouchement, j'ai vu mieux, j'ai vu pire.

Puis elle prend l'enfant des bras de sa grand-mère et le soupèse, les sourcils froncés, l'air concentré.

— Il fait bien ses huit livres, je comprends que tu aies eu du mal à le faire sortir celui-là. Allez, ouvre ta chemise, il faut le nourrir ce beau petiot.

Tout comme les petits animaux de toutes espèces que Fanchon a vus naître et qui, à peine debout, se précipitent vers le pis de leur mère, aussitôt que l'enfant sent la peau de Louise contre la sienne, il ouvre sa bouche et cherche avidement le téton maternel.

C'est alors qu'un bruit de pas résonne dans l'escalier, que la porte s'ouvre et que la tête d'Augustin apparaît timidement dans l'encadrement. Assis sur les marches, il attendait avec angoisse la fin de l'accouchement, ravagé par la peur à chaque cri de sa femme. Les pleurs du bébé l'avaient décidé à entrer se rendre compte par lui-même. Devant le spectacle de son fils et de sa femme, sa bouche s'ouvre en un « O. » muet et une grosse larme de joie coule le long de sa joue.

Anne prend Fanchon par le coude et se dirige vers la porte.

— Venez, Madame Cabanet, je vais vous payer, mon fils me remboursera ensuite. Laissons-les tranquilles. Augustin, ton père passera de prendre plus tard pour déclarer la naissance.

Le jeune père, un sourire ébloui sur le visage, répond à peine d'un simple signe de tête, incapable de quitter des yeux le spectacle qui s'offre à lui. Mais Fanchon, qui n'a pas dit son dernier mot, se dégage de la main maternelle et se précipite vers le lit pour déposer un léger baiser sur le front de son neveu.

— Comment allez-vous l'appeler ?

Son frère se tourne vers elle et répond, l'air entendu.

— Michel bien sûr, Michel Carle, comme son grand-père.

La porte se referme sur les trois femmes et cette fois-ci, c'est sur la joue de sa mère que

Fanchon voit rouler une larme.

***

Un peu plus tard, toute la famille se réunit avec la sage-femme autour d'un verre de cidre. La mère Cabanet, comme tout le monde l'appelle, a mis au monde tous les enfants de la famille Carle, y compris Aimée, la fille naturelle que sa mère a eue avant de rencontrer celui qui allait devenir son mari.

Fanchon n'a pas connu cette grande sœur, décédée à l'âge de six ans, au terme de longues journées de fièvre et de toux. Son frère aîné Joseph lui a raconté ce dont il se souvient. Il n'avait que quatre ans à l'époque, mais il a été marqué à tout jamais par les quintes de toux rauque, les gémissements, puis l'image de sa demi-sœur, étendue sur le lit, pâle et amaigrie. À l'opposé, la mort des nouveau-nés était chose courante, et Fanchon se souvenait encore de ces nourrissons chétifs que la mère Cabanet avait sortis du ventre de sa mère en secouant la tête et en déclarant « Celui-là, je vais l'ondoyer. M'est avis qu'il ne vivra point longtemps ». Elle avait l'œil la mère Cabanet, l'un comme l'autre, n'avait pas vécu un mois. C'était leur destin, et même si la peine de ses parents avait été réelle, ils étaient vite passés à autre chose, les vivants réclamant à manger, des soins, de l'affection.

La famille avait été lourdement frappée, non seulement par la perte d'Aimée, mais aussi par le décès de Claude, né juste entre Joseph et Augustin, et emporté à l'âge de douze ans, et celui d'Anne, née juste après les trois garçons. Tous deux, comme Aimée, étaient décédés de fièvre, mais pour Fanchon, il était difficile de penser à la mort de sa grande sœur sans sentir les larmes envahir ses yeux. Elle était tellement gentille, tellement douce, tout le contraire de cette peste de Françoise. Leur mère disait toujours qu'elle finirait au couvent, à soigner les malades et secourir les pauvres, tellement elle avait le cœur sur la main, et que c'était pour ça que Dieu l'avait rappelée à lui. Ce à quoi Fanchon répondait invariablement « Dieu, il est méchant et égoïste. Pourquoi il veut Anne pour lui tout seul, et pourquoi l'avoir fait souffrir des jours et des jours, à délirer, brûlante de fièvre, et se tordant de douleur ? »

— Tu rêves ma Fanchon ?

— Non, sursaute-t-elle, bien décidée à ne pas révéler le sujet douloureux qui l'absorbait, je pensais à Aimée. Je regrette de ne pas l'avoir connue.

Michel prend la main de sa femme avec un soupir.

— Et moi, je regrette de ne pas l'avoir légitimée quand je t'ai épousée. Quand je pense que ce vaurien t'a abandonnée enceinte, alors qu'il t'avait promis le mariage. Heureusement qu'il a quitté la région, sinon je n'aurais pas pu le croiser sans avoir envie de lui mettre mon poing sur la figure.

— Que veux-tu, j'ai été naïve aussi, je lui ai fait confiance. Ça m'a bien servi de leçon.

Michel éclate de rire.

— Ça oui, il a fallu que je te mène à l'autel pour pouvoir seulement t'embrasser. J'avais tout juste le droit de te tenir la main pendant nos fiançailles.

— Est-ce que tu le regrettes ?

Le sourire que lui offre son mari est la plus belle des réponses.

La mère Cabanet, tout attendrie, apostrophe les enfants réunis autour de la table :

— Alors les petiots, un couple comme vos parents, ça ne vous donne pas envie de fonder une famille vous aussi ?

Joseph secoue la tête dans un grand éclat de rire, quant à Françoise, elle prend un air dégoûté pour répondre :

— Grossir comme une vache et souffrir pendant des heures, très peu pour moi.

Fanchon allait lui répondre vertement lorsque Augustin apparaît, son fils endormi dans les bras.

— Il est peut-être temps de lui donner une existence légale à ce nouveau citoyen. Il s'est endormi et Louise aussi. La pauvre est à bout.

Aussitôt le père se lève pour l'accompagner. Il l'avait répété à plusieurs reprises, il tenait absolument à déclarer lui-même la naissance de son premier petit-fils. La mère Cabanet se lève aussi pour partir, remerciant pour le cidre et déclarant que « ce n'est pas tout ça, mais j'ai ma soupe à faire ».

À ces mots, la mère se lève aussi et commence à sortir les légumes, répartissant les tâches entres ses enfants, qui l'eau à aller chercher, qui le bois, et décrétant à son fils avant qu'il ne passe la porte :

— Tu passeras prendre un bol de soupe pour Louise et un pour toi. Pas question qu'elle se lève ce soir.

Et la vie reprend son cours, comme tous les soirs. Parfois, Fanchon se dit que cette vie rythmée par les naissances, les décès, les repas et les corvées est bien monotone et qu'un peu d'imprévu serait le bienvenu.

14 juillet 1800 – 25 messidor an 8

Tout le monde s'est levé de bonne heure ce matin. Car même si c'est lundi, aujourd'hui est un jour de fête ! Son père et son frère ont fermé la cordonnerie depuis samedi soir, tout comme sont fermés la blanchisserie qui emploie Françoise et l'atelier d'ébénisterie où travaille Joseph.

Fanchon ne tient pas en place, elle saute, trépigne, et Françoise a beau lui répéter d'un air pincé qu'à quatorze ans passés, elle n'est plus une gamine, qu'elle doit se tenir comme une vraie jeune fille, Fanchon n'écoute pas. Aujourd'hui, toute la famille va faire la fête. Tout le long de la Grande Rue, il y aura des marchands, des jongleurs, des comédiens. Et place Neuve, on pourra danser ! Il y a onze ans, le peuple s'armait, prenait la Bastille, affaiblissant ainsi le pouvoir royal et aujourd'hui, la population de Vesoul et de toutes les villes et villages de France est bien décidée à célébrer cet événement dans la joie.

Dans le panier, des tranches de pain, des morceaux de fromage, des fruits, que des choses qui se mangent avec les doigts. Pas question de s'asseoir sur un vieux drap comme d'habitude, d'utiliser des cuillères, il y aura trop de choses à voir. Alors Michel et Anne ont décidé que le repas serait pris tout en marchant. Françoise a insisté pour mettre les mêmes vêtements que pour le mariage d'Augustin, mais sa mère l'a prévenue : « Si tu les salis avec un fromage gras, ou le jus d'un fruit, ne compte pas sur moi pour frotter tes taches ». Ce à quoi Françoise a fait remarquer à sa mère qu'elle était maintenant blanchisseuse et non plus apprentie, et qu'elle avait le droit de laver gratuitement son linge.

Tout le monde descend l'escalier et se retrouve dans la rue avant que la famille ne s'égaye allègrement. Les plus âgés ont quartier libre, Claude et Barbe sont sommés de rester près de leur mère, à la grande déconvenue du premier. Madeleine, elle, reste dans les bras de son père.

Augustin et Louise sont là aussi, leur fils, un adorable poupon de quatre mois, blotti alternativement dans les bras de l'un ou l'autre de ses parents. Ils ont prévu de ne rester qu'une partie de la journée seulement, puis de rentrer après le repas, le petit Michel étant jugé trop petit pour toute une journée de festivité. Fanchon les trouve un peu protecteurs, mais sa mère lui a asséné froidement : « Tu verras quand tu seras mère à ton tour ! »

Avant le départ, le père leur a donné les consignes : se méfier des étrangers et ne pas rentrer sous les tentes sous prétexte de voir un spectacle. De toute façon il faut payer pour voir et ils n'ont pas d'argent, sauf Françoise à qui il reste quelques sous sur sa paye d'apprentie, une fois qu'elle a contribué à ses frais de nourriture. Tout le monde s'attendra place du Grand Puits, où la mère distribuera le repas. Ensuite, prochain point de rassemblement place Neuve pour le bal. Pour les avoir entendus en discuter auparavant, Fanchon sait que leur mère est bien un peu inquiète de laisser ses trois filles seules un jour de fête, enfin surtout Fanchon et Fanchette, mais leur père a fini par la persuader qu'il est temps de leur faire confiance. « Et puis – avait-il conclu – si elles veulent vraiment faire des bêtises, elles sauront bien y arriver, quoi que tu y fasses ».

Fanchon et Fanchette ont décidé de rester ensemble, aussi c'est en se tenant la main qu'elles commencent à descendre la rue. Si au début elles ont regardé deux ou trois fois derrière elles pour voir si leurs parents sont toujours là, leur attention a vite été accaparée par toutes les merveilles qui s'offrent à leurs yeux éblouis.

Sur des tréteaux adossés aux murs des maisons, des merveilles s'entassent. Des rubans, des colliers de verroterie, des étoffes fines et des broderies qui ne ressemblent en rien aux toiles dans lesquelles leur mère coud leurs vêtements. La foule se presse, jouant des coudes pour être devant et choisir les plus belles pièces, tandis que les marchands ont fort à faire, entre les clients à renseigner et les chapardeurs éventuels à surveiller.

Soudain les deux filles sursautent : un homme au visage peinturluré, au chapeau couvert de grelots, est apparu devant elles, sorti d'on ne sait où.

— Bonjour belles demoiselles. Voulez-vous venir voir le spectacle des saltimbanques ? C'est juste là, dans cette tente. Il vous en coûtera seulement un sou chacune.

Alors qu'elle sent la main de sa petite sœur trembler dans la sienne, Fanchon reprend courage et se redresse de toute sa taille.

— Non merci monsieur.

L'homme éclate de rire.

— Monsieur ! Ma parole tu te prends pour une bourgeoise !

Fanchon, très digne, tirant sa sœur par la main, tente de s'éloigner, mais l'homme la retient par le bras.

— Allez, si tu es gentille avec moi, ça sera gratuit pour ta sœur et toi.

À ce moment, une ombre s'étire derrière Fanchon, et l'homme blêmit.

— Vas-tu bien laisser ces gamines tranquilles, espèce de va-nu-pieds, ou bien j'appelle un gendarme !

Aussitôt l'homme disparaît sous la tente sans demander son reste et, en se retournant, Fanchon se trouve devant une femme de forte stature qui ne lui est pas inconnue.

— Tiens, mais on se connaît, tu es la sœur de Françoise Carle, mon apprentie.

Avec un sourire éclatant, Fanchon reconnaît maintenant la femme qui est venue chez eux il y a quelques mois, pour passer le contrat avec leur père, et prendre Françoise comme apprentie dans sa blanchisserie.

— Oui, je vous reconnais moi aussi. Merci beaucoup madame.

— Eh bien, tu es plus souriante que ta sœur. Bah, je n'ai rien fait, tant que vous ne suivez pas ces saltimbanques sous leur tente, vous ne risquez rien. Ils ne s'en prendront pas à vous en pleine rue. Mais méfiez-vous quand même. Dis-moi, tu as quel âge ?

— J'ai eu quatorze ans en février et ma sœur Fanchette a tout juste treize ans.

— Hum... Quatorze ans... Tes parents n'ont jamais pensé à te faire apprendre un métier ? L'une de mes ouvrières est enceinte. Elle va se marier et son futur mari gagne suffisamment pour qu'elle se permette de rester chez elle, à s'occuper du ménage et des enfants. Il faut que je forme une autre apprentie. Si tu veux, et si tes parents sont d'accord, je te prends à la fin du mois.

Une image traverse l'esprit de Fanchon : sa sœur ce matin, les pièces tintant dans sa main, projetant d'acheter une étoffe bariolée pour se faire une nouvelle jupe et des rubans aussi, assortis au tissu. Aussitôt son sourire s'élargit.

— Oh oui, madame, j'aimerais bien.

— Parfait, j'en parlerai à tes parents. Mais attention, je ne veux pas de paresseuses. Et pas question de se laisser conter fleurette par les clients célibataires, ma blanchisserie est une maison respectable, pas comme chez d'autres que je ne nommerai pas. Allez, amusez-vous bien et soyez prudentes.

Faisant demi-tour dans un grand bruissement de jupons empesés, la maîtresse blanchisseuse disparaît, engloutie par la foule et aussitôt, Fanchette tire sa sœur par la main.

— Tu vas travailler avec Françoise ? Et moi, j'irai aussi ?

— Pas tout de suite ma Fanchette, tu es trop jeune. Peut-être dans quelque temps.

— Alors je vais rester toute seule à la maison ?

— Mais tu ne seras pas toute seule, il y a Claude, Barbe, et Madeleine. Et puis Maman, et aussi Louise et le petit Michel qui descendent souvent.

Peu convaincue, Fanchette fait la moue. Alors, pour lui changer les idées, sa sœur l'entraîne vers un attroupement qui s'est formé à l'angle d'une rue, sous l'ombre d'un grand arbre. Aussitôt, toutes deux oublient la maîtresse blanchisseuse et sa proposition, pour admirer des jongleurs. Bouche bée, elles voient les quilles monter haut dans le ciel, presque aussi haut que les toits des maisons. Et aucune ne retombe ailleurs que dans les mains des saltimbanques. Soudain, ils posent leurs quilles à terre et s'empilent les uns sur les autres, comme une pyramide, et sous les yeux écarquillés des spectateurs, une jeune fille sortie de nulle part escalade les genoux et les épaules de ses partenaires pour finir au sommet, en équilibre sur les mains. C'est à ce moment-là qu'un petit singe fait le tour du public, une écuelle dans les pattes de devant, poussant des cris perçants quand une piécette ne tombe pas dans son escarcelle. Fanchon tire alors sa sœur par la main et toutes deux s'éclipsent rapidement.

***

Plusieurs heures se passent ainsi, de spectacles en bonimenteurs, de colifichets en bijoux, les deux jeunes filles ne se lassant pas d'admirer tout ce qui s'offre à elle. Le soleil est déjà haut dans le ciel quand Fanchette s'arrête net.

— J'ai soif et j'ai mal aux pieds, décrète-t-elle, soudain butée.

Fanchon regarde autour d'elle pour se repérer. À gauche, elle reconnaît la rue Saint-Georges, où elle est déjà venue plusieurs fois avec sa mère, chargée des pièces de vêtement que cette dernière cousait à une époque, pour un atelier situé dans cette rue.

— Courage Fanchette. La place du Grand Puits n'est plus très loin, juste au bout. On va tous s'y retrouver pour manger et boire.

Fanchon aussi a soif, et mal aux pieds. Toutes deux décident d'un commun accord que, pour attendre le reste de la famille, elles se trouveront un coin ombragé pour s'asseoir. Fanchon sait qu'il y a une fontaine place du Tribunal, un peu plus haut et qu'elles pourraient aller s'y désaltérer. Mais elle n'ose pas s'éloigner, de peur de manquer ses parents, alors elle ne dit rien à sa sœur, préférant attendre. Les autres ne devraient plus tarder et leur père a promis de leur acheter du cidre et du vin doux au cabaret. Et puis, si elles veulent danser au bal, il faut qu'elles reposent leurs pieds.

Aussitôt arrivées sur la place, les deux jeunes filles s'installent à l'ombre, adossées au mur d'une maison, profitant de la fraîcheur des pierres dans leur dos. Une fois assise, Fanchon, bientôt imitée par sa sœur, ôte ses souliers et agite ses orteils pour les soulager. Si Fanchette commence à somnoler, Fanchon elle, ne perd pas une miette de ce qui l'entoure, guettant par la même occasion l'arrivée d'un visage familier.

C'est Joseph qu'elle voit en premier et, alors qu'elle s'apprête à sauter sur ses pieds pour le héler, son mouvement est arrêté net lorsqu'elle réalise que son frère tient une jeune fille par la taille, et se penche vers elle pour l'embrasser dans le cou. Elle reconnaît la fille du boulanger et comprend soudain pourquoi son frère se propose toujours pour rapporter le pain du souper, lorsqu'il rentre de l'atelier de menuiserie. En le voyant s'engager avec sa dernière conquête dans la rue des Annonciades, elle comprend qu'il ne compte pas partager la collation familiale.

À peine a-t-il disparu que ses parents apparaissent au bout de la rue, Madeleine endormie dans les bras de son père, Barbe dans ceux de sa mère et Claude chargé du panier de provisions. Françoise est quelques dizaines de mètres derrière eux et Fanchon la soupçonne d'avoir gardé ses distances pour ne pas avoir à porter le panier ou bien l'une de ses sœurs. Aussitôt, elle réveille Fanchette d'un coup de coude et toutes deux se précipitent vers leurs parents, leurs souliers à la main.

— Eh bien, que faites-vous donc pieds nus ! En voilà une belle façon de faire l'article de mes chaussures ! On ne dirait pas que vous êtes filles de cordonniers, s'exclame le père avec un sourire amusé.

— On avait mal aux pieds explique Fanchette.

Fanchon soulage Claude du panier et toute la famille se dirige vers le cabaret où leur père veut acheter les boissons. À l'intérieur, même si le bruit agresse leurs oreilles, la fraîcheur les change agréablement de la brûlure du soleil. Michel, qui vient parfois boire un verre avec le maître tanneur, salue le maître des lieux et son épouse qui servent les clients avec un grand sourire. C'est que les jours de fête sont aussi des jours de recettes conséquentes pour leur établissement.

Michel va discuter avec le patron et revient ensuite vers eux, souriant, leur annonçant qu'ils ont l'autorisation de manger à une table à condition de prendre au moins quatre pichets.

— Finalement, j'ai pensé que vous n'aviez plus vraiment envie de manger en marchant et comme les petits sont fatigués, ça m'a semblé être la meilleure solution, explique leur père.

À peine les pichets et les gobelets sont-ils sur la table, et la nourriture sortie du panier, qu'Augustin et Louise apparaissent à l'entrée.

— Vous en avez mis du temps ?

— C'est qu'il nous a fallu faire deux pauses, l'une pour changer les langes de ce garnement et l'autre pour assouvir sa faim. Mais maintenant, c'est nous qui avons faim.

— Alors, installez-vous.

Pendant un moment, on n'entend plus que le choc des gobelets sur la table et le bruit des mâchoires. Les quatre pichets ayant vite disparu, Augustin va en chercher deux autres tandis que le père revient avec de l'eau pour couper le vin des enfants.

Fanchon avale sa dernière bouchée de pain et, rassasiée, se souvient qu'elle a oublié de parler à ses parents de la proposition de la maîtresse blanchisseuse.

— J'ai oublié de vous dire que Fanchette et moi on a croisé la patronne de Françoise.

— Vous avez vu Madame Hortense ?

— Oui. Elle m'a dit qu'une de ses employées la quitte pour se marier et que, si je veux, et si vous êtes d'accord bien sûr, elle peut me prendre comme apprentie.

Le père et la mère se regardent, mais avant qu'ils puissent dire un mot, Françoise intervient.

— Travailler avec moi ? Pas question !

À ces mots, le père se tourne vers elle, furieux.

— Depuis quand est-ce que tu décides de ce que doit faire ta sœur ?

— Non, mais...

— Mais rien ! Cette décision ne te regarde pas, c'est ta mère et moi que ça concerne. Ton caractère autoritaire ma fille, il va falloir que tu lui passes la bride et que tu le tiennes serré, sinon tu iras vivre ailleurs que sous mon toit. C'est bien clair ?

Françoise, vexée, mais consciente des risques qu'elle prend en tenant tête à son père, baisse la tête en murmurant : « Oui père ». Michel se tourne alors vers Fanchon.

— Hortense Lignet tient une maison sérieuse. C'est une proposition intéressante à laquelle nous allons réfléchir ta mère et moi, mais pas au cabaret. Nous en parlerons plus tard, à la maison.

Puis se tournant vers le reste de la famille :

— Bien, vous avez terminé ?

Tous ayant répondu affirmativement, la petite troupe se lève et, tandis qu'Augustin et Louise annoncent qu'ils vont rentrer pour coucher leur bébé, Michel propose à ses enfants de rester tous ensemble pour, leur dit-il « vous acheter à chacun un petit quelque chose sur les étals, en souvenir de ce jour marquant de la révolution de notre pays ». À ces mots, les petits oublient leur fatigue et sautent de joie en tapant dans leurs mains !

***

Une fois dans la rue, toute la famille se remet en route pour profiter au maximum de cette journée de fête. Si Fanchon aurait bien aimé partir à nouveau à l'aventure, seule avec sa sœur, Fanchette elle, lui a avoué que les saltimbanques lui font un peu peur, avec leur façon de les dévisager et leurs manières brusques. Elles ont donc décidé de rester avec leurs parents pour le reste de la journée.

Joseph fait une brève apparition, seul, et quand sa sœur lui demande à l'oreille où se trouve sa compagne du matin, il lui fait un clin d'œil et pose un doigt sur sa bouche.

— Tu vas au bal ? Questionne la mère.

— Bien sûr. Pourquoi ?

— J'aurais aimé que tu me raccompagnes à la maison avec les deux petites et Claude. Après tu rejoindras tes sœurs et ton père.

— Tu ne restes pas avec nous maman, questionne Fanchette ?

Sa mère lui caresse les cheveux avec tendresse.

— Non ma chérie, j'ai déjà vu des bals et des fêtes identiques quand j'étais plus jeune, avant votre naissance. Profitez bien et surtout restez avec votre père et Joseph. Je préfère rentrer coucher les plus petits tant que ton frère peut m'aider, ils sont à bout de fatigue et ils vont vite devenir intenables.

— Pas moi, intervient Claude, boudeur, je veux rester. Et puis on n'a pas eu le cadeau promis par papa !

Leur mère jette un regard interrogatif à leur père qui sourit.

— Allez, je peux bien en surveiller un de plus. Et puis, c'est vrai que je leur ai promis un cadeau.

À ce moment, Barbe qui est passée des bras de son père à ceux de Joseph, se frotte les yeux en geignant.

— Moi aussi je veux mon cadeau.

— Je te l'ai promis, tu l'auras, mais demain matin. Là, tu vas rentrer bien sagement à la maison avec maman et Joseph.

La petite acquiesce silencieusement de la tête avant de fourrer son pouce dans sa bouche et de se blottir dans les bras musclés de son grand frère, sous les yeux attendris de toute la famille.

Le groupe des aînés continue de remonter la Grande Rue, Fanchon devant, sa sœur fermement agrippée à sa main, le père ensuite, une main sur l'épaule de Claude, et Françoise à la traîne, affichant sur son visage ingrat un air maussade qui, selon elle, lui donne l'air distingué. Ça a bien fait rire Fanchon la première fois qu'elle a entendu sa sœur dire ça. Elle lui a répondu sans réfléchir : « Tu ferais mieux de sourire à la place, ça te donnerait l'air aimable ! »

Comme Claude lorgne désespérément le présentoir d'un colporteur proposant diverses babioles pour les enfants, Michel s'approche et leur achète à chacun le petit cadeau promis. Pour Barbe et Madeleine, il prend des petits animaux de bois peint, et Claude jette son dévolu sur une flûte, au grand dam de Françoise qui se bouche ostensiblement les oreilles lorsqu'il sort quelques trilles aigus de son instrument.

— Je demanderai au cousin de Louise de m'apprendre à en jouer, comme ça, au prochain mariage, c'est moi qui ferai danser la procession au retour.

Fanchon et Fanchette choisissent chacune un châle de coton sur l'étal suivant, rouge vif pour Fanchon et bleu pour Fanchette.

C'est ce moment que choisit Joseph pour les rejoindre, affichant un grand sourire, une poignée de bâtons de réglisse dans la main.

— J'en ai pour tout le monde, maman et les petites ont les leurs, voici pour vous.

Tandis que le petit groupe s'approche de la place Neuve, le soleil commence à baisser à l'horizon, étirant les ombres des maisons. Sur la place, les musiciens commencent à se rassembler et on peut entendre les premiers sons. Le joueur de flûte aligne quelques notes, harmonieuses comme le chant d'un oiseau, le violoniste frotte ses cordes puis les tend ou les détend jusqu'à être satisfait du résultat obtenu, et le joueur de tambour vérifie que la peau de son instrument est suffisamment tendue.

Peu à peu, tout Vesoul se rassemble autour de la place qui résonne maintenant des cris des garçons fanfaronnant pour attirer les regards des filles, et des rires aigus de celles-ci. Les plus jeunes enfants ne sont pas les derniers à participer à la fête, profitant de cette liberté trop rare, eux dont le temps est partagé entre les corvées et l'école, pour les plus chanceux.

Soudain, la musique éclate, enjouée, entraînante, et les premiers danseurs se précipitent au centre de la place pour une farandole endiablée. Puis des couples se forment, sautant et dansant en se tenant par la taille. Les jupes virevoltent, les sabots et les galoches frappent le sol en cadences, quelques chapeaux finissent même au sol, tandis que leurs propriétaires se précipitent pour les ramasser avant qu'ils ne soient piétinés.

Fanchon, éblouie autant par le bruit que par le mouvement, ne sait plus où poser ses yeux. Soudain, une main saisit la sienne et un grand jeune homme blond l'entraîne dans la danse. Elle a juste le temps de se retourner, captant en même temps l'œil jaloux de Françoise, le regard envieux de Fanchette et celui amusé de son père. C'est qu'il le connaît ce garçon, Michel, c'est un apprenti tanneur qui lui livre souvent des peaux. Alors il est confiant.

Fanchon peine à suivre les pas de son cavalier, levant les pieds en même temps que lui au rythme de la musique. Malheureusement, c'est quand elle commence à se sentir à l'aise que la musique s'arrête. Les instrumentistes, qui ont décidé de s'accorder une pause bien méritée, posent à leurs pieds flûte, violon et tambour pour se passer une outre de vin à laquelle ils boivent de grandes rasades.

Sans lâcher sa main, son cavalier, dont elle ne connaît même pas le nom, la raccompagne vers sa famille.

— Eh bien, en voilà des façons de nous planter là – la sermonne Françoise – et avec un parfait inconnu encore.

Le « parfait inconnu » la dévisage d'un air surpris puis il salue leur père.

— Bonjour, Monsieur Carle, comment allez-vous ?

— Très bien Jeannot, très bien. Alors, je vois que non seulement tu es un apprenti tanneur très doué, mais en plus tu maîtrises parfaitement l'art de la danse. Est-ce que ma Fanchon fait une cavalière acceptable ?

Le jeune homme a le bon goût de rougir.

— Oui Monsieur, votre fille est très douée. Pardonnez-moi, j'aurais peut-être dû vous demander la permission avant de l'inviter.

Michel part d'un grand éclat de rire.

— Allons, pas de cérémonie entre nous mon garçon. Tu peux la faire danser encore un peu, mais quand vingt et une heures sonneront, je ramène tout mon petit monde à la maison. C'est que demain, il faut se lever, le travail nous attend.

Cette nuit-là, le sommeil de Fanchon est peuplé de rêves emplis de musique, de jongleurs et d'un beau jeune homme blond du nom de Jeannot.

17 décembre 1800 – 26 frimaire an 9

Bientôt Noël. Enfin, c'est ce qu'il paraît, parce que dans les rangs de l'armée, pour l'instant, aucune ambiance de fête, pas de feu de cheminée ni de grasse volaille à plumer. Étienne n'a pas la moindre idée du jour ni de la date. L'armée alterne les batailles et les trêves, dans la neige et le froid.

Quand ils ne se battent pas, leur principale occupation, c'est de trouver de la nourriture. Car bien souvent, les soldats ne reçoivent pas les rations prévues de manière régulière. Pas question de chasser avec leur fusil, car non seulement ce serait gaspiller de la poudre, mais, pire que tout, les coups de feu pourraient indiquer leur position à l'ennemi. Alors, même si la tentation est grande de tirer un lièvre, le plaisir d'une belle prise rôtie au feu de camp ne vaut pas la peine de se faire tuer.

Quand les convois de nourriture se font attendre, il reste le ramassage de quelques légumes oubliés dans les champs, la pose de collets si on reste en place suffisamment longtemps, ou le vol. Acheter de la nourriture, les soldats n'y pensent même pas, car la solde, tout comme le ravitaillement, arrive elle aussi difficilement, voire pas du tout, et que même s'ils avaient eu de l'argent, la plupart des fermiers, ayant déjà du mal à nourrir leur propre famille, refusent obstinément de leur vendre quoi que ce soit.

Étienne s'en est rendu compte quand il a accompagné son caporal dans une ferme, ce dernier ayant décidé de sacrifier l'une de ses boucles d'oreille pour acheter quelques denrées. Il a eu beau montrer ostensiblement l'anneau d'or, le fermier a secoué négativement la tête et, devant l'obstination des deux militaires, bien décidés à ne pas rentrer bredouilles, il a appelé à la rescousse deux jeunes hommes, ses fils ou ses valets. Devant ces paysans costauds, armés de faucilles et de haches, Étienne et son caporal n'ont plus eu qu'à rebrousser chemin.

Furieux, le caporal, un auvergnat bourru et entêté et qui mettait un point d'honneur à ce que ses hommes soient toujours correctement nourris, quelles que soient les circonstances, se tourne alors vers Étienne :

— Soldat, il n'est pas question qu'un fermier tienne tête à l'armée française. Puisqu'il refuse de nous vendre quelques subsides, nous irons nous servir nous-mêmes. Retrouvez-moi à la nuit tombée.

— Mon caporal, peut-être que cet homme n'avait rien à nous vendre ?

— Allons donc, les avez-vous bien regardés tous les trois ? Musclés, joufflus. Ils ne manquent certainement de rien et si nous les délestons d'un jambon et de quelques miches de pain, je pense qu'ils ne s'en porteront pas plus mal. Et puis, soldat, c'est un ordre.

— Est-ce que je prends d'autres hommes avec nous, mon caporal ?

— Non, moins nous serons nombreux, plus nous serons discrets.

Aussi, à la nuit tombée, Étienne retrouve-t-il le caporal Gamet à l'endroit convenu, à la lisière du champ qu'ils ont traversé le matin même. Avant de partir, ils avaient débarrassé leurs uniformes des boucles et ornements qui auraient pu les trahir, soit en se reflétant dans la lumière de la lune ou à la flamme d'une chandelle, soit un tintinnabulant si, d'aventure, ils se cognent dans un obstacle quelconque.

Profitant du passage d'un nuage qui obscurcit le ciel, ils traversent au pas de course l'espace dégagé du champ en jachère et se collent contre le mur de la grange, juste avant que la lune ne réapparaisse. Un doigt sur les lèvres, Gamet indique à Étienne l'entrée d'une resserre collée au corps de ferme et commence à s'avancer vers la porte. Partout l'obscurité règne, il semble que toute la maisonnée soit profondément endormie.

— Je pense que c'est là qu'ils gardent leurs provisions, murmure le caporal.

Étienne acquiesce en silence. La porte n'est fermée que par un morceau de corde noué, ce qui n'est pas pour rassurer Étienne. Il l'a dit au caporal avant de partir, il y a toujours un chien dans les fermes, et cette porte qui n'est pas verrouillée renforce son appréhension. Mais le caporal n'a rien voulu entendre « Un chien ? Mais le fermier l'aurait lâché sur nous au lieu de nous menacer d'une fourche ».

Une fois rentrés dans la resserre, les deux hommes restent immobiles un moment, attendant que leurs yeux s'habituent à l'obscurité. Pas question d'allumer une chandelle, qu'ils n'ont de toute façon pas sur eux. Gamet donne un coup de coude à Étienne et lui désigne une rangée de jambons qui pendent au plafond. Aussitôt, ce dernier sort un couteau et tranche la ficelle qui maintient le plus gros des jambons à la poutre, tandis que le caporal entasse rapidement dans un sac de toile des pommes et des poires, délestant ainsi de leurs fardeaux les étagères du fruitier.

C'est à ce moment-là qu'un grondement sourd résonne derrière eux. Étienne se retourne lentement pour voir, dans l'encadrement de la porte restée ouverte, deux yeux jaunes briller sous une gueule débordante de crocs acérés.

— Mon caporal, je vous l'avais bien dit qu'il y avait forcément un chien. Il y en a un dans toutes les fermes !

La réponse du caporal tient dans un seul mot « tenez », lui dit-il en lui tendant le sac de fruits. Puis il se précipite sur l'animal, un couteau dans la main en criant « filez, rapportez ça au camp ».

Étienne prend ses jambes à son cou, tandis que des cris se font entendre dans la ferme et que les grondements furieux se changent en aboiements féroces. Soudain résonne un jappement de douleur suivi peu après par un bruit de cavalcade derrière lui.

— Mon caporal ? Ça va, demande Étienne en se retournant à demi ?

— Foncez, foncez, lui répond ce dernier.

Les deux hommes se précipitent dans le sous-bois et ne s'arrêtent, haletants, que lorsqu'ils sont certains de ne plus rien entendre derrière eux. Courbés en deux, le jambon et le sac à leurs pieds, ils peinent à reprendre leur souffle. Lorsqu'il est enfin en état de prononcer quelques mots, Étienne articule péniblement :

— Le chien, il va nous pister.

Après un long soupir, le caporal lui répond dans une grimace, tout en se tenant le bras.

— Aucun risque, je lui ai réglé son compte. Mais retournons vite au camp. Si je pense que les fermiers ne se risqueront pas à attaquer un régiment, je suis moins certain de leur réaction s'ils tombent sur deux hommes et leur butin, c'est-à-dire sur nous.

— Vous saignez ?

— Ce n'est rien, un coup de croc. On verra ça une fois que nous serons rentrés.

Quelque trente minutes plus tard, ce sont deux hommes acclamés par leurs compagnons qui distribuent avec de grands rires d'épaisses tranches de jambon et des pommes bien rouges. Ce qu'ils ne savent pas encore, c'est que le caporal Gamet, aimé de ses hommes et valeureux sous-officier du vingt-quatrième régiment d'infanterie de ligne, tombera le lendemain sous les coups de l'ennemi.

18 décembre 1800 – 27 frimaire an 9

L'aube pointe à peine lorsque les soldats s'éveillent. Les sentinelles, les yeux tournés vers la ligne des précédents combats, attendent la relève avec impatience. Étienne, qui est de garde, se dépêche de se passer de l'eau sur le visage. Il regarde son reflet dans le petit miroir métallique qui, avec un peigne et un rasoir, constituent les seuls articles de toilette de son équipement. Pensif, il passe une main dans sa barbe. Il ne sait même plus de quand date son dernier rasage. Ce dont il se souvient, c'est que c'était sans savon et à l'eau froide, et sa peau en garde encore un cuisant souvenir. Pas le temps de faire chauffer de l'eau, pas de savon, tant pis, le combat avant tout.

Tandis qu'il se redresse, son regard scrute l'horizon, à l'opposé de l'endroit où son compagnon, impatient de prendre quelques heures de repos, l'interpelle à grands gestes. Sourcils froncés, il lève une main impatiente avec de se précipiter vers Gamet :

— Mon caporal, mon caporal, regardez là-bas, ce nuage de fumée.

Aussitôt en alerte, le caporal lève sa lorgnette devant ses yeux pour scruter l'horizon.

— Nom d'un chien, ils nous prennent à revers. Aux armes, tous les hommes en position de combat.

L'ordre, rapidement transmis d'un homme à un autre, transforme en fourmilière le camp qui venait juste de se réveiller. Mais, tout comme ces petits insectes parfaitement organisés, les soldats savent exactement quelle est leur tâche. Dans un ballet bien réglé, les feux sont éteints, les paquetages emballés dans les havresacs et en moins de dix minutes, les hommes sont en armes, prêts au combat.

Au loin, s'étant rendu compte que l'effet de surprise est passé, l'ennemi a accéléré le pas et les hommes réalisent avec appréhension que les forces ne sont absolument pas équilibrées. Cette idée traverse elle aussi l'esprit du caporal qui les exhorte au courage.

— Allons, mes braves, ce ne sont pas quelques Anglais guindés qui vont faire peur à l'armée révolutionnaire. Ces hommes abreuvés de thé ne savent pas tenir une arme, juste une tasse d'eau parfumée.

Juste à ce moment, l'estafette du chef d'état-major arrive au galop d'un cheval tellement fourbu qu'il serait tombé sur les genoux si son cavalier ne l'avait pas retenu d'une main ferme. Il tend une lettre au caporal avant de repartir ventre à terre. Ce dernier la lit en silence puis la replie avant de la glisser dans son gilet. Il s'adresse alors à ses hommes d'une voix forte.

— Mes amis, nous n'allons pas recevoir de renfort de sitôt. Il va nous falloir du courage, la France compte sur nous pour, sinon repousser l'ennemi, du moins retarder son avancée. Tous avec moi.

Joignant le geste à la parole, il empoigne son fusil et, baïonnette en avant, il fonce vers les hommes dont les silhouettes, grossissant de plus en plus à l'horizon, sont maintenant tellement proches qu'on distingue presque leurs visages. Tous le suivent, dans un rugissement de colère.

Comme si l'adrénaline insufflée par leur caporal ne suffisait pas, le grondement qui résonne de la terre foulée par les soldats fait gonfler le cœur d'Étienne, tordant son ventre autant d'impatience que de peur. Au loin, comme pour ajouter au climat d'angoisse et de rage mêlées qui précède chaque combat, le ciel se couvre d'épais nuages qui masquent le pâle soleil d'hiver. C'est à ce moment que cette pensée saugrenue traverse l'esprit d'Étienne « pourvu qu'il ne neige pas ».

Puis, son cerveau se vide totalement, concentré uniquement sur les Anglais en face de lui, esquivant une baïonnette, un sabre, un couteau, puis tranchant, tailladant. Il ne sait même pas si ceux qui tombent autour de lui sont des ennemis ou ses compatriotes. Il perçoit parfois, à travers la fumée de la poudre, un visage crispé par l'effort, l'éclat d'une lame transperçant un corps dans une gerbe de sang.

Le combat fait rage pendant plusieurs heures, il ne sent pas la fatigue. Il sera temps d'être fatigué après, plus tard, quand la bataille sera gagnée ou perdue, quand l'heure sera venue de panser les plaies, de soigner les blessés et de compter les morts.

Il se redresse d'un coup, avalant une grande goulée d'air chargé du parfum de la poudre.

L'air est épaissi par la fumée qui s'est dégagée des heures durant des canons et des fusils, mais même s'il ne voit pas à dix pas devant lui, il le sait, il le sent, il n'y a plus d'ennemis. Seuls ses frères d'armes sont autour de lui, perdus et étonnés pareillement de ne plus avoir personne à combattre.

— Mon caporal ? Mon caporal ?

Personne ne répond à l'appel d'Étienne, aucun gradé en vue. Alors, comme après chaque bataille, il regarde les visages des hommes couchés au sol, retenant les noms des morts, quand il les connaît, donnant quelques soins aux blessés, encourageant ceux qui peuvent marcher, aidant les plus atteints à retourner à l'arrière, sans même savoir si les médecins militaires ont pu arriver jusqu'à eux. Et comme à chaque fois, il croit voir dans chaque visage celui de Pierre, son ami du premier jour dont il est resté sans nouvelles depuis sa blessure.

C'est seulement le lendemain qu'il apprendra la mort du caporal Gamet et qu'un mot de Pierre lui arrivera, en même temps qu'une lettre de sa mère. Il apprend ainsi le même jour que sa sœur s'est mariée avec le fils des voisins, son amour de toujours, et qu'il est l'heureux oncle d'une petite fille nommée Philippine en son honneur. La lettre de Pierre par contre, l'informe qu'il est définitivement guéri, mais que la blessure qui l'a frappé l'a malheureusement privé de tout espoir d'être père un jour.

Hier, elle a eu quinze ans. Fanchon n'en revient pas, quinze ans déjà. Depuis plus de six mois maintenant, elle travaille à la blanchisserie de Madame Hortense, comme l'appellent toutes ses employées. Contrairement à ce que raconte sa sœur Françoise, Fanchon a pu se rendre compte que Madame Hortense est une patronne, certes sévère, mais juste. Vive et rapide, Fanchon est rapidement passée du statut d'apprentie blanchisseuse à blanchisseuse repasseuse, car Madame Hortense tient à ce que « ses filles » comme elle les appelle, sachent effectuer toutes les tâches qui transforment les ballots de linge sale en piles de linge blanc et soigneusement repassé.

Françoise, dépitée de voir sa sœur réussir si bien, a décrété à qui voulait bien l'entendre que c'est parce qu'elle est « mielleuse et hypocrite » avec la maîtresse blanchisseuse, qu'elle est devenue sa préférée. Malheureusement pour elle, ses paroles sont revenues aux oreilles de Madame Hortense qui s'est fait un malin plaisir de lui adresser des remontrances devant tout le personnel, déclarant que si Fanchon fait effectivement partie des salariées les mieux vues, c'est tout simplement parce qu'elle est courageuse et travailleuse, contrairement à sa sœur aînée qui cherche toujours une bonne raison de traîner et qui est fainéante comme une couleuvre. Depuis ce jour, Françoise ne se départissait pas de son air hautain, ignorant tout le monde et travaillant seule dans son coin.

Adèle, une petite rousse vive et pétillante, jamais la dernière quand il s'agit de rire, a déclaré à Fanchon d'un air entendu :

— Ta sœur est bien bête. Avec ses manières de princesse, tout ce qu'elle gagne, c'est qu'elle reste seule dans son coin, sans amies. Si elle est comme ça avec les hommes, elle va finir vieille fille, desséchée devant son linge sale comme un vieux sarment de vigne après les vendanges.

L'image de Françoise toute tordue comme un vieux morceau boit a fait éclater de rire toutes les blanchisseuses, vite rappelées à l'ordre par Madame Hortense.

Madame Hortense, plantureuse femme qui sait mener sa barque, avait commencé seule comme blanchisseuse, travaillant tout d'abord d'arrache-pied pour quelques riches clients.

La qualité de son travail et le bouche-à-oreille aidant, elle avait vite vu sa clientèle se développer. Son mari, originaire du Massif central, qui s'était définitivement établi à Vesoul après être tombé sous les charmes voluptueux de la dame Hortense, avait un petit pécule avec lequel ils avaient loué et équipé ce local bien situé sur les bords du Durgeon, et avaient monté cette blanchisserie. Les pièces du haut étaient réservées au logement de la famille, tandis que les vastes pièces du bas étaient réservées à leur activité.

Bien vite, le couple n'avait pas suffi à la tâche, même si leur fils aîné, Antoine, se chargeait des enlèvements et des livraisons, et si leur fille, chétive gamine qui tenait certainement d'un lointain ancêtre une constitution maladive, aidait sa mère de son mieux. Madame Hortense avait alors embauché, et sa florissante affaire compte maintenant une dizaine de jeunes demoiselles qu'elle mène à la baguette.

Le travail est dur, toujours courbée sur les baquets, les mains dans une eau que l'hiver rend glaciale, ou étouffant dans la vapeur des fers dans la salle destinée au repassage, mais Fanchon aime cette ambiance. Les filles sont toujours de bonne humeur, et le travail s'effectue dans la joie. Quand l'une d'elles arrive, le matin faisant grise mine à cause d'un gamin malade ou d'un mari rentré saoul la veille au soir, toutes s'empressent de la réconforter et de lui prodiguer des conseils pour faire tomber la fièvre du marmot ou ramener son conjoint dans le droit chemin.

Le dimanche, la blanchisserie est fermée et, depuis que ses deux filles aînées travaillent, Anne, leur mère, les laisse dormir tant qu'elles veulent.

— La semaine, vous êtes absentes tout le jour, ce qui me fait moins de travail. Et puis, Madame Hortense vous a accordé le privilège de laver gratuitement le linge de toute la famille, et ça m'épargne une tâche pénible, surtout avec les petits qui traînent dans la poussière à longueur de temps. C'est donc normal que le dimanche vous puissiez vous reposer.

Pourtant, si Françoise a bien assimilé l'information et passe ses dimanches à se prélasser, Fanchon ne manque jamais une occasion d'aider sa mère à la cuisine. Elle aime transformer les légumes en une soupe parfumée, faire de délicieuses compotes avec les fruits de saison, ou préparer la pâte à gaufres suivant une recette transmise de génération en génération dans la famille de sa mère.

Depuis ce fameux bal du vingt-cinq messidor, avec la permission de Michel Carle, Jeannot, quand il ne termine pas trop tard, vient attendre Fanchon à la sortie de la blanchisserie et la raccompagne chez elle. Le dimanche, il passe la prendre au début de l'après-midi et quand le temps le permet, ils flânent dans la ville. Michel l'a même invité à se joindre à eux lors des repas champêtres qui réunissent toute la famille dans un pré voisin, officialisant plus ou moins leur relation. Pour toute la famille, Jeannot est maintenant « le fiancé » de Fanchon.

Fanchon, elle l'aime bien Jeannot. Il est drôle, il a toujours une petite attention pour elle, un bouquet de fleurs des champs, une poignée de fraises des bois ramassées au creux d'un chemin. Pour son anniversaire, il lui a offert un bracelet de perles de verre, transparentes comme des gouttes de pluie. Il lui tient la main, l'embrasse sur la joue, dans le cou, mais quand il essaye de mettre ses mains sous sa chemise ou sous son jupon, elle lui donne rapidement un petit coup sec sur la main en fronçant les sourcils. Beau joueur, il n'insiste pas... Jusqu'à la prochaine fois.

***

Ce mercredi, comme tous les autres jours, Jeannot l'attend à la sortie de la blanchisserie et Madame Hortense, qui, comme tout le monde, le considère comme le fiancé officiel de Fanchon, le salue aimablement.

Il fait sombre et froid dans les rues. Fanchon, enveloppée dans un grand châle qui lui couvre la tête et qu'elle serre à deux mains sur sa poitrine, presse le pas dans les rues enneigées, Jeannot marchant d'un pas vif à côté d'elle.

Soudain il la prend par le coude et s'arrête.

— Tu sais que depuis le début du mois, je me suis pris une petite chambre ?

— Tu ne vis plus chez tes parents ?

— Non, j'en avais assez des allusions de ma mère sur le travail qu'elle avait avec les plus petits, et que les grands devaient quitter le nid un jour ou l'autre. Et puis, j'ai dix-sept ans. Je peux me débrouiller tout seul.

— Et pour la soupe, questionne Fanchon d'un air moqueur. Je suppose que, comme moi, tu apportes un casse-croute froid que tu avales chez ton patron, mais en rentrant, tu te couches le ventre vide ?

— Bah, si je veux une soupe chaude, je vais à l'auberge, sinon un morceau de pain et de fromage, un fruit, un bout de jambon quand je suis en fonds, ça fait l'affaire.

Sceptique, Fanchon le dévisage.

— Et alors, pourquoi t'arrêtes-tu ? Tu veux me demander en mariage au milieu de la rue, par ce froid, pour que je réchauffe ta chambrette et que je cuisine ta soupe ?

— Et pourquoi pas ? Mais avant de parler mariage, si je te la montrais ma chambre ? C'est juste là, dans cet immeuble.

Disant cela, Jeannot indique un immeuble de trois étages, situé de l'autre côté de la rue. Fanchon hésite. Ses parents l'attendent, et s'ils voient Françoise rentrer et pas elle, ils risquent de s'inquiéter.

— Il est tard.

— Nous n'en aurons pas pour longtemps. La chambre est petite. Je voudrais que tu me dises si elle te plaît.

Bon, Fanchon se dit qu'après tout, ça ne lui prendra pas plus de cinq minutes. Et puis, même en hiver, Françoise traîne toujours sur le chemin. Si ça se trouve, elles rentreront en même temps.

Traversant précautionneusement la rue couverte de givre, les deux jeunes gens entrent dans l'immeuble et montent rapidement l'escalier, aussi bien pour ne pas perdre de temps que pour se réchauffer.

Arrivé en haut, Jeannot se dirige à droite, au bout du couloir, et sort une clef de sa poche pour ouvrir une porte. Il s'efface pour laisser passer Fanchon qui découvre une petite pièce sommairement meublée. Un lit avec une paillasse et un édredon soigneusement plié, un peu de vaisselle sur un tabouret, un bassin et un broc pour la toilette sur une petite table, à côté desquels sont soigneusement alignés un peigne et un rasoir et, dans un coin, un coffre dans lequel Jeannot range certainement ses vêtements du dimanche.

— Que voilà une chambre bien rangée. Tu espérais donc que je vienne ?

Vexé, Jeannot réplique.

—Pas du tout, ma chambre est rangée tous les jours.

— En tout cas, il y fait bien chaud.

— C'est à cause du conduit de cheminée qui passe derrière ce mur. Le propriétaire vit juste en dessous, il est vieux et il a toujours froid. Ôte donc ton châle.

— Non, il faut y aller, je vais être en retard.

— Allez, tu as bien cinq minutes. Assieds-toi, j'ai du cidre, je t'en apporte un verre.

Devant la joie de Jeannot, tout fier de la recevoir chez lui, Fanchon cède, enlève son châle et s'assoit sur le lit. Jeannot, chargé de deux verres, lui en tend un et s'assoie à côté d'elle. Tandis qu'elle boit à petites gorgées, il passe son bras autour de ses épaules, et commence à l'embrasser.

— Attention, je vais renverser mon verre et ta couche va être toute mouillée.

À ces mots, Jeannot prend le verre des mains de Fanchon et le pose à terre avant de la renverser sur le lit.

— Arrête, qu'est-ce que tu fais ?

— Je ne veux pas attendre le mariage, j'ai envie de toi, tout de suite.

Fanchon se débat, essayant de calmer Jeannot par des paroles apaisantes, mais elle ne reconnaît plus le jeune homme prévenant qui l'a fait danser et qui la raccompagne chez elle le soir. Il la tient fermement sous lui et ses mains qui se font plus pressantes commencent à ouvrir son corsage. Tout à son désir brûlant, Jeannot a oublié que Fanchon, habituée maintenant à porter de lourds ballots de linge, à battre et savonner des vêtements gorgés d'eau, n'a plus rien d'une frêle jeune fille. D'un violent coup de reins, elle parvient à se dégager et envoie rouler le jeune homme sur le plancher.

Se relevant vivement, elle ramasse son châle et se précipite vers la porte.

— Attends, Fanchon, je suis désolé, je ne sais pas ce qui m'a pris, reviens.

Jeannot se relève, se précipite vers la jeune fille et l'attrape par l'épaule. Mais, avant qu'il n'ait pu prononcer une parole de plus, Fanchon fait volte-face et lui administre un magistral soufflet sur la joue en hurlant.

— Je ne veux plus jamais te revoir, je n'ai plus confiance en toi.

Tout en prononçant ces mots, elle arrache de son poignet le cadeau qu'il lui avait offert pour son anniversaire et le jette à terre.

Tenant sa joue d'une main, le garçon regarde les perles rouler à travers la chambre. Quand il lève les yeux, il n'y a plus que la porte close devant lui, et le bruit des pas de Fanchon dévalant l'escalier.

6 juin 1801 – 17 prairial an 9

Ce jour-là, les blanchisseuses n'en peuvent plus. Il a fait une chaleur abominable toute la semaine, et il tarde à Fanchon d'être à demain dimanche. Elle n'a qu'une envie, qu'un désir, aller au bord de l'eau et tremper ses pieds dans le courant de la rivière. Les anciens l'ont dit, l'été va être terriblement chaud. Elle en est même arrivée à se demander si elle a choisi le bon métier. S'il fait chaud dehors, dans la blanchisserie de Madame Hortense, c'est encore pire. Les cuves d'eau bouillante, les fers qui chauffent sur le poêle en brique, tout se ligue pour transformer le local en étuve, à tel point que lorsqu'elles sortent sous le soleil, les filles ont une impression de fraîcheur.

Elles ont passé toute la semaine à travailler à demi nues, avec juste un linge noué sous les bras et descendant à mi-cuisse. Certaines ont bien essayé de se mettre en tenue d'Ève, arguant du fait qu'elles étaient entre femmes, mais Madame Hortense y a vite mis le holà.

— C'est une maison honorable, que penseraient les passants s'ils vous apercevaient par les fenêtres ? Que je tiens une maison de plaisir ? Un peu de pudeur mesdemoiselles, je sais qu'il fait chaud, mais couvrez-vous, sinon vous irez travailler ailleurs.

Bien que la sueur dégouline dans son cou et dans son dos, Fanchon presse le pas, inquiète. Depuis mardi, le petit Michel a de la fièvre. Âgé d'un peu plus d'un an, celui-ci est de constitution robuste et n'a jamais été malade un seul jour depuis sa naissance, aussi la pauvre Louise est-elle totalement désemparée face à cette situation nouvelle pour elle. Anne, habituée aux fièvres et aux maladies fréquentes chez les petits enfants, n'arrive pas à la réconforter, aussi a-t-elle pris les choses en main.

En dépit des compresses fraîches et des décoctions de plantes que sa grand-mère lui fait avaler avec patience, remèdes qui ont déjà fait leurs preuves avec ses oncles et ses tantes, le petit garçon dort mal, pleure, gémit et, après deux jours sans amélioration, une respiration sifflante s'est ajoutée à la fièvre. Inquiète, Louise a fini par appeler le médecin qui a examiné l'enfant.

— Il a les bronches encombrées. Nous allons soigner tout ça.

Puis le praticien, un brave homme qui est ouvert aux nouvelles méthodes et qui, lorsqu'il parvient à se procurer les écrits d'un dénommé Corvisart, les dévore du premier au dernier mot, a rédigé un papier d'une écriture ferme et déliée.

— Tenez, dit-il en donnant le document à Augustin, portez ceci à l'apothicaire et demandez-lui de préparer cette potion dans l'heure. Les éléments qu'elle contient vont, d'une part faire baisser la fièvre, et d'autre part décongestionner la poitrine. Vous lui en donnerez une cuillère trois fois par jour.

Puis, inspectant la chambre sous les toits où vit la petite famille, il fronce le nez.

— Il fait trop chaud ici, sous les toits. Tant que ce petit est fiévreux, il serait judicieux de l'installer chez ses grands-parents. La température y est plus supportable. Couvrez-le le moins possible.

Aussitôt le petit Michel et sa mère ont pris possession du lit de Joseph et de Claude tandis que des deux derniers allaient bon gré mal gré s'installer avec Augustin sous les toits. Ce nouvel arrangement a fait grincer des dents Françoise, mais son père lui a vertement fait savoir que, s'il lui déplait de passer la nuit dans la même chambre que son neveu souffrant, il est tout à fait possible de lui installer un grabat à la belle-étoile. Les nuits suivantes ont été toutes les mêmes, Louise, Anne et Fanchon se relayant au chevet du petit être fiévreux, pour changer ses compresses d'eau fraîche, le soutenir lorsqu'il peine à respirer et prier, même si Fanchon n'est pas réellement convaincue que cette dernière action apporte une quelconque amélioration à l'état de santé du garçonnet.

***

Une fois passée la porte de l'appartement, Fanchon traverse rapidement la salle commune où les plus petits jouent sous la surveillance de Fanchette, les gratifiant d'un sourire au passage, et passe la porte de la chambre. Sa mère est seule, assise sur un tabouret, devant le lit. Entendant sa fille entrer dans la pièce, elle se lève et, un doigt sur les lèvres, s'approche d'elle.

— Il dort. La fièvre a l'air d'être un peu tombée.

— Où est Louise ? chuchote Fanchon.

— Je l'ai envoyée chez elle, dormir un peu tant que les hommes sont au travail. La pauvre a passé une nuit blanche. Françoise n'est pas avec toi ?

— Non, « la princesse » est allée se détendre au bord de l'eau.

Anne soupire, exaspérée.

— Franchement, je me demande ce qu'on a fait de travers avec elle, ton père et moi. Jamais un sourire, jamais une parole aimable. Il faut toujours lui dire « fais ceci, fais cela », jamais elle ne propose de m'aider quand elle me voit occupée à charger le feu, préparer le repas.

— Tu vas voir qu'elle va encore rentrer pour mettre les pieds sous la table, comme hier.

— Oui, et bien qu'elle se méfie. Ton père en a assez, il envisage sérieusement de lui demander de se prendre une chambre. Elle verra si quelqu'un viendra lui préparer ses repas et balayer le sol.

À ce moment-là, les deux femmes sont interrompues par un gémissement qui s'élève du lit. Aussitôt, toutes deux se précipitent vers le petit garçon qui vient de s'éveiller. Sans qu'un seul mot ne soit échangé, Fanchon sort un linge humide pendant qu'Anne ôte la chemise de l'enfant, trempée de sueur, puis elle va en chercher une sèche. Pendant ce temps, Fanchon essuie tendrement le corps et le visage du petit malade et pose sa main sur son front pour constater avec joie qu'il est un peu moins chaud que ce matin, quand elle l'a quitté.

— Je te laisse à son chevet, je vais préparer la soupe avant le retour des hommes.

Fanchon acquiesce et caresse doucement les cheveux de son neveu en lui fredonnant une berceuse. Le petit se rendort, et Fanchon constate avec joie que sa respiration semble un peu moins encombrée. Il ne faudrait pas qu'il lui arrive quelque chose à ce petit, elle l'aime tant. Quand elle n'est pas à la blanchisserie ou qu'elle n'aide pas sa mère à tenir la maison, elle file tout droit chez Louise pour s'occuper du petit Michel. Au début, Louise lui disait de profiter de ses rares moments de liberté pour se reposer, qu'elle pouvait se débrouiller seule, mais elle s'est vite rendu compte que Fanchon prenait du plaisir à pouponner, alors elle l'accueille maintenant avec joie.

Il n'y a que quand elle voyait Jeannot, que quand elle était amoureuse, qu'elle délaissait le petit appartement sous les toits pour se promener main dans la main avec lui. Fanchon soupire. Jeannot, quelle déception. Elle espérait tant qu'il serait son futur mari, qu'ils auraient des enfants ensemble, lui travaillant comme tanneur, elle tenant la maison et s'occupant de leurs fils et de leurs filles. Au final, il est comme les autres, comme Joseph, il ne pense qu'à mettre une fille dans son lit. Car même si elle aime beaucoup son frère aîné, elle a vu trop de filles pendues à son bras, le bonheur peint sur leurs visages pour les croiser quelques semaines plus tard, les yeux gonflés de larmes et la bouche amère. Elle a même entendu dire qu'il n'était pas étranger à la conception du bébé de Claudinette, une petite fille qui n'avait vécu que quelques jours. Forcément, avait déclaré la sage-femme, quand la mère est seule et malheureuse, comment voulez-vous que l'enfant ait envie de se battre ?

Fanchon soupire. Est-ce qu'elle rencontrera un jour un homme bon, honnête, travailleur, un homme avec qui elle pourra fonder un foyer stable, comme son père et sa mère l'ont fait avant elle ? Elle n'a jamais osé en parler à sa mère. Françoise ? Elle n'y pense même pas, elle est bien trop égoïste pour ça. Et Fanchette, c'est encore une gamine. Alors, elle s'en est ouverte à Louise, avec qui elle a noué une réelle complicité. La femme de son frère est comme une sœur pour elle, toujours prête à l'écouter.

Louise, la prenant tendrement par l'épaule, lui a dit gentiment :

— Fanchon, tu as tout juste quinze ans. Je sais que certaines filles sont déjà mariées à cet âge-là, mais tu as bien le temps de te soucier d'un mari et d'un foyer. Il faut être patiente, il y a un homme qui existe pour toi et que tu rencontreras. Et ce jour-là, tu sauras que c'est lui, comme je l'ai su quand j'ai rencontré ton frère. Chacun a sa chacune, mais il ne faut pas être trop pressée, sinon tu prendras un ver luisant pour une étoile.

— Jeannot c'était un ver luisant alors ?

— Tout à fait, et tu as bien fait de ne pas lui céder.

Le bruit de la porte qui s'entrouvre la tire de ses pensées. Justement, c'est Louise, fraîche et reposée, qui vient la relayer. Elle l'embrasse sur la joue avec un sourire.

— Merci d'être là après ta journée de travail. Tu es adorable. Va vite manger, la soupe est chaude.

— Tu as mangé toi ?

— Non ma Fanchon, mais grâce à la gentillesse de ta mère, j'ai pu dormir quelques heures alors je peux attendre encore. Ta mère me garde mon repas, je mangerai après.

Fanchon se lève et étire son corps tout endolori, autant pas le travail de la semaine que par le temps passé assise au chevet de son neveu, puis se dirige vers la porte. La bonne odeur qui s'infiltre dans la pièce autant que les bruits émis par son ventre lui rappellent qu'elle meurt de faim !

***

Il fait nuit noire, Fanchon n'a aucune idée de l'heure qu'il peut être. Allongée dans son lit, elle peine à trouver le sommeil. Louise est allongée à côté de son fils, mais elle non plus ne dort pas. Fanchon l'entend se retourner, voit sa main se poser sur le front du bambin, un geste qu'elles ont toutes répété mille fois ces derniers jours.

N'y tenant plus, Fanchon se lève en silence, enfile rapidement un jupon, une chemise, traverse la chambre sur la pointe des pieds, puis la pièce commune où dorment ses parents, avant de descendre pieds nus l'escalier pour se retrouver enfin dans la rue.

Elle inspire avec volupté le vent léger qui s'est levé. La nuit est claire, tranquille, tout le monde dort. Elle s'assied par terre, le dos appuyé contre le mur, laissant la fraicheur des pierres calmer la brulure de sa peau à travers sa chemise.

Au loin, elle entend quelques querelles d'ivrognes, des rires gras, mais elle sait qu'ils resteront sur les rues les plus importantes, là où l'éclairage public leur permet de retrouver leur chemin, à travers les brumes alcoolisées de leurs cerveaux.

La tête posée sur les genoux, elle se dit qu'elle passerait bien le reste de la nuit, là, assise, loin de la touffeur de l'appartement. Autant en hiver il est agréable de se retrouver dans une pièce réchauffée par les corps de ses frères et sœurs, autant l'arrivée de l'été lui fait appréhender les nuits lourdes de chaleur. Même en ouvrant les vantaux, en écartant les rideaux du lit, elle a toujours du mal à trouver le sommeil. Et l'inquiétude qu'elle éprouve depuis que le petit Michel est malade ajoute encore à son insomnie.

Entendant des pas dans l'escalier, elle lève la tête et voit apparaître sa mère.

— Fanchon ? Mais qu'est-ce que tu fais là ? J'étais inquiète.

— Je n'arrivais pas à dormir. Je crois que Louise non plus ne dort pas, je l'ai entendu se tourner et se retourner dans le lit.

Anne sourit et prend sa fille par la main pour la lever.

— J'ai une bonne nouvelle. L'amélioration de ce vendredi se confirme, Michel va beaucoup mieux. Il ne transpire plus, la fièvre est tombée et il respire presque normalement. Louise vient de s'endormir à côté de lui. Alors nous allons aller nous recoucher toutes les deux, et demain, tout le monde ira au bord de l'eau. Je resterai avec le petit.

— Pas question, Maman, c'est moi qui resterai.

Anne prend alors un air courroucé que dément la lueur amusée dans ses yeux, et parodie son mari quand il veut asseoir son autorité.

— Mademoiselle ma fille, tant que vous vivrez sous mon toit, vous m'obéirez. Alors je vous ordonne d'aller vous amuser demain.

Fanchon prend la main de sa mère pour remonter l'escalier puis s'arrête avec un air moqueur et, imitant le ton de sa mère.

— Dites-moi Madame ma mère, ne pensez-vous pas qu'il serait normal que Mademoiselle Françoise s'occupe enfin de son neveu, tandis que nous autres irons batifoler au bord de l’eau ? Après tout, avec toutes les promenades qu’elle a faites le soir après le travail, il me semble qu’elle a pris un bel acompte sur le dimanche.

Étouffant un fou rire complice, la mère et la fille montent l’escalier le plus silencieusement possible et retournent se coucher, soulagées l’une comme l’autre du rétablissement du dernier-né de la famille.

12 octobre 1801 – 20 vendémiaire an 10

Après la longue période de guerre dans le nord, les hommes de la quarante-neuvième brigade ont reçu l'ordre de se diriger vers l'ouest, pour combattre les Anglais. Ça ne change pas grand-chose pour Étienne, puisque ce sont déjà les Anglais qu'il combat. L'est ou l'ouest, tant qu'il défend la France et la république, peu lui importe.

Ils ont donc pris la route, chargés comme des mulets, avalant les kilomètres les uns après les autres, tantôt dans la poussière, tantôt dans la boue. Parfois, un régiment de cavalerie les croise, cavalcade emplumée de hussards sur de magnifiques étalons qui toisent ces malheureux fantassins d'un air dédaigneux. Lors de ces premières rencontres, Étienne fulmine, ne comprenant pas le pourquoi de ce mépris, alors qu'ils combattent du même côté. Alors, lorsqu'il croise ces mêmes hussards, marchand péniblement à côté d'un cheval fourbu, il ne résiste pas à l'envie de leur retourner leurs moqueries, traitant de danseuses aux chevilles fragiles les montures harassées, et demandant aux hussards s'ils veulent qu'on leur fabrique des souliers de satin pour les sabots de leurs chevaux.

Pourtant, un jour, la farce a failli mal tourner, lorsqu'un cavalier irrité a sorti son sabre pour foncer sur Étienne. Celui-ci n'a dû la vie sauve qu'à l'intervention d'un officier qui leur a promis de les faire passer devant le conseil de guerre s'ils continuent à se tromper d'ennemi.

Chaque soir, les occupations sont les mêmes : préparer la soupe, distribuer le pain et chercher dans les fermes alentour, avec plus ou moins de bonheur, de quoi améliorer l'ordinaire. Puis, une fois les accros réparés dans les chaussures aussi bien que dans les autres pièces de l'uniforme, profiter des derniers moments de la soirée pour jouer aux dés, fumer une dernière pipe ou écrire une lettre à une promise ou à une mère, avant de s'allonger à même le sol, protégés par une toile tendue, pour tenter de reprendre des forces et recommencer le jour suivant, inlassablement.

Enfin, après de longues journées de marche, quand ils apprennent qu'ils sont arrivés à destination, pas question de se reposer. Il faut encore monter le camp, dresser les tentes, et organiser un confort durable, car il est prévu de rester un moment au même endroit.

Les jours suivants se ressemblent tous, de brèves escarmouches, repli au camp, panser les blessés, enterrer les morts, et attendre ensuite dans l'oisiveté la prochaine bataille.

Des jours tous identiques, jusqu'à ce lundi où tout a failli basculer. Étienne nettoie son arme, en gestes mécaniques, mainte fois répétés, mais son esprit est ailleurs. Il écoute les paroles qu'échangent trois hommes nouvellement intégrés à sa brigade, venus selon eux d'une caserne de Lyon, mais que ne ressemblent en rien aux habitants de cette ville qu'Étienne a déjà croisés. Ces hommes, dont il ignore le nom, il les évite. C'est de toute évidence des brigands, enrôlés de force ou engagés volontaires pour échapper au gibet, mais pour Étienne, ils ne sont pas et ne seront jamais des soldats. Et ce qu'il entend ne fait que conforter son opinion.

— Je te dis qu'il a du bien. Il suffit de voir la qualité de ses habits. Et sa ferme ! Tu l'as vu sa ferme ? Les notables de mon village ne sont pas aussi bien logés.

— Moi j'ai surtout vu sa fille. Une belle prise s'il n'y a pas d'or.

— De l'or il y en a, tu peux me croire.
— Ce soir alors ?

— Oui, ce soir.

Étienne fait celui qui s'en moque, celui qui n'a rien entendu. Il remet consciencieusement son fusil en faisceau avec les autres, sort sa gamelle et ses couverts, et se dirige vers le feu où chauffe la soupe et où cuisent les deux poulets qu'il a achetés sur sa solde à la ferme située à quelques kilomètres de leur camp.

Il sait très bien que c'est de cette ferme dont parlent les trois brigands, c'est la plus grosse à des kilomètres à la ronde. Un gros propriétaire qui, lors de la révolution, a certainement racheté des terres du clergé ou d'un noble en fuite, comme beaucoup, mais qui reçoit toujours les soldats avec un sourire, faisant payer les poulets, mais glissant toujours quelques œufs en plus, ou un peu d'eau-de-vie. Sa fille, une blonde pulpeuse, lui a fait les yeux doux lorsqu'il y est allé plus tôt dans la journée, lui glissant à l'oreille quelques mots tout en lui donnant les victuailles, pour lui donner rendez-vous le soir même.

Étienne va donc y aller ce soir, mais pas uniquement pour la fille du fermier, non, aussi pour déjouer les plans des trois compères. Il hésite à emmener avec lui un compagnon d'armes. Si seulement Pierre était là, c'est à lui qu'il demanderait de l'accompagner, certain de sa réponse. Il a bien pensé dénoncer les trois hommes aux officiers, mais il a peur que ces derniers ne s'échappent et n'accomplissent quand même leur forfait. Alors il décide d'y aller seul, comptant sur l'effet de surprise. Après tout, lui est un soldat bien entraîné, qui a tué des dizaines d'ennemis. Les trois lascars, il l'a bien vu, se débrouillent toujours pour éviter le combat.

Faisant semblant de dormir, il guette leur départ et se glisse silencieusement à leur suite. Afin de détourner l'attention des sentinelles, les trois hommes ont fait comme s'ils allaient satisfaire un besoin naturel. Une fois cachés dans les buissons, ils n'ont eu qu'à se courber pendant les cent premiers mètres pour s'éloigner sans être vus. Maintenant, ils marchent à travers champs, bien droits, sans plus chercher à se dissimuler. C'est seulement en arrivant en vue de la ferme qu'ils commencent à se faire discrets.

Étienne, repensant à son expédition avec le caporal Gamet, se demande si un chien ne va pas leur jouer un mauvais tour. Il n'en a pas vu tantôt, en allant acheter les poulets, mais ça ne veut rien dire. Le chien de la ferme pouvait être au pré avec les bêtes.

Collés contre le mur, ils font le tour du bâtiment pour atteindre la porte d'entrée, Étienne toujours quelques dizaines de mètres derrière eux, prêts à intervenir lorsque l'occasion se présentera. Alors que les hommes commencent à forcer la porte, un bruit de chaînes se fait entendre et un molosse, malheureusement attaché à une niche solidement fixée au sol, se précipite vers eux dans un concert d'aboiement furieux. Bien que retenue par ses liens, la bête bave et enrage de ne pouvoir mordre ces intrus.

Alors qu'un des trois hommes, poignard à la main, se précipite vers le chien, la lueur d'une bougie apparaît derrière la vitre et la porte s'ouvre devant le fermier, armé du grand couteau qui lui a servi le jour même à égorger les deux poulets.

Profitant de l'effet de surprise, Étienne se précipite sur l'homme le plus proche de lui, et lui plante sa baïonnette dans les reins tout en criant.

— Attention, ils sont armés, ils viennent pour vous détrousser.

Aussitôt, le fermier, d'un geste vif, taillade la joue de l'homme en face de lui. Au même moment, un hurlement fait dresser les cheveux sur la tête d'Étienne qui se retourne juste à temps pour voir le chien, rugissant de rage, planter ses crocs dans la gorge de celui qui le menace de son couteau.

Voyant ses deux compères à terre et voués à une mort certaine, le troisième larron, la joue en sang, prend ses jambes à son cou.

— Pas question que tu fiches le camp mon gaillard, vocifère le fermier le poing levé.

Se dirigeant vers la niche, il détache le chien et, lui indiquant d'un doigt vengeur la direction prise par le fuyard, il ordonne au molosse :

— Va, attaque, tue.

Délaissant sa proie immobile sur le sol, un flot de sang sortant de sa gorge, la bête s'élance d'un violent coup de reins et disparait dans l'obscurité. Quelques minutes plus tard, les hurlements qu'ils entendent au loin indiquent à Étienne et au fermier que l'animal s'est fait un devoir d'obéir aux ordres de son maître.

Étienne essuie sa baïonnette avec une poignée de foin et regarde le fermier.

— Eh bien, heureusement qu'il est attaché votre chien. Je n'aimerais pas le croiser au coin d'un bois.

Le fermier éclate de rire.

— Oui, mais toi, tu ne viens pas chez moi avec de mauvaises intentions, pas vrai ?

Étienne se contente de sourire. Bien sûr, il ne va pas attaquer un fermier pour violer sa fille et lui prendre son or, mais un ou deux poulets bien gras, quelques légumes, il l'a déjà fait. Il faut bien manger, et à la guerre comme à la guerre !

Il regarde les deux cadavres, songeur.

— Vous voulez un coup de main pour vous en débarrasser ?

— Aide-moi juste à les tirer dans la grange, je m'en occuperai demain avec mes ouvriers, ainsi que du troisième, dit-il avec un geste vers l'endroit où son chien a disparu. Par contre, reviens donc demain si tu veux. Je vais tuer un veau, je te préparerai quelques beaux morceaux et ma fille y ajoutera des œufs et du vin. Tu l'as bien mérité.

— Avec grand plaisir Monsieur. À demain.

Étienne s'en retourne au camp d'un pas vif, pressé de profiter des quelques heures restant avant l'aube pour un repos bien mérité, et anticipant par avance le repas que les denrées promises par le fermier lui permettront de partager avec les autres. Et, il faut bien l'avouer, anticipant surtout les remerciements passionnés que la fille du fermier ne manquera pas de lui prodiguer. Avec son père bien éveillé, le rendez-vous de ce soir ne s'est pas fait, mais ce n'est que partie remise, il n'en doute pas une seconde.

Ce qu'il ignore encore, c'est que le lendemain matin, leur camp sera détruit par une attaque et qu'ils reprendront la route. Il ne reverra jamais ni le fermier, ni surtout sa fille, à son grand chagrin.

22 mars 1802 – 1er germinal an 10

Ce matin, tout le camp bruisse de mille potins. Étienne a l'impression d'être, non plus à l'armée, mais au beau milieu d'un rassemblement de jeunes filles qui attendent leur premier bal.

Il est question de paix. La paix, pour un soldat ? Étienne ne sait pas trop quoi en penser. Il a vu trop d'hommes tomber, blessés, estropiés à vie ou morts. Alors oui, dans un sens, la paix est une bonne chose. Pour le peuple surtout, pour tous les peuples. Plus de villages incendiés, pillés, de moissons ravagées, d'orphelins, de veuves. Mais eux, les soldats, si la paix est signée, que vont-ils devenir ?

Il se murmure que, il y a quelques mois, une rencontre a été organisée à Londres, et que les premiers pas vers la paix ont été faits, des accords signés. Pour Étienne, ça n'a rien de nouveau, des accords, des rencontres, des discussions, les hommes d'État et les rois en sont friands. Mais cette fois, c'est du sérieux. Dans trois jours, les dirigeants des nations belligérantes vont se rencontrer à Amiens, pas loin de chez lui, pour signer le traité de paix.

Chez lui... Ça fait longtemps qu'il n'est pas retourné chez lui. Presque trois ans déjà. La semaine dernière il a eu dix-neuf ans. Personne n'en a rien su, lui-même l'avait presque oublié, c'est en tombant par hasard sur une affiche fraîchement posée, dans un village, qu'il a vu la date, et s'en est souvenu. Bah, ça ne change pas grand-chose, chez lui, les anniversaires, c'est un jour comme les autres. À part s'il arrive que la date coïncide avec un dimanche, on travaille, comme on avait travaillé la veille et comme on le ferait le lendemain.

Il n'a aucun regret. Même s'il a frôlé la mort plus d'une fois, il a vécu mille vies pendant ces trois années. Qu'aurait-il fait chez lui, à Douai, s'il était resté ? Il serait devenu laboureur ? Manouvrier ? Avec de la chance, il aurait pu, au mieux, rentrer en apprentissage avec un maître artisan, forgeron ou cordonnier, mais ces derniers réservent en général la transmission de leur savoir à leurs descendants. Il avait bien commencé à apprendre le métier de son père, mais lorsqu'il avait entrevu les possibilités offertes par l'armée, il n'avait pas hésité une seule seconde.

— Hé, tu as entendu, ils vont annoncer les passages en grade. Tu viens ?

Tiré de ses pensées par Henri, un garçon de son âge, un peu fou, mais attachant, et à qui il tente d'inculquer quelques notions de sagesse, Étienne se lève et le suit. Ce n'est pas qu'il ait particulièrement envie d'y assister, à cette annonce, mais au moins ça aura l'avantage de chasser ses idées noires.

Tous deux traversent le camp, se frayant un chemin entre les tentes bien alignées, rejoints au passage par leurs camarades, saluant ceux qui restent devant le feu, à entretenir le matériel, chiquer ou fumer. Pour les nouveaux arrivés, inutile de se déplacer, l'avancement n'est pas pour eux. Ceux qui sont passés aux grades supérieurs récemment non plus ne bougent pas. Ils ne sont pas concernés, et apprendront plus tard la bonne fortune de leurs amis, autour d'une bonne bouteille gardée précieusement au fond d'un sac et ouverte pour l'occasion.

Il y a encore une troisième catégorie d'hommes qui se moquent éperdument des passages aux grades supérieurs, ce sont ceux qui ont été punis. Quelle que soit la raison de leur disgrâce, l'avancement leur est temporairement fermé, parfois même définitivement si la faute est suffisamment grave. Ils sont condamnés à terminer leur carrière au rang de simple soldat.

Étienne se demande s'il a une chance d'avoir une promotion. Il ne s'est jamais posé la question. Il a souvent reçu les félicitations de ses supérieurs pour son courage sur le champ de bataille, mais il sait aussi qu'il en faut peu pour déplaire. Et pour parler franc, il ne s'est pas engagé pour devenir officier. Cette idée a même plutôt tendance à le faire sourire.

Plantés les pieds dans la boue, agglutinés les uns derrière les autres sous le pâle soleil de printemps qui a succédé à l'averse du matin, ils entendent s'égrener les noms les uns après les autres, et Étienne se dit qu'il aurait mieux fait de mettre ce temps à profit pour nettoyer son fusil, plutôt que de rester planter là. Soudain, il sursaute. Il n'a pas rêvé, il a bien entendu « Étienne Joseph Philippe, admis au rang de caporal ».

Henri lui assène une grande claque dans le dos.

— Félicitations ! Puis soudain penaud : Zut, tu es mon supérieur maintenant, je dois me mettre au garde-à-vous et t'appeler mon caporal.

— Oui, et bien ça attendra demain. Ce soir on va fêter ça, rétorque Étienne avec un sourire !

***

Le soir même, c'est la fête dans tout le camp, sous les yeux envieux de ceux qui doivent monter la garde. Un peu partout, des feux sont allumés, des pièces de viande, achetées, chassées ou chapardées, rôtissent sur des broches parfois improvisées avec un sabre ou une baïonnette, et le vin coule d'abondance.

Des flûtes, des tambours bricolés d'un morceau de toile tendue et même un violon sont apparus miraculeusement et les soldats dansent, s'improvisant cavalière quand il le faut.

Les officiers, non seulement ferment les yeux, mais organisent aussi leurs propres réjouissances pour fêter ceux d'entre eux qui sont montés en grade. Ils ont même distribué aux hommes une ration de gnole, conscient que le moral d'une armée peut faire pencher la balance du bon côté lors d'une bataille.

Après une gavotte endiablée, ou ce qui pourrait ressembler à une gavotte, Étienne s'assoit, fourbu et en nage, et Henri ne tarde pas à s'affaler à ses côtés.

— Mon caporal, tu vas faire quoi si la paix est signée ?

— Je vais commencer par te faire donner la savate si tu m'appelles encore une fois mon caporal à la veillée, rétorque Étienne en riant !

— Non, sérieusement, tu vas rester dans l'armée ?

Étienne, avant de répondre, prend le temps de nettoyer et de curer sa pipe, tapant le culot sur son soulier, puis il la bourre avec soin, l'allume et tire quelques bouffées nauséabondes.

— Et, dis-moi, si je quitte l'armée, à supposer qu'on me laisse partir, qu'est-ce que je suis censé faire selon toi ?

— Et bien retourner chez toi, à Douai, dans ta famille.

— Oui, et je te repose la même question, pour quoi faire ?

Henri, surpris par cette répartie, reste coi. Étienne le regarde un moment, puis éclate de rire, avant de lui asséner une grande claque sur la cuisse.

— Eh oui petit, toute la question est là. Tu viens d'arriver, mais tu vas vite réaliser que quand tu as été soldat, la vie civile te parait bien fade. Rester dans le même village toute ma vie à labourer le même champ année après année ? Allons donc, après avoir vu des pays étrangers, combattu sur de multiples champs de bataille ? Autant demander à un homme à qui on sert à tous les repas les meilleurs vins de Champagne, de Bourgogne et du bordelais, de boire de l'eau le reste de sa vie.

— Et te marier, avoir des enfants ? Tu n'as pas une promise qui t'attend ?

— Non, pas de promise. Ou plutôt plusieurs qui me faisaient les yeux doux.

Étienne réfléchit un moment avant de continuer.

— J'aimerais bien avoir des enfants, ça oui, leur apprendre ce que je sais, leur transmettre mes valeurs, mes idéaux, la liberté, la république, l'égalité entre les hommes. Mais si pour ça je dois devenir un ouvrier besogneux, je crois que le prix serait trop cher payé. Et comme je ne vois pas comment concilier l'armée et un foyer, le choix est vite fait.

Les deux hommes restent un moment silencieux, regardant leurs compagnons qui, saouls de vin et de danse, commencent à s'endormir, parfois à même le sol, sans prendre la peine de rentrer sous la tente ou sous un abri. Puis Étienne reprend la parole.

— Et toi, tu y penses parfois, au jour où tu quitteras peut-être l'armée ?

— Oh moi, j'étais encore un bleu le mois dernier. La seule chose à laquelle je pense maintenant, c'est à ma première bataille. Alors si la paix est signée comme ils le disent, je peux l'attendre longtemps, ma première bataille.

— Tu sais, j'ai comme dans l'idée que la paix ne durera pas bien longtemps. Ça m'étonnerait fort que le royaume d'Angleterre et celui d'Autriche acceptent si facilement que la France se soit débarrassée de la famille royale. Et m'est avis que notre premier consul ne se laissera pas faire. Crois-moi, cet homme est un soldat avant d'être un dirigeant.

Sur ces mots, Étienne se lève, range sa pipe éteinte depuis un long moment, et tend la main à Henri pour l'aider à se relever.

— Debout mon gars, la paix n'est pas encore signée et on ne sait pas ce que demain nous réserve. Alors je te conseille de te mettre à l'abri pour prendre un peu de repos. Il se pourrait bien qu'il pleuve cette nuit.

4 août 1802 – 16 thermidor an 10

Penchée sur son baquet, en nage, Fanchon bat, frotte, lave le linge. Voilà maintenant deux ans qu'elle exerce ce métier, et ma foi, il y a pire. Bien sûr, l'hiver, l'eau qui sert à rincer le linge est gelée, ses mains sont rougies, fendillées de gerçures qui ne guérissent qu'au printemps, en dépit des préparations dont sa mère lui enduit les mains tous les soirs. L'été, c'est la chaleur qui est insupportable, entre les fers chauffés à blanc et l'eau qui chauffe.

Et puis il faut faire attention, le passage brutal de l'étuve surchauffée au froid de l'hiver peut être fatal. Fanchon se souvient de la petite Germaine, sortie à peine couverte pour se rafraîchir. Quelques jours plus tard, elle mourrait, terrassée par la maladie.

C'est encore l'été qu'elle préfère. Comme les autres filles, elle a ôté ses vêtements et a noué un linge sous ses bras. Madame Hortense, toujours soucieuse de la réputation de sa maison, a demandé à son mari de fixer des linges devant les fenêtres pour cacher les femmes aux yeux des passants, les choisissant toutefois suffisamment fins pour laisser passer la lumière. Tout en travaillant, elle écoute les bavardages des autres, s'amusant de leurs histoires d'amour, compatissant quand elles ont des soucis.

Elle a vite été adoptée, contrairement à Françoise, toujours distante. Des groupes se sont formés par affinité, elle sait que certaines filles, encore célibataires, sortent ensemble le samedi soir, espérant rencontrer un homme à marier dans un bal ou une fête.

Fanchon se méfie maintenant des hommes qui la font danser. Jeannot lui a suffi comme expérience. Elle préfère passer son temps libre en famille, et surtout depuis la naissance du deuxième enfant de Louise et Augustin, petit Alexandre, âgé maintenant de cinq mois. Aussitôt qu'elle peut, elle monte chez Louise pour l'aider avec les petits. C'est que Michel n'a que deux ans et demi. Il marche et court partout, il faut toujours être derrière lui. Aussi sa belle-sœur ne refuse-t-elle jamais son aide.

Et puis, elle aime bien parler avec Louise, toujours souriante, toujours à l'écoute. Elle lui a dit un jour « mais pourquoi est-ce que ça n'est pas toi ma sœur aînée, au lieu de cette pimbêche de Françoise », ce qui leur avait déclenché un sacré fou rire à toutes les deux.

— Tiens, te voilà, tu en as mis du temps à faire tes livraisons, il n'y en avait pourtant pas tant que ça.

C'est par ces mots que Madame Hortense accueille fraîchement Gaspard, son plus jeune fils, qui, depuis quelques mois, assure les livraisons aux clients. Après le mariage d'Antoine, son aîné, et le départ du couple pour Paris, la maîtresse blanchisseuse avait attribué cette tâche aux apprenties. Seulement, les privautés que certains célibataires s'autorisaient avec les jeunes filles avaient fini par dégénérer, et lorsque la petite Jeanne était revenue en larmes et le corsage déchiré, Madame Hortense avait déclaré que les livraisons, aussi bien que les enlèvements, seraient faits désormais uniquement par un homme. Et comme son plus jeune fils, gros adolescent joufflu, trouvait que la vie à la maison, sans rien faire, était plutôt agréable, il s'est vu sommé de choisir un métier ou de travailler pour le compte de sa mère.

Essoufflé, il range la charrette à bras maintenant vide des piles de linge, avale une grande rasade d'eau et, après avoir repris son souffle, consent à expliquer son retard.

— C'est que la voiture de poste vient d'arriver et figurez-vous qu'une grande chose s'est produite à Paris. Napoléon Bonaparte est consul à vie. C'est officiel depuis deux jours.

— Consul à vie, ça veut dire quoi, questionne Fanchon ?

— Ça veut dire que, pour que quelqu'un d'autre soit consul à sa place, il faut qu'il soit mort, halète le jeune homme, à qui le travail n'a pas encore fait perdre son embonpoint.

— Un peu comme un roi alors.

Tout le monde échange des regards perplexes, jusqu'à ce que Madame Hortense prenne la parole.

— Oui, mais le roi, c'est son fils qui devient roi à sa mort, là non. Et puis, le roi, il ne pensait pas au peuple, il ne pensait qu'à ses plaisirs. Bonaparte, il a tout fait pour le peuple. Il s'est réconcilié avec le pape, il a signé la paix. C'est grâce à lui que nous avons à manger tous les jours dans notre assiette.

Fanchon ne répond rien, songeuse. Elle a beau n'avoir que seize ans et demi, elle n'est plus une gamine. Elle sait bien que la nourriture qu'elle mange, quand elle était petite, c'était le travail de son père qui la payait, et maintenant qu'elle travaille, et qu'elle donne une partie de son salaire à ses parents, c'est elle qui se nourrit toute seule. Parfois, cette reconnaissance aveugle envers les hommes d'État vus comme les bienfaiteurs du peuple l'agace un peu. Les Français se sont-ils débarrassés du roi pour se trouver d'autres idoles à adorer ?

***

La journée continue, le travail maintenant rythmé par des suppositions plus fantasques les unes que les autres. Est-ce que cette nomination donnera lieu à une fête ? Et s'il est consul à vie, quel sera le titre de son épouse ? Et s'il y a une fête, comment Joséphine sera-t-elle habillée ?

Fanchon participe de bon cœur à tous ces babillages, ce qui n'empêche pas l'ouvrage de se faire. En effet, lorsque la journée se termine, tout le linge est propre, étendu sur les fils pour sécher pendant la nuit, pour la plus grande satisfaction de Madame Hortense, qui ne tolère ces bavardages qu'à la condition que le travail avance vite.

— Allez, rentrez chez vous. Demain nous commencerons par le repassage et lorsque Gaspard sera rentré avec le linge sale, nous continuerons avec le lavage.

Aussitôt, toutes s'égaillent comme une volée de moineaux. Fanchon presse le pas pour rentrer, espérant être à la maison assez tôt pour pouvoir monter embrasser ses neveux avant la nuit. Soudain, elle entend des pas derrière elle. Surprise, elle se retourne et voit son frère, Joseph.

— Fanchon, je voulais te voir. Tu te souviens de Jeannot ?

— Ah non, ne me dis pas qu'il t'a demandé d'intervenir en sa faveur. Il a déjà envoyé sa sœur, il a même essayé de parler à papa qui l'a proprement éconduit. Tu ne vas pas t'y mettre aussi. Je ne veux plus entendre parler de lui.

Joseph la prend par le bras et l'entraîne sur les marches d'un perron proche de chez eux.

— Viens t'asseoir quelques minutes s'il te plaît.
— Tu sais que je suis pressée le soir, j'aime bien aller embrasser les petits de Louise avant la nuit.

— Cinq minutes, pas plus, juré.

Avec un soupir exaspéré, Fanchon s'assied à côté de Joseph et se tourne vers lui. Il a le regard perdu au loin et, devant son air sérieux, Fanchon soudain prend peur.

— Eh, tu en fais une tête, qu'est-ce qui se passe ?

Il se tourne vers elle, des larmes dans les yeux.

— Tu sais, je le connais bien Jeannot, sa sœur, enfin, sa sœur a été une amie proche et on est souvent sortis tous ensemble, à l'auberge. Bref, c'est presque un ami. Je suis passé voir sa sœur ce soir et je les ai trouvés tous en larmes. Jeannot avait disparu depuis deux jours, son patron ne l'avait pas vu non plus, et bien les gendarmes sont venus chez eux dans l'après-midi, le corps de Jeannot a été repêché. Il s'est noyé.

— Noyé ? Mais comment ça noyé ? Il savait nager, il me l'avait dit.

Joseph pousse un profond soupir et continue, les yeux dans le vague.

— Ils ne savent pas. Il avait des bleus sur le corps et le visage. Il a peut-être été battu, poussé dans l'eau. Ou alors il s'est cogné, a perdu connaissance. Il va y avoir une enquête bien sûr. Mais est-ce qu'on saura un jour ce qui s'est passé ?

Fanchon se serre contre son frère et pose sa tête sur son épaule. Elle n'est plus aussi pressée de rentrer maintenant. Bien sûr, Jeannot n'était pas un garçon sérieux, il n'avait qu'une idée dans la tête, c'était de coucher avec elle. Mais quand même, ça lui fait quelque chose. Il avait toute sa vie devant lui, il se serait peut-être assagi, il se serait marié, aurait été heureux. Quelle tristesse !

Joseph lui prend la main et l'aide à se lever.

— On rentre ? Je dois annoncer la nouvelle à papa. Après tout, il lui livrait les pièces de cuir, il le connaissait.

Fanchon, sans rien dire, chemine quelque temps à ses côtés. Au moment de monter l'escalier, elle fond soudain en larmes. Son frère la prend dans ses bras et la berce doucement.

— Hé, ça va aller ? Tu l'aimes encore c'est ça ?

— Non, mais je me dis qu'il était si jeune. Et je réalise que ça peut arriver à n'importe lequel d'entre nous. Toi, papa, Augustin.

Elle redouble de sanglots tandis que Joseph, ému par sa détresse, lui tapote gentiment le dos.

22 mai 1803 – 2 prairial an 11

Fanchon, soulagée, étire ses bras au-dessus de sa tête, tandis que sa mère pousse un profond soupire. Depuis des heures, l'épluchage des légumes alterne avec le feu à alimenter, les sauces à tourner, les jambons à trancher, les viandes à arroser. Tout le monde a mis la main à la pâte, sans rechigner, même Françoise, qui, à la surprise générale, affiche un semblant de sourire. Louise est descendue aider et les plus petits jouent dans un coin, surveillés attentivement du coin de l'œil.

Le repas est enfin prêt, il est temps de se détendre avant de passer à table, au retour des hommes, partis livrer une commande d'une dizaine de souliers à la famille du préfet.

La veille au soir, leur mère avait décidé d'organiser un repas pour fêter cette commande importante qui, non seulement allait rapporter de l'argent, mais définitivement asseoir la renommée de son mari en tant que cordonnier. Pour couper court à toute objection, elle avait ajouté :

— Et puis, Alexandre vient d'avoir un an, Michel en a trois maintenant et ils sont tous les deux en parfaite santé, Fanchette a eu quinze ans il y a dix jours et moi c'était mon anniversaire le sept de ce mois. J'estime qu'il y a suffisamment de raisons de se réunir autour d'un bon repas.

— Et l'Angleterre qui nous a déclaré la guerre, après à peine un an de paix, tu veux le fêter aussi, avait rétorqué Françoise ?

Michel avait toisé sa fille, le menton haut levé.

— Et bien justement, mademoiselle rabat-joie, si la guerre nous oblige encore à des privations, autant en profiter tant qu'on peut. Ta mère a raison, organisons un repas ce dimanche, et tu as intérêt à aider, sinon tu mangeras un quignon de pain sur le perron pendant que nous ferons bombance.

Françoise avait baissé le museau, vexée et Fanchette était certaine que la menace de leur père était pour quelque chose dans son zèle à aider ce dimanche matin. Parce que si Michel

Carle est un père affectueux et juste, c'est justement ce sens de la justice qui, Fanchon en est persuadée, l'aurait amené à mettre sa menace à exécution.

Tandis que Claude, maintenant âgé de douze ans, mais qui en parait plus, autant par la stature que par la sagesse et la raison dont il fait preuve, surveille les plus petits, les femmes vont dans la chambre se rafraîchir et ôter les chemises trempées de sueur qu'elles ont portées toute la matinée.

— C'est quand même un bel avantage que vous donne Madame Hortense de pouvoir laver le linge de toute la famille gratuitement. On peut être moins regardants et ne plus porter une même chemise toute la semaine.

— Ha, justement, j'allais oublier, interrompt Françoise, Madame Hortense a une place d'apprentie qui se libère. Je lui ai parlé de Fanchette, si le père et toi êtes d'accord, elle veut bien la prendre.

Anne part d'un grand éclat de rire.

— Mes trois Françoise blanchisseuses, ma foi, il y a pire métier. Si votre père est d'accord et Fanchette aussi bien sûr, je pense que ce serait une bonne chose.

Fanchon fronce les sourcils, l'air inquiet.

— Maman, si nous travaillons toutes les trois, qui va t'aider à la maison ?

— Tu es adorable ma Fanchon, mais tu sais, quand je me suis mariée, j'avais Aimée, et ensuite j'ai eu un enfant par an, comme presque toutes les femmes. Il a bien fallu que je m'en sorte toute seule, ton père étant à l'atelier du matin au soir, et parfois même le dimanche au début, le temps de se faire une clientèle. Je n'avais donc pas le choix. Et même si je ne suis plus aussi jeune, je pense que, je peux me débrouiller, surtout que Claude et Barbe m'aident bien maintenant. Et puis Madeleine va sur ses cinq ans, ce n'est plus vraiment un bébé.

Une fois passés leurs vêtements propres, elles commencent à se recoiffer quand un bruit de pas et de voix se fait entendre de l'autre côté de la cloison.

— Écoutez, voici votre père et vos frères. Allons, dépêchez-vous.

Fanchon, amusée et un peu envieuse, voit l'air impatient de sa mère, qui brûle vraisemblablement d'embrasser son mari qu'elle n'a pas vu depuis le matin. Est-ce qu'elle aussi aura un jour un homme à attendre avec impatience, après plus de vingt ans de mariage ?

***

Autour de la table, les mâchoires ne s'activent pas uniquement à mastiquer, la discussion va bon train. Comme dans tous les foyers, la déclaration de guerre de l'Angleterre est le principal sujet de discussion. Refrénant une terrible envie de bâiller, autant à cause de la digestion qui commence que de toute cette politique qui commence à l'ennuyer, Fanchon, tout en étalant une épaisse couche de cancoillotte sur son pain, voit Joseph s'adresser à Augustin avec un air un peu narquois.

— Tu crois qu'on risque quelque chose ? On est quand même loin de l'Angleterre ?

— Si tu t'intéressais un peu plus à ce qui se passe autour de toi, tu saurais que l'Autriche a toujours été contre nous, surtout après que la reine ait été guillotinée. N'oublie pas que Marie-Antoinette était autrichienne. On pourrait bien se retrouver pris entre deux feux. Et tu ferais bien de ne pas tant fanfaronner, ce n'est pas parce que tu as toujours tiré des numéros élevés que ça va continuer comme ça éternellement. Tu n'auras peut-être pas toujours autant de chance à la conscription.

En entendant ces mots, leur mère devient toute pâle et, instinctivement, fait le signe de croix.

— Ne dis pas ça Augustin, tu vas attirer la malchance sur ton frère.

Énervé, Augustin se lève et commence à arpenter la pièce à grands pas.

— Enfin, soyez réalistes, les hommes mariés et avec des enfants ne risquent rien. Joseph, au lieu de courir les filles, pourquoi est-ce que tu n'épouses pas une gentille petite pour fonder une famille ? Tu comptes rester chez les parents toute ta vie et ne rien faire d'autre que t'amuser ?

Sans s'offusquer le moins du monde de cette tirade, Joseph, dont le sourire s'est encore élargi, lève les deux mains en un geste apaisant.

— Calme-toi mon cher frère, d'abord je ne fais pas que m'amuser, je travaille aussi, et mon patron me considère comme un très bon ouvrier. Je suis toujours le premier à aider à la maison lorsqu'on fait appel à moi, et je verse à nos parents suffisamment d'argent pour couvrir ma nourriture et tous les frais que je peux leur coûter.

— Oui, un très bon ouvrier, mais tu n'as aucune ambition. Tu n'envisages pas une seule seconde de passer maître ébéniste. Tu te contentes de peu alors que tu as de l'or dans les mains.

— Et si je suis heureux comme ça ?

Voyant la tournure que prend la discussion, et devant le regard inquiet de sa femme, c'est Michel qui prend la parole.

— Allons, un peu de calme. Vous avez raison l'un et l'autre.

— Raison, l'interrompt violemment Augustin. Tu trouves que Joseph a raison ?

— Oui, parce que c'est sa vie et si elle lui convient, je ne vois pas en quoi ça nous regarde. Il ne veut pas se marier ? Et alors, c'est sa décision. Il travaille, il paye sa part, et s'il préfère courir le risque d'être conscrit plutôt que de se marier et de fonder une famille, je ne vais pas lui mettre un couteau sous la gorge pour l'y obliger.

— Ah, tu vois, coupe Joseph en regardant son frère d'un air triomphant.

— Une minute, coupe Michel, j'ai dit que tu avais raison, mais je n'ai pas dit que je te donnais raison. Tu mènes ta vie comme tu l'entends, soit, mais laisse-moi te dire Joseph, que si je dois être fier d'un de mes fils, ça sera plutôt d'Augustin. Il travaille dur, il reprendra l'atelier quand je serai mort ou trop vieux, il a une femme adorable que je considère comme ma fille et je suis très fier de mes petits-fils qui, je l'espère, perpétueront mon métier et mon nom. Et toi Joseph, que vas-tu transmettre et à qui ? Quelles sont tes valeurs ? Quel exemple montres-tu à tes frères et tes sœurs ? L'insouciance ? La quête du plaisir ? Le refus des responsabilités ?

Peu à peu, au fur et à mesure que les mots sortent de la bouche de son père, le sourire de Joseph disparaît et son visage devient pâle. Autour de la table, plus personne ne parle. Augustin, qui a repris place sur son siège, a l'air gêné de quelqu'un qui se rend compte qu'il a tout gâché.

Silencieusement, Joseph se lève et se dirige vers la porte. Avant de partir, il se tourne vers la tablée familiale.

— Bien, je crois que tout est dit. Si vous voulez bien m'excuser, j'ai un rendez-vous.

Puis il passe la porte, tandis que le silence n'est rompu que par les pleurs que leur mère étouffe dans son mouchoir.

3 janvier 1804 – 12 nivôse an 12

— Je le savais bien que sa chance allait tourner.

Depuis hier, depuis le retour de Joseph du tirage au sort, l'ambiance est morose, triste, presque désespérée. La nuit précédente, Fanchon, qui n'arrivait pas à dormir, a entendu pleurer sa mère. Et depuis ce matin, la pauvre femme ne sait que répéter cette phrase en boucle « Je le savais bien que sa chance allait tourner ».

La veille, Michel, qui avait laissé l'atelier à Augustin, avait accompagné son fils aîné. Anne, elle, avait préféré les attendre, s'occupant nerveusement, passant du rangement au balayage, de la cuisine à la couture, sans parvenir à fixer son attention sur quoi que ce soit. À leur retour, Joseph avait à peine prononcé un mot et il était ressorti aussitôt. C'est Michel qui avait raconté à sa femme et à ses enfants le déroulement du tirage au sort.

Le maire et le préfet, réunis sous une tente montée pour l'occasion, avaient devant eux un grand sac dans lequel il y avait des numéros, comme à chaque fois. Sauf qu'à chaque fois, Joseph avait tiré un numéro élevé. Là, quand il avait vu le chiffre « huit » inscrit sur son papier, il avait blêmi, et il avait compris.

Comble de malchance, la toise avait révélé une stature d'un mètre soixante-douze, ce qui avait automatiquement désigné Joseph pour la cavalerie, lui qui n'avait jamais mis le pied à l'étrier et qui se méfiait des chevaux. Il n'avait jamais oublié cette journée d'été, quand encore tout petit, il s'était fait mordre par une jeune jument nerveuse. Cette dernière, n'appréciant pas d'être attelée à une calèche, s'était vengée sur le premier être humain à sa portée.

À la fin de la soirée, Augustin et Louise sont descendus avec les petits, puis cette dernière est remontée coucher ses enfants, laissant son mari derrière elle, consciente du malaise ambiant.

Augustin, assis à la table familiale à côté de son père, tournant et retournant son verre entre ses mains, leur a avoué qu'il se sentait coupable.

— Je n'aurais pas dû lui dire tout ça ce fameux dimanche. Après tout, de quoi est-ce que je me suis mêlé ?

Michel a posé une main apaisante sur l'épaule de son fils.

— Moi aussi je me sens coupable. Je lui ai fait comprendre qu'il me décevait par sa façon de vivre, je n'aurais jamais dû lui parler aussi durement.

Tous ont fini par aller se coucher, las d'attendre Joseph qui ne rentre pas, réalisant que les dés sont joués maintenant, et qu'il ne reste plus qu'à espérer que l'aîné revienne un jour sain et sauf de cette épreuve.

En pleine nuit, Fanchon, qui a fini par s'endormir, a été réveillée par d'autres bruits que les pleurs de sa mère en provenance de cette pièce où dorment ses parents, cette pièce qui est le cœur de leur famille, là où ils ont été conçus, là où ils partagent la nourriture.

Pieds nus, grelottant dans son châle, elle a entrebâillé la porte et a vu Joseph fin saoul, traîné plutôt que porté par deux de ses amis.

Elle a à peine eu le temps de se glisser à nouveau à l'abri de son lit pour voir, entre les rideaux, son père et les deux hommes coucher Joseph sans un mot. Quelques minutes plus tard, un puissant ronflement lui confirme que son frère a trouvé dans l'alcool et dans le sommeil l'oubli recherché.

***

Au matin, Augustin a proposé de l'accompagner à la lisière de la ville, là où tous les conscrits sont pris en charge par un officier avant de rejoindre leur lieu d'affectation, mais Joseph a refusé. Comme Augustin commence à balbutier des excuses, des regrets, Joseph l'a regardé bien en face avec un pauvre sourire, toute fanfaronnade ayant désormais déserté son visage.

— Ne bats pas ta coulpe, tu n'y es pour rien. Je suis le seul responsable de ce qui m'arrive, et papa et toi aviez bien raison ce fameux dimanche, quand vous m'avez dit mes quatre vérités. J'ai voulu prendre du bon temps, maintenant je le paie. Si je m'étais marié, si j'avais eu des enfants, j'aurais été dispensé. Je ne peux m'en prendre qu'à moi-même.

Je suis l'aîné de la famille par ordre de naissance, mais en fait c'est toi l'aîné, celui sur qui notre père peut se reposer pour transmettre ses valeurs.

Les deux frères se sont longuement étreints, puis Joseph a embrassé sa mère, en larmes, et enfin tous ses frères et sœurs. Devant Fanchon, il a souri en disant « Sois sage, petite sœur, et souviens-toi, ne choisis jamais un homme qui me ressemble ». Puis il a passé la porte d'un pas rapide, sans se retourner.

***

Après le départ de Joseph, Fanchon a pris le chemin de la blanchisserie, le cœur lourd. Elle qui s'était toujours amusée de voir les enfants jouant dans la neige, jamais en reste pour leur en envoyer une poignée en riant lorsqu'ils la prenaient pour cible, humant avec délice l'odeur du pain chaud lorsqu'elle passait devant la boulangerie, répondant d'un « bonjour » joyeux ou d'un sourire à toutes les connaissances qu'elle croisait, a fait son chemin tête baissée, aveugle à tout ce qui l'entoure.

Arrivée dans la grande salle, après un bonjour du bout des lèvres, elle a attaqué la pile de linge sans hésiter, plongeant ses mains dans l'eau, tapant, frottant, tordant les pièces de coton l'une après l'autre, s'étourdissant dans le dur labeur, tout comme ses deux sœurs. Même Françoise, l'insensible, l'égoïste Françoise, a le visage fermé et les yeux rouges.

Au début, à voir les trois sœurs dans cet état, personne n'a osé parler ou envisagé de chanter, comme ça arrive souvent. Bien sûr, elles ne sont pas les premières à voir partir un frère, un cousin, un soupirant. Et à chaque fois, toutes les ouvrières respectent leur tristesse.

Et puis, la petite Alberte, une apprentie entrée en même temps que Fanchette, s'est approchée d'elle. Elle a commencé par lui jeter des regards rapides, puis, après avoir rassemblé son courage à deux mains, elle lui a parlé.

— Tu sais, mon frère est parti aussi il y a six mois. On a reçu deux lettres déjà. Il ne faut pas t'inquiéter, il n'y a pas encore de batailles.

Fanchon, de l'autre côté du baquet, la regarde, sceptique.

— Pas de batailles ? Tu en es certaine ? Mais ils font quoi alors ?

— Et bien d'abord, ils apprennent à marcher au pas, à utiliser leur fusil. Et puis il faut qu'ils se débrouillent, ils doivent entretenir leur uniforme, faire leur soupe.

À ce moment, Fanchette intervient, les yeux grands ouverts d'étonnement.

— Faire leur soupe ? Mais Joseph, je ne sais même pas s'il sait faire la différence entre une patate et un navet !

À ces mots, toutes les filles éclatent de rire, même Fanchon.

— Eh bien, crois-moi, il va apprendre. Pas de passe-droit, tout le monde doit s'y mettre.

— Vous savez, intervient Gertrude, mon mari aussi est parti.

— Ton mari ? intervient Fanchon. Mais les hommes mariés ne partent pas !

— Je sais, mais on n'a pas d'enfants. Et pas d'argent non plus. Alors il a été payé par un riche bourgeois pour prendre la place de son fils qui avait tiré un mauvais numéro.

— Il a pu partir, même en étant marié ?

— Ben oui, il ne l'a pas dit. Si tu n'apportes pas un certificat de mariage, tu penses bien qu'ils ne vont pas aller le chercher pour toi, trop content d'avoir leur compte d'hommes.

Fanchon pose amicalement la main sur l'épaule de Gertrude.

— Ma pauvre ! Et tu fais quoi toute seule ?

— Comme tu le vois, je travaille. Et avec l'argent du bourgeois, on a pu acheter une petite maison et un lopin de terre. Ce n'est pas bien grand, mais j'y cultive mes légumes et j'y tiens une chèvre au piquet, pour le lait. C'est déjà ça.

— Tu as pu acheter tout ça ? Dis donc, il devait y tenir, à son héritier, le bourgeois.

Fanchon fronce les sourcils, car même si les histoires d'Alberte et de Gertrude l'ont un peu distraite de sa tristesse, elle n'a pas oublié le départ de Joseph, et ses inquiétudes.

— Oui, mais une fois qu'ils ont appris à devenir des soldats, ils vont aller au front. Et se battre.

— Penses-tu ! Mon mari m'a écrit, il est à Boulogne. Napoléon prépare l'invasion de l'Angleterre. Ça va prendre un bout de temps avant qu'ils ne soient au point. Pour l'instant, ils construisent des bateaux, apprennent à embarquer, à débarquer. Que des exercices je te dis. D'ici à ce qu'ils débarquent en Angleterre, on aura eu le temps de laver dix fois tout le linge de Vesoul.

La journée se passe ainsi, toutes remontent le moral des trois Françoise qui finissent par croire à des soldats uniquement occupés à éplucher des légumes, à astiquer un fusil ou à planter des clous dans la coque d'un bateau.

Ce qu'elles ne disent pas à Fanchon et à ses sœurs, c'est que le frère de Philippine a perdu un bras au combat, avant la paix d'Amiens, et que le cousin de Jeanne lui, ne reviendra pas, que son corps est enterré quelque part, dans un pays étranger, privant ainsi ses proches d'une tombe où se recueillir.

25 mai 1804 – 5 prairial an 12

Étienne soupire. La vie depuis qu'il est au camp de Brest lui paraît bien monotone. Préparer l'invasion de l'Angleterre, oui, un superbe projet. Il était le premier à avoir applaudi des deux mains. Attaquer l'Anglais chez lui, lui montrer ce que c'est, lui faire comprendre la douleur d'avoir un envahisseur sur ses terres, voilà ce qu'il voulait, ce que tous voulaient.

Seulement depuis neuf mois, il n'y avait rien qui avance. Si, on construit des bateaux, de grands canonniers à fond plat, permettant d'embarquer armes, canons, munitions. Une fois qu'ils sont construits, on s'entraîne à embarquer et débarquer, toujours plus vite, jamais assez vite pour les officiers.

Étienne a beaucoup de mal à motiver les hommes sous son commandement. Tout comme lui, ils ont envie de se battre, d'en découdre avec l'ennemi.

Quand ils ne s'entraînent pas, quand ils ne sont pas transformés malgré eux en menuisiers de marine, ils deviennent terrassiers, creusent des bassins plus profonds, élargissent les quais pour que les hommes puissent embarquer plus rapidement.

Au début, les moments de liberté étaient mis à profit pour améliorer la vie du camp. Cantonnés loin des villages, les soldats devaient se débrouiller seuls pour améliorer l'ordinaire. Pierre, qui avait aidé son père à labourer, avait, avec d'autres fils de paysans, débroussaillé une parcelle qui commençait à leur fournir des légumes frais, les graines ayant été généreusement envoyées par leurs familles, soigneusement emballées au creux d'une lettre.

Quelques hommes avaient même clôturé un petit espace de quelques mètres carrés dans lequel une demi-douzaine de poules picore, régalant l'escouade d'œufs frais, au rythme inaltérable d'un œuf par poule et par jour. D'où viennent les poules ? Bien malin qui peut le dire, elles étaient apparues un matin, et quand on pose la question aux heureux propriétaires, ils se contentent de répondre par un sourire énigmatique en haussant les épaules.

— Mon caporal, je peux vous parler ?

Étienne pose sa pipe et se lève, dépoussiérant d'une main son uniforme. Avec le temps, il a fini par s'habituer à s'entendre appeler ainsi, mais au début, quand il entendait « mon caporal », il se retournait toujours pour chercher à quel gradé l'homme en face de lui pouvait bien s'adresser !

— Oui soldat, qu'est-ce qui se passe ?

— Un homme vient d'arriver, il dit qu'il vous connaît. Il vous cherche, là-bas, près de la roulotte de la cantinière.

— Tu sais son nom ?

— Pierre, Pierre de Lille, il m'a dit de vous dire.

À ces mots, Étienne sent un sourire s'épanouir sur son visage. Il avait bien espéré revoir un jour son compagnon d'incorporation, celui avec qui il avait essuyé le premier feu, mais les jours et les mois passants, il avait fini par ne plus y croire. Et le voilà ici, à Brest. Laissant en plan le jeune soldat éberlué, il fonce vers la roulotte de la cantinière au pas de course, bousculant les quelques soldats qui ne s'écartent pas assez vite, et sautant comme un cabri par-dessus les feux disséminés par-ci, par-là.

Arrivé devant la roulotte, il attrape vivement la femme aux cheveux gris qui aménage son étal, manquant renverser la pile d'assiettes qu'elle vient de poser, et lui fait face, essoufflé.

— Un homme me cherche, tu l'as vu ?

— En voilà des manières ! Tu ne peux pas dire bonjour d'abord ?

— Oui, bonjour, mais tu l'as vu ? Il s'appelle Pierre.

— Oui je l'ai vu, monsieur l'impatient. Il est parti par-là. Tiens, on le voit encore de dos.

Étienne voit au loin la silhouette de son ami. Il le connaît assez ce dos large, pour l'avoir suivi de près quand on sonnait la charge. Jamais le dernier pour se battre l'ami Pierre. Les mains en porte-voix, il gueule comme un possédé, faisant se retourner une dizaine d'hommes :

— Pierre ! Ho, Pierre !

Enfin, le dos dans sa ligne de mire pivote et Pierre, amusé par l'exaltation d'Étienne, rebrousse chemin dans sa direction. Encore quelques pas, et les deux hommes tombent dans les bras l'un de l'autre, s'assenant mutuellement de grandes claques dans le dos.

— Non d'un chien ça fait du bien de te revoir. Alors, tu as pris du bon temps avec les jolies infirmières ?

À peine Étienne a-t-il prononcé ces mots qu'il voudrait pouvoir les ravaler, les enfoncer au fond de sa gorge. Il le sait pourtant, son ami le lui a écrit, sa blessure, très mal placée, l'a rendu stérile, et, Étienne le suppose, certainement impuissant. Et lui qui lui assène cette blague idiote !

— Ah, mon pauvre Pierre ! Je suis désolé, je...

Pierre le coupe d'un geste, puis entoure amicalement les épaules de son ami.

— Ce n'est pas grave, tu n'es pas le premier, tu ne seras pas le dernier. Et puis je préfère qu'on me parle normalement, et pas en me considérant comme un infirme. Au moins, voyons le bon côté des choses : si une fille me dit que je l'ai mise enceinte et veut m'obliger au mariage, elle en sera pour ses frais. Allez, montre-moi plutôt ton baraquement. Il reste de la place ?

— On va s'arranger, ne t'inquiète pas. Il est hors de question que tu dormes ailleurs que sous le même toit que moi.

***

Allongé sur le sol, la tête posée sur leurs sacs, Étienne et Pierre fument, silencieux. La journée s'est écoulée à toute vitesse. Ils ont fait le tour du camp, retrouvant au hasard des hommes qui avaient connu Pierre et qui l'ont salué chaleureusement. Étienne lui a expliqué les habitudes, lui a montré le potager, le poulailler, ce qui avait fait s'exclamer au nouvel arrivant « Ma fois, vous mangez comme des princes ! »

Étienne avait négocié contre un peu de tabac et quelques légumes l'installation d'un des hommes de son baraquement dans un autre logement, et Pierre avait pris ses quartiers à côté de son ami. Maintenant, ils regardent le soleil se coucher, humant la fumée âcre du tabac mélangée à l'odeur des hommes, aux restes des repas et, de temps à autre, à l'odeur iodée en provenance de l'océan.

— Tu crois qu'on va l'envahir, cette maudite Albion ?

Étienne soupire, pesant le pour et le contre, avant de répondre à son ami.

— Franchement, tu m'aurais posé la question il y a six mois, je t'aurais dit oui sans hésiter. Plus le temps passe, plus j'ai des doutes. Les Anglais sont ce qu'ils sont, mais ils ont oublié d'être bêtes. Ils ont des espions, ils savent ce qu'on prépare et, de leur côté, ils se disposent à nous recevoir de belle manière.

— Bah, la vie n'a pas l'air trop désagréable ici ?

— Oui, quelques escarmouches, par moment, avec les Anglais qui arrivent par le nord, mais rien de bien méchant. Ça nous tient en forme et ça contribue à motiver les plus jeunes. Et toi, tu as fait quoi tout ce temps ?

— Je suis resté pas mal de temps à l'hôpital. J'ai eu longtemps de la fièvre, on craignait une infection, mais heureusement, je m'en suis sorti. Après, comme je te l'ai écrit, des batailles, jamais très loin des tiennes ! J'ai su par tes lettres que tu étais au camp de Brest. Alors, quand j'ai été convoqué et qu'on m'a dit que j'allais être envoyé dans un des camps qui préparaient l'invasion de l'Angleterre, j'ai demandé à être affecté dans la même division que toi, ce qui a été accepté.

Étienne hésite. Il voudrait bien en savoir plus sur cette blessure, par compassion, par curiosité aussi bien sûr, mais il n'ose pas. Pierre le regarde d'un air narquois.

— Et pour répondre à la question que tu ne me poses pas, ce coup de feu dans le bas-ventre n'est pas aussi pire qu'on peut le croire. Mes testicules étaient en bouillie, il a fallu tout enlever et cautériser. Mais je pisse comme tout le monde et je peux encore aller avec une femme. D'ailleurs, tu penses bien que si je n'étais plus capable d'uriner normalement, je serais déjà mort, empoisonné par mon urine. Bien entendu, pas question d'avoir des enfants, mais il me reste le plaisir, alors je me dis que ça aurait pu être pire.

Étienne fume en silence quelques minutes, puis pose sa pipe et se tourne vers son camarade.

— Et tu le regrettes, de ne plus pouvoir avoir d'enfants ?

— Tu sais, en entrant dans l'armée, je m'étais déjà dit que j'en sortirais peut-être les pieds devant. Alors une femme, des enfants, j'ai fini par me persuader que ça ne serait jamais pour moi. Du coup, non, je n'ai pas de regrets. Et toi, tu y penses parfois, à fonder une famille ?

— Oh moi...

Étienne s'interrompt et réfléchit quelques secondes.

— C'est drôle que tu me dises ça, parce que maintenant, je me dis que de toutes les filles que j'ai culbutées dans une grange ou dans un champ – attention, toujours consentantes les filles – et bien il y en a certainement une qui est tombée enceinte. Je suis peut-être papa sans le savoir. Et toi aussi d'ailleurs. Avant ta blessure, tu as bien eu quelques galantes ?
— Oui, c'est vrai.

Pierre se lève d'un bond :

— Dis donc, nous voilà bien sentimentaux pour des soldats. J'entends des rires et de la musique là-bas, ça te dit qu'on aille voir un peu ce qui s'y passe ?

— Tu as raison, on s'attendrit, on s'amollit, allons donc chanter et danser un peu avec les autres. On n'en dormira que mieux.

Au fur et à mesure qu'ils s'approchent, ils réalisent que c'est une vraie fête qui se tient autour des feux de camp, et que les officiers ont mit en perce un petit tonneau d'eau-de-vie. Surpris, Étienne attrape par la manche le jeune Henri, qui semble avoir déjà du mal à tenir sur ses jambes.

— Il se passe quoi là ? Une promotion ? Un de nos officiers a été nommé maréchal et il offre une fête pour célébrer ça ?

— Ça oui, pour une promotion mon caporal, c'est une promotion, bafouille Henri dans une haleine chargée d'alcool. C'est Napoléon qui a été promu.

— Comment ça il a été promu ? Il est déjà consul à vie, qu'est-ce qu'il peut avoir de plus ?

— Empereur mon cher ! Napoléon premier est l'empereur des Français depuis maintenant une semaine.

— Une semaine ! Et c'est maintenant qu'on le sait ?

Henri fait un geste vague de la main, montrant ainsi son ignorance, puis repart vers le tonneau, bien décidé à perdre encore un peu plus l'esprit.

Étienne se tourne vers Pierre.

— Tu as entendu ça ? Empereur !

Pierre hausse les épaules :

— Ça ne change pas grand-chose. Il avait déjà tous les pouvoirs, c'est juste le titre qui est différent.

— Quand même ! Empereur ! Ce n'est pas rien.

— Oui, et bien empereur ou consul, moi je n'ai pas envie de laisser ma part aux autres. Allez, viens te servir en gnôle et buvons un coup à la santé de Napoléon, parce qu'au train où vont les choses, il n'y aura bientôt plus une seule goutte à boire pour les deux pauvres bougres que nous sommes !

À peine dix heures ont-elles sonné à la petite horloge qui rythme la vie de la famille Carle, qu'on frappe à la porte. Barbe se précipite pour ouvrir et saute dans les bras de son frère, Augustin.

— Bonjour sœurette, comment vas-tu ?

Augustin embrasse ensuite son père, sa mère et ses autres frères et sœurs, sauf Françoise, l'aînée, qui a fini par déménager il y a six mois, un peu contrainte et forcée par leur père. Un soir, elle était rentrée de la blanchisserie, bien après ses deux sœurs, et surtout lorsque le repas était déjà prêt.

Michel, pourtant d'un naturel calme, était devenu rouge de colère lorsque sa fille aînée était rentrée d'un pas nonchalant, alors que sa femme et ses filles venaient de passer une heure à éplucher les légumes et cuire la soupe.

— J'en ai assez, il n'y a jamais eu de paresseux chez les Carle et ça n'est pas aujourd'hui que je vais le tolérer. Puisque tu te crois dans une auberge, que tu t'imagines que le fait de donner une partie de ton salaire pour payer ta nourriture, te donne aussi le droit de te faire servir et de mettre les pieds sous la table, tu vas savoir ce que c'est que de t'occuper de ton intérieur. J'ai appris par le maître tanneur qu'une chambre va se libérer dans un immeuble, un peu plus bas dans la rue. Je vais de ce pas la retenir pour toi et le prochain dimanche tu déménages. Tu verras ce que c'est que de devoir préparer son repas, balayer sa chambre, cirer ses meubles.

Sans laisser à personne le soin de dire un mot, leur père avait planté là toute la famille et était sorti en claquant la porte. Fanchon avait pensé à une menace en l'air, mais le dimanche suivant, Françoise s'était vue sommée de prendre ses vêtements et d'aller s'installer dans la chambre sous les toits, déjà meublée d'un lit et d'un coffre. Depuis, la demoiselle boudait et on ne l'avait pas revue dans le logement familial. Et à la blanchisserie, c'était tout juste un « bonjour » du bout des lèvres à ses deux sœurs.

Les autres blanchisseuses, à qui Fanchette s'était fait un plaisir de raconter l'aventure avec force grimaces et détails plus ou moins inventés, l'appelaient maintenant « Françoise la paresse », ce qui n'améliorait pas son caractère, déjà peu gracieux.

— Alors mon fils, quelles nouvelles de ta petite famille ? Louise et mes petits-fils vont bien ?

Augustin affiche un sourire qui fend son visage jusqu'à ses deux oreilles.

— Et bien justement, en parlant de tes petits-fils, j'ai une nouvelle à vous annoncer. Louise est de nouveau enceinte.

Fanchette bat des mains en sautant de joie.

— Oui ! J'espère que ça sera une petite fille cette fois.

— Fille ou garçon, qu'il soit en bonne santé et que l'accouchement se passe bien, c'est tout ce qu'il faut souhaiter, tempère sa mère.

Augustin, qui regarde Fanchon avec insistance, prend de nouveau la parole.

— En tout cas, une seule pièce, ça sera trop juste avec trois enfants, surtout qu'Alexandre promet d'être plutôt remuant. Avec ses deux frères qui se chamaillent en permanence, le petit dernier, ou la petite dernière aura du mal à dormir. Il y a un logement comme le vôtre qui se libère dans l'immeuble où loge Françoise. J'ai vu le propriétaire et c'est fait, nous allons y emménager dans dix jours, juste le temps que je passe les murs à la chaux. Alors, comme Fanchon, qui est maintenant la plus âgée à rester avec vous, a déjà dix-huit ans, je me suis dit qu'elle aimerait bien prendre un peu son indépendance. Et puis, comme la chambre est juste deux étages au-dessus, elle ne serait pas trop loin, en cas de problème. Bref, je dois donner mon congé demain lundi, est-ce que je dis au propriétaire que ma sœur reprend le logement ?

Tous se regardent. Françoise ne dit rien, elle est mineure, et même si ses parents la laissent très libre et lui font totalement confiance, elle sait que la décision leur revient. À toute vitesse, les idées se bousculent dans sa tête. Vivre seule, ne plus partager la chambre avec ses sœurs et son frère, ne plus rendre de comptes à personne, qu'est-ce que ce serait bien ? Mais en pensant à la solitude, elle ressent aussi un petit pincement au cœur. C'est sa mère qui prend la parole en premier.

— Ça me semble une très bonne idée. Fanchon a la tête sur les épaules, elle est tout à fait capable de vivre seule. Et comme tu dis, elle ne serait que quelques étages au-dessus de nous, donc pas vraiment perdue. Je pense qu'on peut essayer. Si ça ne lui plaît pas, elle pourra toujours rendre la chambre et revenir chez nous. Qu'en penses-tu Michel ? Et toi Fanchon ?

— Ça tombe sous le sens et je suis tout à fait d'accord avec toi ma femme. Donc, maintenant que nous avons dit oui, Fanchon, que décides-tu ?

Fanchon hésite, pèse le pour et le contre, puis se jette à l'eau.

— Je suis bien ici, j'adore mon frère et mes sœurs, et vous aussi bien sûr, mais parfois, c'est vrai que j'ai envie d'un peu d'intimité, de faire ce que je veux. Attention, par « faire ce que je veux », je ne sous-entends pas des bêtises, mais simplement manger un morceau de pain devant la fenêtre au lieu de me mettre à table, ou bien juste rester au calme, alors que mes petites sœurs se chamaillent et crient autour de moi. Alors oui, puisque vous êtes d'accord, je veux bien reprendre la chambre d'Augustin et de Louise. Mais à une seule condition.

Augustin la regarde d'un air surpris.

— Une condition ? Laquelle ?

— Louise ne fait rien, c'est moi qui mets votre vaisselle dans des paniers, qui les porte au nouvel appartement, qui monte les escaliers. Bref, Louise se repose, elle ne déménage rien.

Michel s'approche de sa fille et pose un baiser sur son front.

— Tu es une bonne petite. C'est bien dommage que ta sœur aînée n'ait pas le même caractère que toi.

27 août 1804 – 9 fructidor an 12

Il sort peu à peu des brumes du sommeil. Un éclat de soleil frappe son œil, s'infiltrant de manière inquisitive par la porte mal fermée. Puis cette porte s'ouvre en grand pour laisser entrer Pierre, torse nu, les cheveux humides. Étienne se dresse sur son séant, s'étirant dans un bâillement sonore qui déclenche les protestations de ses camarades.

— Debout bande de fainéants, le devoir nous appelle.

Sans attendre de réponse, Étienne sort à son tour pour faire sa toilette. Si certains se contentent d'un minimum et dispensent autour d'eux une odeur de putois, lui profite de son passage prolongé dans ce camp pour se laver correctement. Après être allé chercher de l'eau au ruisseau qui coule non loin, il la verse dans un baquet et, sans pudeur aucune, il se déshabille entièrement pour se savonner et se rincer de la tête aux pieds. Il a trop souffert de la crasse et de la vermine pendant les batailles interminables, sans parler du sang dont il était souvent couvert, pour se priver de ce petit luxe.

À ceux qui lui font remarquer qu'il va se jeter dans la boue pour les manœuvres, transpirer en pelletant la terre du port, et que ses efforts ne servent à rien, il répond laconiquement « chacun fait ce qu'il veut, celui qui veut puer, c'est son droit, moi je me lave ».

Alors qu'il termine d'enfiler sa chemise, un jeune soldat qu'il ne connaît pas arrive en courant en lui indiquant du doigt le baraquement des officiers.

— Mon caporal, on vous demande au commandement.

— Moi ? Tu es certain ?

— Oui, Caporal Philippe, c'est bien vous ?

Étienne fronce les sourcils. Quand on est appelé là-bas, c'est soit tout noir, soit tout blanc. Un sous-officier comme lui n'est pas dans le secret des Dieux, il est à peine mieux considéré qu'un soldat. Il dépoussière rapidement son uniforme, vérifie la brillance de son ceinturon et se dirige rapidement vers le poste de commandement, tout en réfléchissant à la raison de cette convocation.

Il n'a rien fait de mal, enfin, rien de plus que les autres. Il a joué aux dés oui, et les jeux sont normalement interdits, mais tout le monde joue, même les officiers, surtout les officiers. Il ne s'est pas battu, car, contrairement à certains fanfarons qui passent leur temps à toiser les autres, moustaches agressivement dressées, cherchant le plus petit motif possible pour déclencher un duel, il n'aime pas la violence gratuite. Et puis, l'incident avec le hussard et son cheval lui ont servi de leçon. Les seuls hommes qu'il provoque maintenant, ce sont les Anglais.

Finalement, il hausse les épaules, fataliste, se disant « on verra bien » et il frappe à la porte.

— Entrez

Étienne referme la porte derrière lui et s'immobilise dans un garde-à-vous impeccable en face du capitaine Maréchal, celui-là même qui lui a remis ses galons de caporal. De longues minutes s'égrènent, tandis que le capitaine continue d'écrire ce qui semble être un rapport. Puis, une fois le document signé, tamponné d'un buvard et poussé sur le côté, il redresse la tête pour dévisager Étienne qui n'en mène pas large.

— Vous vous plaisez au camp de Brest, demande-t-il abruptement ?

Étienne, surpris de cette entrée en matière, ne sait que bredouiller.

— Euh... Oui mon capitaine.

— Et bien vous allez partir.

— Partir ? Au combat mon capitaine ?

Tout en prononçant cette phrase, Étienne réalise qu'il n'a pas vraiment envie de partir. Il se plaît ici, et si au début il pestait contre le manque d'action, il doit admettre qu'avec le retour de Pierre, il commence à apprécier cette vie loin de la fureur des combats et des marches forcées.

— Non, vous allez partir à Vesoul. Vous êtes affecté au service du recrutement. Les ordres viennent d'en haut, les éléments les plus aptes du vingt-quatrième régiment d'infanterie de ligne doivent passer au recrutement pour transmettre leur expérience et leur savoir aux jeunes recrues. J'ai entendu parler de votre patience, de la façon dont vous avez formé le soldat Henri Tavol et les autres. Je pense que vous serez parfait.

Éberlué, Étienne ne sait pas quoi répondre. D'ailleurs, est-ce que le capitaine attend une réponse ? Il tente toutefois une remarque :

— Mon capitaine, si je peux me permettre, je me suis engagé pour combattre pour mon pays, mon empereur. Pas pour... excusez ma familiarité mon capitaine, mais pas pour faire la nounou.

Amusé, le capitaine le dévisage, un sourire narquois planqué sous sa moustache en broussaille.

— Il ne s'agit pas de dorloter les conscrits, mais d'en faire de vrais soldats. Et seul un vrai soldat peut remplir cette mission. C'est un honneur pour vous d'avoir été choisi, une marque de confiance. Voyez-le comme ça. Et puis vous n'allez pas rester au recrutement tout le reste de votre carrière. Ne vous inquiétez pas, vous aurez l'occasion de retourner sur le front si c'est ce qui vous inquiète. De toute façon c'est un ordre.

— Bien mon capitaine. Je pars quand mon capitaine ?

— Dans une semaine. On vous indiquera le jour et l'heure prochainement. Rompez.

Le capitaine commence ensuite à ouvrir une enveloppe située sur le dessus d'une pile de courrier, et à en lire le contenu, signifiant par là même à Étienne que l'entretien est terminé. Ce dernier passe la porte et, d'un pas lent et sans joie, il se dirige vers le port où son escouade a repris l'entraînement. Il ne lui reste plus qu'à annoncer la nouvelle aux autres, et surtout à Pierre.

***

La journée se passe comme dans un brouillard, Étienne est ailleurs et tout le monde s'en rend compte. Plusieurs fois, Pierre le regarde d'un air interrogatif, puis, n'y tenant plus, il l'attrape par le bras.

— Ça va ? Depuis que tu es allé voir le capitaine, tu n'as pas l'air bien ? Une mauvaise nouvelle chez toi ?

— Non, non, ne t'inquiète pas, on verra ça plus tard.

Le soir, une fois le matériel nettoyé, rangé, le repas avalé, tous les hommes se réunissent autour du feu de camp et l'un d'entre eux glisse la main dans sa poche en questionnant à la ronde :

— Dés ou cartes ?

— Ni l'un ni l'autre pour moi, interrompt Étienne, mais avant, j'ai quelque chose à vous dire. Dans une semaine, je vous quitte, je suis transféré à Vesoul.

Tous le regardent bouche bée et Pierre, qui allait allumer sa pipe, suspend son geste, la flamme à quelques centimètres du culot. Il repose dans le feu le tison qu'il tenait en main, et regarde Étienne.

— À Vesoul ? On se bat à Vesoul ?

Avec un grand soupir, Étienne se tourne vers lui en haussant les épaules.

— Et non, plus de bataille pour moi, plus de combats. Il y a une caserne où arrivent les conscrits. Il paraît que je suis doué pour former les jeunes recrues. Puis, se tournant vers Henri : mon vieux, il paraît que je suis un as pour apprendre le métier de soldat à des jeunots comme toi, c'est ce qu'a dit le capitaine. Bref, je vais être sous-officier du recrutement. A priori, on est quelques-uns ici qui allons partir prochainement.

Henri, rouge comme une tomate, se confond en excuses.

— Si j'avais su... Quelle poisse, moi qui étais si fier de dire à tout le monde comment j'étais bien formé, comment le caporal Philippe expliquait bien les choses... Si j'avais su.

Étienne a un pauvre sourire.

— Ne t'excuse pas, si ça avait été le contraire, on m'aurait reproché de ne pas transmettre mon expérience.

Pierre pose une main fraternelle sur l'épaule d'Étienne, puis regarde tous ceux qui sont réunis avec eux autour du feu.

— Bon, on a deux solutions. Soit on se morfond et on fait la gueule pendant une semaine, soit on décide de profiter au maximum de la présence de notre camarade. Vous votez pour quelle option ?

Sans un mot, Alphonse Brunoix, un taiseux, qui ne dit jamais un mot inutile, sort de son havresac une flasque d'eau-de-vie, une distillation maison offerte par un fermier du coin, après qu'il l'ait aidé à redresser sa carriole qui avait versé dans le fossé. Puis il la fait passer à la ronde, après en avoir avalé une rasade.

— Deuxième option, marmonne-t-il dans sa barbe, en essuyant ses moustaches d'un revers de main.

Ce soir-là, les hommes ont joué, bu, fumé, comme d'habitude, mais dans l'air flottait une émotion palpable. C'est que le caporal Étienne Philippe, du 24e régiment d'infanterie de ligne, jamais avare d'un coup de main, d'un conseil ou juste d'un mot amical, est apprécié de tous.

11 octobre 1804 – 20 vendémiaire an 13

Fanchon est installée chez elle depuis presque trois mois maintenant, et elle apprécie plus que tout le calme et le silence. Avant de quitter le logement, Augustin a utilisé le reste de chaux pour blanchir les murs, donnant ainsi à la pièce une belle luminosité. Profitant de la liquidation d'une succession, Michel y avait emmené sa fille qui avait choisi un lit clos joliment décoré de feuilles de vignes et de grappes de raisin sculptées dans le bois, et un petit coffre pour son linge. Et l'ancien patron de Joseph, par amitié, lui avait donné une petite table et deux chaises qu'un de ses clients avait commandées, mais qu'il n'était jamais venu prendre.

Fanchon adore toute sa fratrie, mais elle est heureuse maintenant de ne les voir que lorsqu'elle le veut bien... même s'il se passe rarement une seule journée sans qu'elle ne s'arrête un petit moment pour prendre des nouvelles. Enfin sauf ce soir. La journée a été particulièrement difficile à la blanchisserie. Deux des filles, souffrant de violentes fièvres, sont absentes depuis plusieurs jours. Et pour couronner le tout, une nouvelle apprentie qui devait commencer le matin même ne s'est pas présentée. Madame Hortense, ne la voyant par venir, a commencé par fulminer contre « ces petites dindes qui se prennent pour des princesses et qui ne veulent pas se fatiguer à travailler. Elles s'imaginent quoi ? Qu'un maréchal d'empire va venir les enlever sur son cheval pour les épouser ! »

Ensuite, une fois qu'elle a eu fini de vouer l'absente à tous les diables, Madame Hortense avait réparti le travail entre toutes les blanchisseuses présentes et, comme par un fait exprès, il y avait plus de linge que d'habitude. Il est maintenant passé vingt-deux heures quand Fanchon et Fanchette sont enfin sortie de la blanchisserie, et arrivée dans l'escalier, elle a juste dit à sa sœur :

— Je monte me coucher, embrasse tout le monde pour moi, je passerai demain.

Elle réchauffe rapidement un reste de soupe de la veille, mange une pomme et se couche pour s'endormir immédiatement, assommée par le travail, le dos brûlant de douleur à force de s'être courbée sur les baquets d'eau chaude pour battre de lourdes piles de linge gorgé d'eau.

Brusquement, elle se dresse sur son séant, le cœur battant, réveillée en sursaut par des coups frappés à sa porte. Sa mère l'appelle à mi-voix.

— Fanchon, lève-toi, viens vite, c'est Louise.

Rapidement, Fanchon saute de son lit, se vêt prestement et s'enveloppe dans un châle avant d'ouvrir la porte.

— Louise ? Mais qu'est-ce qui se passe ?

— Elle a les douleurs.

— Mais c'est beaucoup trop tôt. La sage-femme a dit que le bébé était prévu pour fin janvier seulement. Vous l'avez fait appeler ?

— Ton frère y est allé, mais elle est partie accoucher des jumeaux. Elle passera aussitôt qu'elle pourra. Elle a fait répondre que de toute façon, à cinq mois de grossesse, ça sera une fausse couche et qu'elle ne pourra pas grand-chose. J'ai besoin de toi.

Aussitôt, les deux femmes descendent l'escalier et se précipitent dans la rue qu'elles remontent au pas de course jusqu'au logement qu'Augustin et Louise ont pris, justement en prévision de la naissance de leur troisième enfant. Toutes les chandelles sont allumées et, au fond du lit, Louise gémit doucement. Augustin, debout au pied du lit, semble totalement perdu.

— Alors ? questionne sa mère.

Sans un mot, il lui montre un ballot de linge souillé de sang. Anne écarte les linges et les replie ensuite sur le bébé mort-né en soupirant. Puis, se tournant vers son fils.

— Va chez nous, Fanchon et moi nous allons nous occuper de Louise. C'est une affaire de femmes maintenant.

Voûté, comme s'il avait vieilli de dix ans en une seule nuit, Augustin passe la porte en silence. Fanchon, qui a déjà aidé à la naissance de ses deux neveux, prend sans un mot un pot d'eau chaude, un linge propre et commence à laver doucement les traces de la fausse couche sur le corps de sa belle-sœur. Celle-ci ouvre les yeux et murmure faiblement.

— C'était un garçon ou une fille ?

Fanchon caresse doucement ses cheveux collés de sueur et se penche vers elle.

— Je ne sais pas, c'était trop tôt. C'est la vie, tu sais. Moi aussi j'ai vu partir des frères et des sœurs, à la naissance ou après quelques mois. Tu es jeune, tu auras d'autres enfants. Il faut que tu sois forte pour Augustin et vos deux petits.

Pendant plus d'une heure, Fanchon et sa mère s'occupent de Louise, puis après avoir embrassé une dernière fois sa belle-sœur, Fanchon fait un ballot du linge sale qu'elle emportera demain à la blanchisserie et, avant de partir, elle jette un regard sur le petit chiffon qui enveloppe le bébé mort-né. Sa mère s'approche et lui murmure.

— C'était une petite fille. Mais je pense préférable que Louise l'ignore, ça sera plus facile pour elle, puis plus haut, pour que Louise l'entende, dis à Augustin de revenir, je reste avec Louise jusqu'à son retour.

Fanchon, le cœur gros, retourne chez elle à pas lourds. Elle sait déjà qu'elle ne dormira plus cette nuit.

29 Janvier 1805 – 9 pluviôse an 13

Ça va faire cinq mois, cinq longs mois qu'il est installé à Vesoul. Au début, il était renfermé, devenait taiseux, comme l'Alphonse, son ancien camarade de Brest. Il faut dire qu'il connait mal ceux du vingt-quatrième qui ont été mutés avec lui.

Avec les jeunes qui lui sont confiés, difficile de nouer une relation. D'abord, on le lui avait bien dit : pas de familiarités, vous êtes leur supérieur. Et de toute façon, ils ne restent pas assez longtemps, les jeunes conscrits. Étienne pense même que leur formation est trop courte. Mais l'empereur demande toujours plus d'hommes, toujours plus vite, donc il faut obéir.

Et puis, il s'est lié d'amitié avec Jean, caporal comme lui, mais qui est considéré par tous avec respect, depuis qu'un soldat a vu, posé sur son paquetage, un fusil d'honneur, et lu à haute voix l'inscription gravée sur la plaque d'argent fixée sur la crosse « Le premier consul au citoyen Jean Meunier, caporal à la vingt-quatrième demi-brigade, brave militaire qui est parvenu à faire plusieurs prisonniers parmi lesquels se trouvait un officier ». Jean n'en a jamais parlé et ne se considère pas comme supérieur aux autres. Vite devenus proches, s'ils continuent à se donner du caporal Meunier et du caporal Philippe devant les autres, lorsqu'ils sont hors de la caserne, c'est Jean et Étienne

Même si ses camarades lui manquent, même s'il peste parfois contre cette mutation qui lui avait fait perdre son ami Pierre à peine retrouvé, Étienne doit bien avouer qu'il n'a pas perdu au change. La vie en caserne n'a rien à voir avec la vie en baraquements à Brest, sans parler des bivouacs à même le sol pendant les batailles, couché dans la boue, à se battre non seulement contre l'ennemi, mais aussi contre le froid, la vermine et les poux. Même si en hiver les lourds murs de pierre suintent souvent d'humidité, et si les anciens l'ont prévenu que tous les ans, les écuries sont inondées, Étienne retrouve avec plaisir le confort qu'il a connu durant les quelques semaines pendant lesquelles c'était lui, le conscrit.

Maintenant, il bénéficie du luxe de se laver tous les jours à l'abri, et pas en pleine nature, de pouvoir se raser tous les jours aussi. Et la ville ! Une vraie ville, avec des boutiques, des hommes, des femmes, des enfants. Enfin, il voit d'autres gens que des soldats. Ça fait tellement longtemps !

Ce soir, Jean lui a dit qu'un bal est organisé en ville. Les officiers et sous-officiers sont les bienvenus, mais pas les simples soldats. Il faut dire que beaucoup ne savent pas se tenir correctement. Buvant plus que de raison, prenant avec les femmes présentes des libertés inadmissibles, les festivités se terminent souvent en bagarres.

***

Le soir venu, Étienne s'est soigneusement lavé, rasé de près et a longuement coiffé ses cheveux. S'il a, comme tous, attrapé toute la vermine possible sur le corps, il a, par miracle échappé aux poux.

— Eh bien, tu te fais beau dis-moi. Tu espères rencontrer ta promise ce soir ?

Étienne se retourne vers la porte avec un sourire. Jean s'encadre dans l'ouverture, profitant du fait qu'ils soient seuls pour utiliser le tutoiement.

— Penses-tu ! J'ai trop souffert de la crasse pendant les batailles que même si je vivais en ermite, je ne me passerai pas du plaisir d'être propre.

Jean rentre dans la salle où Étienne dort, partageant l'ordinaire de ses recrues, et ferme la porte derrière lui.

— Je suis d'accord avec toi. Je me souviens encore de la campagne d'Italie. Une horreur. En plus, avec la chaleur, les odeurs de crasse et de transpiration sont plus fortes qu'en hiver.

— Pour sûr, en Prusse et en Hollande, on n'a pas eu ce problème. Mais avec le froid, les engelures et les crevasses ont pris la place des odeurs. À choisir, je me demande si je n'aurais pas préféré la puanteur des hommes.

Jean, sceptique, hausse les épaules.

— Bon, tu es prêt ?

— Oui, et pour finir de répondre à ta question, je ne serais pas contre une rencontre galante ce soir. Mais une promise, pas question. Tu me vois avec femme et enfants ?

À cette évocation, tous deux passent la porte en riant, traversent la cour et s'engagent sous le haut porche qui les sépare de la ville.

***

— Alors, tu es prête ?

Fanchon fait la moue. Elle n'a pas très envie de sortir, mais le petit groupe de filles avec qui elle a sympathisé à la blanchisserie a insisté. Il y a là Catherine, Anne et Marguerite, toutes les trois célibataires et avides de s'amuser. Toute la semaine, elles lui ont rebattu les oreilles de ce fameux bal qui va se tenir ce dimanche. « Enfin, tu vas bientôt avoir dix-neuf ans, tu ne peux pas passer tous tes dimanches à t'occuper de tes neveux, rester dans les jupes de ta mère, il faut t'amuser. Comment veux-tu rencontrer ton futur mari comme ça ? Tu vas finir vieille fille, comme ta sœur Françoise ».

Lasse de les entendre répéter la même chose à longueur de temps, elle en a parlé à sa mère, espérant rencontrer une alliée. Manque de chance, Anne s'y est mise aussi, lui disant qu'elle avait l'âge de s'amuser, et qu'il fallait qu'elle y aille, à ce fameux bal. Elle a fini par céder, plus pour avoir la paix que par envie d'aller danser. Quand elle a annoncé sa décision à sa mère, cette dernière s'est empressée de l'aider à préparer ses vêtements, lui proposant même de lui prêter l'épingle offerte par son père et qu'elle ne porte que dans les grandes occasions. Et maintenant, c'est elle qui la pousse à se dépêcher tandis que ses trois amies l'attendent dans la salle commune.

Avec un soupir, Fanchon passe la porte, prête à affronter les commentaires.

— Tu es superbe !

— Tu vas avoir les plus beaux soupirants et nous devrons nous contenter des seconds choix.

Fanchon, amusée, lève les yeux au ciel avec un sourire.

— Arrêtez de dire des bêtises, vous autres.

Elle embrasse sa mère sur la joue et passe la porte d'un pas léger, suivie par ses amies qui rient et se bousculent comme des gamines. Finalement, Fanchon se dit que ce n'est pas une si mauvaise idée que ça, ce bal.

***

Appuyé contre le mur, Étienne laisse ses yeux errer dans la foule tout en sirotant une chope de bière. À un bout de la pièce, un long comptoir derrière lequel s'affairent serveuses et serveurs, est envahi d'assoiffés, braillant à qui mieux mieux pour se faire servir en premier. À l'autre extrémité, un orchestre, pas trop mauvais ma foi, enchaîne les musiques sans souffler un seul instant, et autour de la piste sont réparties des tables qui accueillent les chaperons et les demoiselles trop laides pour attirer un cavalier éventuel. Il a dansé avec quelques jeunes filles de bonne famille, sous les yeux acérés des mères ou des sœurs mariées qui les accompagnent, mais aucune ne lui plait vraiment. Avec un soupir, il se demande s'il ne va pas rentrer à la caserne.

Jean, lui, est très occupé à conter fleurette à une jolie brunette et semble l'avoir totalement oublié. D'un autre côté, ils ne sont pas non plus venus là pour rester entre hommes. Pour passer la soirée à fumer une pipe ou faire une partie de cartes, autant rester à la caserne.

Étienne en est là de ses réflexions lorsqu'un tourbillon de jupons, de rire et de cheveux fous s'échappant des bonnets attire son attention. Elles sont quatre, qui viennent juste de passer la porte, dans la vingtaine, les joues rouges, les yeux brillants. Et sans chaperon ! Soudain, son cœur fait un bon. Blonde, un teint de porcelaine, une gorge épanouie serrée dans un caraco bleu d'azur. Il en reste le souffle coupé. Sans réfléchir, il pose sa bière et se dirige vers le petit groupe, fendant sans ménagement la foule des danseurs. Du coin de l'œil, il voit un jeune homme qui suit la même direction que lui, et il accélère pour lui couper la route et se planter le premier devant la jolie blonde.

— Mademoiselle, m'accorderiez-vous cette valse ?

Derrière lui, il entend une voix furieuse.

— Mais enfin monsieur, vous me brûlez la politesse. J'allais inviter mademoiselle.

Il se retourne et toise le jeune godelureau, l'air mauvais.

— Monsieur, ne soyez donc pas impoli avec ses amies, invitez l'une d'elles à danser.

Puis, bien décidé à ne pas laisser passer sa chance, il passe son bras autour de la taille de la jeune fille et l'entraîne sur la piste de danse sans lui laisser le temps de refuser.

Tandis qu'ils valsent, il ne la quitte pas des yeux, détaillant d'un air gourmand les jolis yeux bleus, la bouche en forme de cœur, les cheveux qui frisent dans son cou. Puis, il réalise que la belle affiche un sourire amusé.

— Vous ne manquez pas d'effronterie. Non seulement vous grillez la politesse au fils de ma patronne, mais en plus vous me dévisagez d'une façon... comment dire, très impudique.

— Pour ce qui est du fils de votre patronne, je suppose qu'il vous voit tous les jours, il n'a donc rien à m'envier. Et en ce qui concerne ma façon de vous regarder, je la qualifierais plutôt de gourmande.

Fanchon va ouvrir la bouche pour répliquer, mais la musique s'arrête au même moment et son cavalier interrompt la danse, sans pour autant la lâcher.

— Puis-je vous offrir un rafraîchissement ?

Comme Fanchon regarde autour d'elle, cherchant ses amies du regard, Étienne sourit.

— Ne vous inquiétez pas, vos amies sont à cette table, là-bas. Et je suis parfaitement bien élevé, vous ne risquez rien en ma compagnie.

Fanchon regarde les yeux gris pétillants de malice et ne peut s'empêcher de sourire. Tendant gracieusement la main à ce beau jeune homme en uniforme, elle se laisse entraîner vers une table libre où elle prend place, tandis que son cavalier va chercher deux verres de cidre. Lorsqu'il revient s'assoir à côté d'elle, elle commence par se désaltérer, puis décide d'en savoir un peu plus sur cet homme qui vient de s'imposer à elle de façon on ne peut plus cavalière.

— Vous me dites que vous êtes bien élevé, mais je ne sais rien de vous, pas même votre nom.

Amusé, il se lève et la salue, cassé en deux, faisant de la main un geste élégant comme s'il tenait un chapeau emplumé tel qu'en portaient les nobles de l'ancien régime.

— Caporal Étienne Joseph Philippe, du vingt-quatrième régiment d'infanterie de ligne, chargé du recrutement.

Bien décidée à ne pas se laisser démonter, Fanchon se lève et esquisse une révérence, tenant sa jupe à deux mains, comme elle a vu de nobles dames le faire, un jour de son enfance où un membre de la famille royale passait par Vesoul.

— Françoise Carle, blanchisseuse, fille de Michel Carle, cordonnier. Mais comme j'ai deux sœurs qui se nomment Françoise elles aussi, tout le monde m'appelle Fanchon.

Tous deux se dévisagent quelques secondes avant d'éclater de rire.

— Bien, maintenant que les présentations sont faites, me permettez-vous d'être votre cavalier pour le reste de la soirée ?

— Oui, si vous me promettez d'être sage.

— Je vous jure de ne poser les mains sur vous que pour vous guider sur la piste de danse. D'ailleurs, il me semble que les musiciens attaquent un quadrille.

Effarée, Fanchon porte les mains à son visage.

— Mais je ne sais pas danser le quadrille !

Étienne lui tend une main rassurante.

— N'ayez aucune crainte, j'irai doucement, vous n'aurez qu'à me suivre.

Suivre Étienne, c'est ce que Fanchon va faire tout le temps que le bal va durer.

***

Il fait nuit lorsque Étienne, qui n'a pas quitté sa jolie cavalière d'un seul pas, raccompagne Fanchon chez elle. Ses amies, qui ont bien compris qu'elles étaient de trop, se sont contentées de lui adresser un signe de la main accompagné d'un « à demain » amusé. Jean lui, Étienne ne l'a pas revu. Pour tout dire, il l'a même totalement oublié.

Debout devant l'immeuble, Fanchon s'immobilise.

— Voilà, j'habite ici.

— Seule ?

Avec un éclat de rire amusé, Françoise répond en agitant son index, comme si elle grondait un enfant indiscipliné.

— Non monsieur le caporal, avec ma mère, mon père, mon frère et mes sœurs.

Étienne pousse un soupir, exagérant sa déception.

— Bon, je vais donc te laisser ici.

Toute frémissante, Fanchon voit Étienne s'approcher d'elle tout doucement, glisser ses mains autour de sa taille et rapprocher son visage du sien pour un baiser qu'elle devine brûlant. Le cœur battant, elle balbutie.

— Tu avais dit que tu ne me toucherais que pour me guider sur la piste de danse.

Doucement, il passe la main dans ses cheveux et lui murmure à l'oreille.

— Oui, mais le bal est fini.

Puis tout s'estompe dans la tête de Fanchon, il ne reste que les lèvres de l'homme qui dévore sa bouche dans un baiser passionné.

DEUXIÈME PARTIE

1806 - 1813

11 janvier 1806

Françoise monte quatre à quatre les marches qui mènent à sa chambre, la lettre de Joseph serrée dans sa main. Elle a tout d'abord hésité à l'apporter chez ses parents, mais quelque chose au fond d'elle lui a dit que ça n'est pas une bonne idée. Si son frère lui a écrit à elle, personnellement, et pas à ses parents, c'est qu'il a une bonne raison.

Aussitôt après avoir passé la porte, elle s'assoit sur son lit, bien calée contre le mur, et ouvre la missive avec impatience.

Ma chère petite sœur,

J'espère que cette lettre te trouvera en bonne santé. Tu as dû être surprise que je t'écrive et non pas à nos parents qui, je le sais, vous lisent mes lettres le dimanche, lors d'un repas qui vous rassemble tous et dont je ne suis plus.

Je sais par la dernière lettre de notre père que tu as repris la petite chambre d'Augustin et Louise, et qu'il n'y a donc pas de risque que quelqu'un d'autre que toi me lise.

Ici les combats font rage, et à voir tous mes compagnons qui tombent les uns après les autres, je me dis que mon heure est peut-être proche. En dépit des conditions de vie difficiles, il y a dans l'armée une fraternité que je ne soupçonnais pas. Est-ce à cause de ça que depuis des jours, des semaines, je ne pense qu'à une seule chose : soulager ma conscience ?

Te souviens-tu de ce jour, de ce soir plutôt, quand je suis venu au-devant de toi pour t'annoncer la mort de Jeannot ? Il faut que je me libère de ce poids qui ronge mon cœur depuis ce jour, et je m'en veux par avance de le transférer sur tes frêles épaules. Jeannot, c'est moi qui l'ai tué.

Rassure-toi, tu n'es pas la sœur d'un fou furieux qui élimine les hommes de sang-froid. C'était accidentel, une bagarre d'ivrognes, mais le résultat est là. Bien qu'involontairement, je suis responsable de sa mort. Et crois-moi, je t'en supplie, si j'avais eu le pouvoir de revenir en arrière, de tout effacer, je l'aurais fait de grand cœur, quel qu'en ai été le prix à payer.

C'était le samedi juste avant. Après le travail, j'allais rejoindre une fille. Je ne te dirai pas de qui il s'agissait, mais pour moi, c'était La Femme. Eh oui, petite sœur, ton volage de frère, ce coureur de jupons de Joseph était amoureux, fou d'elle. Ce soir-là, j'allais lui demander de devenir mon épouse.

Je n'en ai pas eu le temps. À peine j'allais la serrer dans mes bras qu'elle se recule et m'annonce que tout est terminé. Elle va se marier, oui, mais avec un autre. Un bon parti, un homme riche, plus âgé qu'elle certes, mais qui allait lui assurer une vie aisée.

Quand je lui ai demandé de réfléchir, quand je lui ai dit que je l'aimais, que je voulais l'épouser, elle m'a ri au nez, et m'a dit que j'étais bien bête de m'imaginer qu'elle allait épouser un simple ouvrier, quand un notable de Vesoul lui faisait l'honneur de la prendre pour femme.

J'ai été bien puni. Elle s'était jouée de moi et j'ai compris alors combien ont pu souffrir toutes les femmes que j'ai séduites et abandonnées, cette pauvre Claudinette qui portait mon enfant et que j'ai repoussée.

Ce soir-là, je suis allé au cabaret et j'ai bu plus que de raison. Jeannot était là, il buvait pas mal lui aussi, et nous avons été compagnons de beuverie, moi par désespoir, lui... je ne sais pas pourquoi, mais certainement pas pour les mêmes raisons. Nous sommes partis ensemble, et le long du chemin, il a commencé à me parler de toi, décrivant ton corps en termes grivois, vulgaires.

J'ai vu rouge, tu es ma petite sœur, il te devait le respect. C'est ce que je lui ai dit. C'est d'ailleurs surprenant comme, bien que j'aie été sous l'emprise de l'alcool, mes souvenirs de ces moments-là sont vifs et clairs. Il a ri, il m'a dit des choses horribles que je ne peux pas transcrire ici. Alors j'ai frappé, nous nous sommes battus, mais ma force était décuplée par la rage, et peut-être par l'alcool aussi.

Nous étions sur le quai, il a trébuché et il est tombé à l'eau. Il a coulé à pic. Je suis resté là, les bras ballants, planté sur le bord de l'eau, hébété. Je ne sais pas combien de temps a passé avant que je ne reprenne mes esprits et que je puisse rentrer, ou plutôt me traîner jusqu'à la maison.

Voilà, tu sais tout maintenant, tu es la seule dépositaire de mon secret, petite sœur. Tu as mon sort entre les mains. Tu peux me dénoncer, en parler à nos parents. Je te laisse juge, mais, quelle que soit ta décision, je sais que ce sera la bonne. Qui sait, peut-être est-ce que la guerre a fait justice et que, tandis que tu lis ces mots, je suis déjà mort.

Ton frère qui t'aime, Joseph

C'est en larmes, effondrée sur le lit, qu'Étienne va la trouver quelques heures plus tard.

***

Épuisée à force de pleurer, Fanchon s'est endormie, blottie entre les bras d'Étienne, et tandis qu'elle dort, le visage marqué par le chagrin, il la regarde, tendrement. Il a lu la lettre de Joseph, il sait ce qui s'est passé. D'ailleurs, il sait tout de Fanchon, cette triste histoire avec Jeannot, ses peines, ses joies, sa famille aussi. Même s'il ne les a pas encore rencontrés, il les connaît tous.

Il le lui a murmuré à l'oreille, tandis qu'elle pleurait sur son épaule. Joseph est un homme bien. La preuve ? Ce remords qui l'habite. Un autre homme aurait oublié ce qui s'est passé ce samedi soir. Est-ce qu'elle pleure sur Jeannot ou sur Joseph ? Un peu des deux, certainement. Même si le dénommé Jeannot s'est mal conduit avec elle, il la connaît sa Fanchon, elle a bon cœur, elle pardonne facilement.

Tandis qu'elle est abandonnée entre ses bras, il en vient à penser qu'il a des points communs avec Joseph, son frère. Pas en ce qui concerne la mort de ceux qu'il a tués pendant les combats. Non, ça, c'est la guerre, c'est différent, il a tué des ennemis. Il y a bien cet homme qu'il a tué d'un coup de baïonnette, mais c'était pour protéger un honnête fermier et sa fille, on peut dire qu'il a fait le travail de la maréchaussée.

Non, il lui ressemble parce que comme lui, il a butiné de fille en fille, filles de joie, paysannes naïves qui voyaient en lui le prestige de l'uniforme. Et maintenant, face à cette petite blanchisseuse qu'il a fait sienne depuis un an, cette jolie petite princesse qui lui a donné son corps et son âme, il est comme devant un nouveau-né.

Il a hésité, il en a parlé à Jean, devenu son meilleur ami après Pierre. Est-ce qu'il doit l'épouser ? Ce dernier lui a répondu sans détour :

— À ta place, je m'abstiendrais. Tu sais, on ne va pas être affectés éternellement au recrutement. Un jour, on repartira au front. Tu veux qu'elle passe sa vie à t'attendre ? À se ronger les sangs pour toi, ou pire, faire d'elle une veuve ? Tu es le seul à décider bien sûr, mais à ta place, je lui laisserai sa liberté, qu'elle puisse se marier avec un brave garçon qui restera à ses côtés.

— Si elle est veuve, si je meurs au combat, elle pourra toujours se remarier, avait répondu Étienne.

— Et si tu rentres invalide, défiguré, ou avec un bras ou une jambe en moins ? Tu veux qu'elle s'occupe de toi par pitié ? Qu'elle reste avec toi sans amour, juste par devoir ?

Ce dernier argument a convaincu Étienne, et surtout lui a rappelé Pierre, qui n'est plus vraiment un homme. Il ne veut pas imposer ça à une femme, surtout pas à Fanchon. Elle ne lui a jamais rien demandé, mais si la question se pose un jour, il sait maintenant ce qu'il va lui répondre. Et si la guerre se termine, et s'il reste un homme debout sur ses deux jambes et qu'elle veut encore de lui à ce moment-là, il le sait, il lui offrira sa vie et son nom.

Il en est là de ses réflexions quand Fanchon bouge contre lui, pousse un profond soupir saccadé, comme si elle recommençait à respirer vraiment, et ouvre les yeux.

— Quelle heure est-il ?

Il glisse sa main dans sa poche, sort sa montre et répond.

— Presque huit heures du soir.

— J'ai dormi longtemps...

— Tu te sens mieux ?

— Oui, un peu.

Étienne lui caresse doucement les cheveux.

— Tu sais ce qu'on va faire ? Tu vas débarbouiller cette jolie frimousse couverte de larmes. Pendant ce temps je vais au cabaret chercher de quoi manger et un peu de vin, et je reviens très vite pour que nous fassions un petit dîner tous les deux. Tu veux ?

Fanchon répond d'un hochement de tête avec un pauvre sourire. Au moment où il va passer la porte, elle l'arrête d'une question.

— Tu crois qu'il peut mourir, Joseph ?

Étienne, arrêté dans son élan, se retourne vers elle. Elle a l'air si désespérée, à demi allongée sur son lit. Mais il ne peut pas lui mentir.

— Les hommes meurent à la guerre ma belle. J'en ai vu beaucoup, des morts, des blessés. Mais tu es une femme formidable, ta famille est une famille unie. Alors je suis certaine que Joseph va se battre comme un brave, rien que pour revenir vers vous.

En descendant l'escalier quatre à quatre, il pense qu'il a maintenant la réponse à sa question. Ce n'est pas sur Jeannot que Fanchon sanglotait à fendre l'âme, mais sur son frère. Il en a maintenant la certitude, et cette pensée lui réchauffe le cœur.

12 janvier 1806

Le lendemain matin, quand Fanchon ouvre les yeux, la première chose à laquelle elle pense, c'est « Mon Dieu, c'est quoi ça ? Quel désordre ! Je n'aurai jamais le temps de ranger avant de partir au travail ». Puis elle réalise que Fanchette n'est pas venue taper à sa porte comme d'habitude, et que c'est dimanche.

Elle se tourne vers Étienne, endormi près d'elle, et sourit. La veille il est arrivé, éreinté. Comme tous ses camarades, il a passé de longues heures à réorganiser la caserne après l'arrivée de plus de deux mille prisonniers russes qu'il a bien fallu caser tant bien que mal. Finalement, il a été décidé que les prisonniers vont être logés dans les greniers, les écuries et les manèges. Aujourd'hui, il est libre, il peut passer toute cette journée de dimanche avec elle. Et qu'il a aussi passé la nuit précédente dans son lit, elle le réalise aussi, s'étirant avec plénitude comme une petite chatte indolente.

Elle qui se serait jetée par la fenêtre si Jeannot avait essayé de la forcer, avec Étienne, tout s'est fait sans heurt, en douceur. C'était un soir d'été, l'année précédente. Il ne l'avait pas brusquée, il ne lui avait rien imposé. Il avait juste délacé le haut de sa chemise, avait doucement embrassé la naissance de ses seins, puis il l'avait regardé droit dans les yeux en lui disant « si tu ne veux pas, tu me le dis, j'attendrai que tu sois prête ». Il savait qu'elle n'avait connu aucun homme avant lui, elle lui avait raconté ce qui s'était passé avec Jeannot, qu'ils n'avaient échangé que quelques baisers et qu'elle l'avait repoussé quand il avait exigé plus. Elle l'avait regardé simplement et lui avait répondu « je suis prête ».

Depuis, à chaque fois que l'armée lui laisse un peu de liberté, ils se retrouvent dans sa chambre, et quand ils peuvent passer un dimanche ensemble, comme aujourd'hui, c'est une fête sensuelle pendant laquelle ils ne quittent pas le lit, même si la crainte d'entendre un des membres de sa famille toquer à la porte empêche parfois Fanchon de savourer pleinement ces moments.

Est-ce que sa famille se doute de quelque chose ? Certainement. Elle a déjà surpris des regards, des questions à peine formulées. Elle sait qu'il va falloir qu'elle leur parle. Déjà, il y a six mois, son père lui a fait part d'une demande en mariage pour elle. Le tanneur qui lui fournit les cuirs pense à elle pour son troisième fils. Elle a éludé : trop jeune, pas prête.

Elle est certaine que son père n'a pas cru un seul mot de ses mensonges.

Et Étienne ? Est-ce qu'il envisage de la demander en mariage ? Depuis qu'elle s'est donnée à lui, elle hésite à lui en parler, de peur de le faire fuir. Et puis, que serait sa vie, épouse d'un militaire, certainement juste de passage, soumis à la décision d'un état-major qui peut l'affecter à une autre mission, l'envoyer vers d'autres combats ?

Finalement, elle a pris sa décision. Elle va attendre un moment propice pour parler d'Étienne à sa famille, un repas, de préférence avec Augustin et Louise, car elle espère beaucoup le soutien de sa belle-sœur. Son père et sa mère ne sont pas sujets à de violentes colères. Depuis toujours, ils préfèrent expliquer, calmer, négocier. Rien à voir avec certaines des filles avec qui elle travaille, chez qui les parents règlent tout à coup de trique ou de paires de claques, ponctués de vocifération dont tout le voisinage profite.

Et pour le mariage, elle n'en parlera pas. Si un jour un enfant s'annonce, il sera toujours temps d'y penser. Mais Étienne est prudent, il se retire et elle a toujours un sourire heureux en lavant les morceaux de tissu avec lesquels ils s'essuient. Tant de plaisir remonte dans sa mémoire.

— Bonjour ma douce.

— Bonjour mon caporal.

Étienne s'étire, bâille, les bras tendus au-dessus de la tête, puis saute du lit, entièrement nu, pour se planter devant la petite fenêtre de toit.

— Il fait beau, questionne Fanchon, toujours enfouie sous l'édredon douillet ?

— Penses-tu, il fait un froid de canard, il y a du givre sur les arbres. On reste ici ?

Le grand sourire de Fanchon étant une réponse sans équivoque, Étienne retourne vivement se serrer contre sa bien-aimée.

16 février 1806

Demain, Fanchon aura vingt ans ! C'est demain seulement, mais comme aujourd'hui c'est dimanche, Augustin et Louise, qui se sont mis d'accord secrètement avec Michel et Anne, sont descendus avec un panier de victuailles. Tout le monde est là, même Françoise. D'ailleurs, cette dernière affiche un sourire. Un sourire forcé, mais un sourire quand même. Il faut dire qu'elle trouve dur de vivre seule, elle a fini par en faire la confidence à ses deux sœurs, un soir après le travail, en quittant la blanchisserie. Aussi, depuis quelques semaines, passe-t-elle voir ses parents, son frère et ses sœurs, pour « prendre des nouvelles » comme elle dit, et proposer son aide à sa mère.

Le père n'est pas dupe, et même s'il accueille sa fille aînée aussi affectueusement que ses autres enfants, il l'a dit ce matin, avant son arrivée « pas question de faire marche arrière, elle a l'âge de se débrouiller toute seule. Si la solitude lui pèse et si elle veut enfin se rendre utile, qu'elle prenne un mari et fonde une famille, elle aura de quoi faire. »

Mais ce dimanche, c'est Fanchon qui est fêtée. Habituellement, on ne célèbre pas les anniversaires, ou si peu. Un souhait, un baiser, une petite douceur offerte après le repas, et c'est fait. Mais Augustin est descendu quelques jours avant pour préparer sa surprise. Comme il l'a expliqué à leurs parents « Fanchon, elle est tellement gentille, toujours prête à aider Louise, que je veux quelque chose à part pour ses vingt ans. Et puis, j'ai autre chose à fêter ».

Alors aujourd'hui, le repas comporte de la viande et du poisson, du fromage, plusieurs desserts, préparés par Louise et Anne, et, en plus du cidre, deux bouteilles de vin bouchées, un luxe qui n'a pas franchi la porte de la maison depuis le mariage de Louise et d'Augustin.

Fanchon, toute émue, a vu de menus cadeaux déposés devant elle, mais ce qui l'a le plus touchée, c'est que Françoise, réputée pour son égoïsme, lui tende timidement un joli caraco qu'elle a avoué avoir cousu et brodé elle-même.

Encore assis à table, tous digèrent, béats, repus, quand Augustin se lève, son verre à la main.

— Aujourd'hui, même si elle n'aura vingt ans que demain, je veux lever mon verre à la santé de ma petite sœur, et la remercier pour tout ce qu'elle a fait pour nous. Je n'oublie pas sa présence, lorsque notre fils, Michel, a été gravement malade, quand Louise a accouché et lorsqu'elle a perdu notre bébé il y a plus d'un an maintenant. À chaque fois que Louise a besoin d'aide pour s'occuper des petits, Fanchon est toujours là, répondant présente avec bonne humeur. Puis, se tournant vers Fanchon avec un sourire taquin, il continue par ces mots : même si depuis quelque temps, pour quelque mystérieuse raison, nous la voyons un peu moins. Mais ça va peut-être changer maintenant, car ma Louise va avoir besoin d'un peu d'aide : elle est de nouveau enceinte.

À ces mots, tout le monde se lève et s'exclame dans un joyeux brouhaha « C'est pour quand ? » « J'espère que vous aurez une petite fille cette fois ».

C'est Louise qui prend la parole.

— Ça sera pour le mois d'août d'après la sage-femme. Et fille ou garçon, tant que le bébé arrive à terme et en bonne santé, c'est tout ce que nous souhaitons.

Devant les sourires de toute la famille, Fanchon se dit qu'elle n'aura jamais de meilleure occasion. Alors, comme si elle se jetait dans l'eau tout habillée, elle se lève et demande le silence.

— S'il vous plaît, moi aussi j'aimerais dire quelque chose.

Comme personne ne se calme, Augustin élève la voix gentiment.

— Taisez-vous tous, Fanchon voudrait parler.

Intimidée par le silence soudain, Fanchon toussote un peu, le temps de rassembler ses idées, puis elle se lance.

— Tout d'abord, merci à vous tous. Ces cadeaux, ce repas, je ne m'y attendais pas. Ça me touche beaucoup. Mais la plus belle nouvelle bien sûr, c'est ce bébé qui va agrandir la famille. Je serai présente pour sa naissance, comme je l'ai été pour tous les enfants de mon frère, et si ça se passe la nuit et que personne ne me réveille, je vous promets de vous en vouloir éternellement.

À ces mots, tout le monde éclate de rire et y va de sa petite plaisanterie. Une fois le silence revenu, Fanchon continue.

— Tu es perspicace Augustin, tu as remarqué que j'étais un peu moins présente, et c'est vrai. Aussi, je voudrais profiter du fait que nous sommes tous réunis autour de cette table aujourd'hui, pour vous dire que... enfin vous annoncer la raison... vous expliquer pourquoi...

Fanchon, émue et balbutiante, ne trouve plus ses mots. C'est Claude, du haut de ses quinze ans, qui la tire de ce mauvais pas.

— Dis-moi sœurette, est-ce que ton trouble ne serait pas lié au beau militaire que je croise de plus en plus souvent dans les escaliers ?

Sans pouvoir répondre, Fanchon, rouge comme une tomate, hoche la tête affirmativement. Elle attend maintenant les réactions, et surtout, elle appréhende celles de son père et de sa mère.

Après un moment de silence, et quelques regards échangés entre ses parents, son père prend la parole.

— Et bien en voilà une nouvelle. J'en suis plutôt heureux. Après ta malheureuse expérience avec Jeannot, j'avais peur que tu ne te renfermes. Et même si je m'attendais plutôt à ce que ce soit Françoise qui nous présente un promis, je serai heureux de faire la connaissance de ton fiancé.

À peine a-t-il terminé sa phrase que Fanchon éclate en sanglots et se précipite dans les bras de sa mère, tandis que son père, éberlué, ne sait que répéter « mais enfin, qu'est-ce que j'ai dit ? ». Furieuse, sa femme le foudroie du regard tout en berçant Fanchon comme un bébé.

— Enfin, pauvre maladroit, tu ne pouvais pas parler d'autre chose que de Jeannot ? Tu crois que c'est une chose à lui rappeler ?

Fanchon, tout en se dégageant de l'étreinte maternelle, balbutie entre deux sanglots.

— Ne vous disputez pas, ce n'est pas à cause de papa. C'est juste que d'un coup, sans raison, je me suis mise à penser à Joseph. J'aurais tant aimé qu'il soit là.

— Voyons ma chérie, la console sa mère, il ne faut pas pleurer. Tu sais bien que j'ai reçu une lettre de ton frère la semaine dernière. Il dit qu'il va bien et que son régiment est en marche vers la côte. Il n'est plus au combat. Qu'est-ce qui a bien pu te faire penser à lui si tristement comme ça ?

— Je ne sais pas, c'est venu sans prévenir.

Fanchon peut difficilement leur parler de la lettre qu'elle a reçue de Joseph le mois dernier. Comment leur dire que la mention de Jeannot par son père a fait remonter à la surface les aveux de Joseph, et son idée de mourir au combat pour expier sa faute ?

— Alors, ce petit fiancé, dis-nous tout, comment s'appelle-t-il ? D'où vient-il ? Qu'est-ce qu'il fait ? Interrompt joyeusement Fanchette en sautillant sur place comme une gamine, dans l'espoir de raviver la joie qui étreignait tous les cœurs il y a à peine quelques minutes.

Avec un sourire reconnaissant pour sa petite sœur, Fanchon prend une grande inspiration avant de répondre à cette rafale de questions.

— Et bien il s'appelle Étienne, il est caporal à la caserne de Vesoul. Il est chargé de former les conscrits. Il aura vingt-trois ans le mois prochain, et il est originaire de Douai.

— Tu l'as rencontré il y a longtemps, demande son père ?

— Ça fait un an maintenant, avoue Fanchon, tout en rougissant de nouveau. C'était pendant le bal auquel j'ai assisté avec mes trois amies.

— Un an ? Et tu nous en parles seulement maintenant !

Un peu penaude, Fanchon baisse le nez.

— J'avais peur de votre réaction. Un militaire, ils ont souvent une réputation de coureurs de jupons, alors... puis, levant la tête vivement, comme pour défier sa famille de prétendre le contraire... Mais pas lui, il est gentil, il m'aime.

Augustin intervient, protecteur.

— Et si nous arrêtions de la questionner comme ça ? Si Fanchon est heureuse, c'est le principal. D'ailleurs, si ça dure depuis un an, je pense qu'on peut faire confiance à ce garçon. Un coureur de jupons, comme elle dit, l'aurait abandonné depuis longtemps pour une ou plusieurs autres.

— Tu nous le présentes quand ?

Fanchon écarte les bras, pour marquer son ignorance.

— Je ne sais pas. Je dois voir avec lui quand il sera libre. Il doit souvent rester à la caserne. Je vous dirai.

Consciente du trouble de sa fille, Anne, avec diplomatie, se lève et commence à empiler la vaisselle tout en demandant à la cantonade :

— Qui se dévoue pour la corvée d'eau ? Et qui va m'aider à laver tout ça ?

Reconnaissante, Fanchon se lève en même temps que Claude et tous deux filent chercher l'eau pour la vaisselle.

15 août 1806

Fanchon s'étire paresseusement dans son lit, réveillée par un rayon de soleil. Aujourd'hui c'est vendredi, mais elle ne travaille pas. Et ça la met en joie, même si Madame Hortense a dit que demain samedi, il faudrait « arriver très tôt et finir tard, pour rattraper le retard », mais ça n'est pas grave, demain sera demain. Aujourd'hui, c'est la fête, la Saint-Napoléon, une fête décidée par leur empereur par décret en février cette année, car le quinze août est le jour de sa naissance.

Pensive, elle revoit défiler dans sa tête tous les événements qui ont marqué sa vie cette année. La lettre de Joseph, l'officialisation de sa relation avec Étienne, et, de manière plus générale en France, l'institution du catéchisme impérial, qui a pris un peu Fanchon au dépourvu, sa famille s'étant toujours affichée comme plus républicaine que religieuse.

Beaucoup de couples se marient maintenant à la maison commune puis à l'église. Quand un de ses amis a demandé à Augustin s'il allait se marier une deuxième fois à l'église et faire baptiser ses enfants, celui-ci a éclaté de rire. Ça n'est pas sa préoccupation première, la religion, à Augustin. La seule chose qu'il a en tête maintenant, c'est la grossesse de Louise qui s'est déroulée sans soucis, puisqu'elle sera à terme d'ici une dizaine de jours, selon la sage-femme.

Il faut dire qu'il l'a choyée sa petite femme. Les deux premiers enfants, Michel et Alexandre, âgés de six et quatre ans, ont été priés de se débrouiller le plus possible par eux-mêmes. Et interdiction formelle de demander à être portés. Il fallait ménager leur mère. Toutes les femmes de la famille se sont relayées pour faire le ménage, la cuisine, aller acheter à manger, jusqu'à ce que Louise se fâche, s'exclamant un jour avec humeur que « même l'impératrice Joséphine avait certainement le droit d'en faire plus chez elle ».

D'ailleurs, aujourd'hui, seuls Michel et Alexandre accompagnent la famille à la fête, Louise et Augustin ayant décidé de rester chez eux, la première, lourde de son troisième et fatiguée de chaleur, n'ayant de toute façon pas le courage de bouger, et le second, bien décidé à ne pas quitter sa femme des yeux, si jamais le travail se déclenche un peu plus tôt que prévu. Mais la famille sera accompagnée d'Étienne, et Fanchon, un peu triste, se souvient d'une autre fête, d'un autre été, et de sa première danse avec un dénommé Jeannot.

Tandis que ses frères et sœurs ont accueilli ce nouveau venu avec joie et exubérance, elle ne sait pas trop ce que ses parents pensent d'Étienne ils sont aimables avec lui, lui font des sourires, mais elle sent, derrière la façade polie qu'ils affichent quand il est là, une certaine méfiance dont elle ne sait pas donner la raison. Son métier ? Pourtant Joseph aussi est militaire, même si Étienne s'est engagé alors que Joseph a été désigné par la conscription. Et puis l'armée protège le pays, ils sont nos défenseurs, tout le monde les aime. Le fait qu'il vienne d'une autre région ? Ses parents sont ouverts d'esprit. Et puis ça serait un comble de leur part, alors que son père est né à Endingen, dans un autre pays.

Tout en faisant sa toilette et en s'habillant, Françoise se demande si cette retenue ne vient pas du fait que personne ne parle de mariage, et surtout pas Étienne. Elle n'a pas osé aborder le sujet avec ce dernier, de peur d'avoir l'air de le presser. Et puis, pour être franche, elle n'a pas vraiment hâte de se marier. Ils s'aiment, ils sont heureux, pour quoi demander plus à la vie ?

Des coups frappés à sa porte la tirent de ses réflexions, suivis de la voix de Madeleine, la petite dernière qui va sur ses neuf ans.

— Fanchon, tu es prête ? Étienne vient d'arriver.

— Je descends tout de suite.

Fanchon sourit, attendrie. Madeleine est très proche de Joseph, qu'elle admire sans aucune réserve. S'étant difficilement remise de son départ, elle a aussitôt accordé toute son affection à Étienne qui, comme son grand frère, porte l'uniforme. Étienne le lui rend bien, tout ému par la spontanéité de la petite fille, et lui apporte toujours un menu présent fabriqué de ses mains. Sans que ce soit son métier comme Joseph, il est très doué pour travailler le bois et il a surpris toute la famille en apportant un jour à la fillette une jolie poupée de chiffon qu'il a réalisée lui-même dans une vieille chemise. « Eh oui, nous les soldats, nous faisons tout nous-mêmes, y compris repriser et recoudre nos vêtements », a-t-il déclaré.

Elle avait espéré qu'Étienne puisse passer la nuit avec elle, mais il n'a quartier libre que pour la journée, et doit être de retour à la caserne pour vingt-deux heures. Devant sa moue dépitée, il lui a murmuré à l'oreille « ça n'est pas grave ma belle, on trouvera bien un moment rien que pour nous deux pendant la journée ». Aussi, c'est le cœur battant qu'elle descend l'escalier quatre à quatre.

***

Main dans la main, Étienne et Fanchon cheminent, tantôt derrière, tantôt devant le groupe formé par la famille, en fonction des arrêts qui ponctuent leur déambulation au milieu de la foule. Tout attire l'œil, les étoffes bariolées, les sucreries, les babioles en tout genre.

Étienne, amusé, regarde les deux neveux de Fanchon qui veulent tout toucher, tout acheter. En désespoir de cause, leur grand-père a dû leur promettre une sucrerie au prochain étal de gourmandises s'ils acceptent de se tenir tranquilles. La promesse a fait son effet... pendant environ un quart d'heure ! Finalement, c'est Anne qui a grommelé, agacée « il va falloir que je parle sérieusement avec Augustin et Louise, ces petits sont beaucoup trop turbulents, il leur faut plus de sévérité ».

Cette fois-ci, c'est Étienne qui entraîne Fanchon devant une échoppe dans laquelle sont exposés des bijoux en argent. Sentant venir la vente, une femme rondelette s'approche d'eux avec un sourire des plus avenant :

— Bonjour les amoureux. Un petit souvenir de la fête d'anniversaire de notre empereur ? Ou bien un gage d'amour ?

Cette dernière question est ponctuée d'un clin d'œil vers Fanchon qui se sent transformée en pivoine.

Amusé par le bagout de la femme, Étienne, sans lâcher la main de Fanchon, examine les bijoux. Il prend en main un anneau d'argent serti d'un cabochon de corail. Sans un mot, il le passe au doigt de Fanchon et la regarde tendrement.

— Elle te plaît ?

Enrouée par l'émotion, Fanchon murmure :

— Elle est magnifique ! Mais... est-ce raisonnable ?

Sans un mot, Étienne attire la vendeuse un peu plus loin et, sans marchander, glisse de l'argent dans sa main. Puis, il prend de nouveau Fanchon par la main, mais pour l'attirer dans une ruelle, loin de la foule. Il prend le menton de la jeune fille entre ses doigts et plonge ses yeux dans les siens.

— Aujourd'hui, rien n'est raisonnable, ni nous deux, ni la France qui, en quelques années, est passée de la royauté à la république, puis à l'empire. La seule chose que je sais, c'est que je tiens à toi plus que je n'ai jamais tenu à personne. Cette bague, considère-la comme une promesse. La promesse que je te ferai mienne quand tout sera terminé. Je me doute bien que tes parents préféreraient pour toi un artisan bien établi qui t'épousera et qui te fera des enfants. Mon métier c'est l'armée, et il est dangereux. Je ne sais pas si je resterai ici longtemps, si je ne repartirai pas un jour au combat. Alors je préfère te laisser ta liberté. Mais sache que je t'aime et que s'il y a bien une chose qui ne changera pas sur cette terre, ce sont mes sentiments pour toi.

***

L'histoire se répète toujours, pense Fanchon ce soir-là, lorsque ses parents rentrent avec les plus petits, laissant les plus grands s'amuser au bal. Mais cette fois-ci, c'est sous la responsabilité d'Étienne et de Claude que Michel laisse ses trois filles aînées. Fanchon réalise soudain avec un pincement au cœur que ses parents vieillissent. Son père a déjà cinquante-cinq ans, il commence à se voûter, ses cheveux blanchissent. Sa mère, de trois ans plus jeune que lui, se fatigue elle aussi. Fanchon l'a bien remarqué, elle fait les choses plus lentement, s'assied aussitôt qu'elle le peut et s'essuie le front, facilement essoufflée. Mon Dieu, que fera-t-elle s'il leur arrive quelque chose ? Heureusement, Augustin a les épaules solides, mais il a sa famille lui aussi.

— Regarde, regarde !

C'est Fanchette qui la tire par la main pour l'entraîner devant un grand panneau peint que décrit un bonimenteur.

—Regardez mesdames, regardez messieurs, hurle l'homme à pleins poumons, voici la grande réalisation de notre empereur, un arc pour célébrer ses victoires, un arc triomphal qui sera situé sur la place de l'étoile et dont la construction a commencé ce jour. Oui, mesdames et messieurs, c'est aujourd'hui que la première pierre a été posée.

Tout étourdie, Fanchon lève la tête pour admirer la grande toile peinte qui représente, au cœur d'une place, un arc de pierres ornées de bas-reliefs magnifiquement sculptés.

— C'est magnifique ! Tu étais au courant ? demande-t-elle à Étienne qui l'enlace tendrement par l'épaule.

— Oui, nous en avons été informés. L'empereur l'avait promis aux soldats après la victoire d'Austerlitz. Il voulait que les soldats passent sous des arcs de triomphe pour rentrer chez eux, enfin ce ne sont peut-être pas exactement ses mots, mais c'était l'idée. Il a tenu sa promesse.

Puis, entraînant Fanchon, il se tourne vers ses deux sœurs et son frère :

— Il faut fêter ça, l'anniversaire de l'empereur, la première pierre de ce magnifique monument ! Allons danser.

Aussitôt, tout le monde lui emboîte le pas, même Françoise, qui semble elle aussi apprécier celui qu'elle appelle, lorsque les parents ne l'entendent « mon presque beau-frère ».

30 août 1806

— Vite ! Dépêche-toi, nous allons être en retard. Tu sais que Madame Hortense déteste ça !

— J'arrive, j'arrive !

Fanchon tourne rapidement la clef dans la serrure et se retourne pour dévaler l'escalier derrière sa sœur. Bah, en pressant le pas, elles seront à l'heure. C'est de sa faute si elles sont en retard. Étienne a passé la nuit avec elle et elle n'a pas beaucoup dormi, surtout qu'il a dû se lever tôt pour être à la caserne à l'aube.

Elle en est là de ses réflexions lorsque la porte de l'immeuble s'ouvre avec fracas sur son frère, en nage et à bout de souffle.

— Ça y est, le travail est commencé.

— Tu n'as pas prévenu la sage-femme ?

— J'y vais, mais je ne peux pas laisser Louise seule avec les petits, même s'ils dorment encore. Je vais prévenir Maman avant.

— Non !

Interloqué, Augustin regarde Fanchette.

— Comment ça « non » ?

— Elle a pris froid il y a quelques jours. Rien de grave, s'empresse-t-elle d'ajouter devant l'air inquiet de son frère et de sa sœur. La fièvre est tombée, mais elle tousse encore un peu. Il ne faudrait pas qu'elle contamine Louise ou le nouveau-né.

Rapidement, Fanchon empoigne sa sœur et son frère et les pousse dehors.

— Fanchette, explique la situation à Madame Hortense, dis-lui que j'arrive aussitôt que possible et que je travaillerai ce soir jusqu'à ce que tout soit terminé, toute la nuit s'il le faut. Augustin, file chercher madame Boucaud. Moi je vais m'occuper de Louise.

Aussitôt, tous partent chacun de leur côté, pressant le pas en dépit de la chaleur qui s'annonce

Dans la pièce principale, Louise est allongée sur le lit conjugal, mordant un linge pour ne pas crier et réveiller les deux petits qui dorment dans la pièce à côté. Fanchon, forte de son expérience passée, lève la chemise de sa belle-sœur pour évaluer la situation.

— Tu es bien dilatée, c'est normal, plus ça va, plus les accouchements sont rapides.

— Heureusement, souffle Louise entre deux gémissements, ça fait mal.

Fanchon lui passe un linge humide sur le visage, dégageant de son front ses cheveux collés de sueur.

— Essaye de te détendre, respire bien. Je vais faire chauffer de l'eau et sortir les linges pour que tout soit prêt quand la sage-femme arrivera.

Bien évidemment, Augustin n'a rien fait. Ah les hommes ! Fiers à bras au cabaret ou aux jeux de force lors des foires, mais lorsque leur femme accouche, ils sont aussi perdus que le nouveau-né. Et encore, ce dernier sait trouver le sein de sa mère pour calmer sa faim !

Fanchon, tout en fredonnant pour tenter de distraire Louise de sa douleur, pose une marmite d'eau sur le feu et sort du coffre le linge que Louise a préparé pour l'accouchement, ainsi que les langes du futur bébé. À peine est-elle revenue auprès de sa belle-sœur que celle-ci arc-boute tout son corps sous l'effet de la douleur. De nouveau, elle vérifie entre les jambes de Louise et réalise que la dilatation est bien avancée. Mais qu'est-ce qu'il peut bien faire Augustin ? La sage-femme n'habite pourtant pas si loin !

— Écoute, si Augustin ne revient pas très vite avec madame Boucaud, il va falloir qu'on se débrouille toutes seules.

Devant l'air affolé de Louise, elle lui caresse le front et la rassure.

— Tout va bien se passer, tu te rappelles ce qu'elle t'a dit les deux dernières fois ? Il faut pousser à chaque fois que ton ventre durcit. D'accord ?

— Oui, d'accord. Mais sans vouloir te vexer, je préférerais qu'elle soit là.

Si elle affiche une belle assurance sur son visage calme et souriant, en son for intérieur, Fanchon se dit qu'elle aussi aimerait voir la sage-femme passer la porte, avec son embonpoint, son bon sourire sur son gros visage rougeaud, et les paroles rassurantes qu'elle prononce, toujours les mêmes à chaque accouchement « Allez ma belle, on va lui faire voir le soleil à ce petit bout de chou, il est resté à se faire porter bien au chaud suffisamment longtemps. »

Au moment où une autre contraction arrive, la porte s'ouvre devant un Augustin défait... et seul. Devant l'air interrogateur de Fanchon, il secoue négativement la tête.

— Elle est partie pour un autre accouchement peu après minuit. Ça ne devrait plus être très long. Son mari nous l'envoie aussitôt qu'elle rentre.

— Bon, tu te sens prêt à m'aider ?

Pas très vaillant, Augustin hoche la tête affirmativement, mais, en voyant du sang couler le long des jambes de sa femme, il s'assied d'un coup sur un tabouret. Fanchon, qui commence à se sentir gagnée par l'agacement devant le peu de courage de son frère, le secoue par l'épaule.

— Oh, soit tu m'aides, soit tu vas dehors. Mais moi, je dois aider Louise à mettre votre enfant au monde. Je ne peux pas aussi m'occuper de toi. Alors ? Qu'est-ce que tu décides ?

Vexé, Augustin se lève d'un bond.

— Qu'est-ce que je dois faire ?

— Tu vas à la tête de ta femme, tu la soutiens par les épaules à chaque fois qu'elle pousse, et entre-deux, tu la rafraîchis avec ce linge humide. Fais attention qu'elle n'ait pas les cheveux dans le visage et qu'elle puisse bien respirer.

Heureux de se voir attribuer une position qui lui permet d'échapper au spectacle direct de l'enfantement, Augustin prend position sans demander son reste. Fanchon, après avoir disposé à côté d'elle de l'eau et des linges, encourage sa belle-sœur.

— Allez, pousse, plus fort, c'est bien. Puis soudain elle s'exclame dans un cri de joie, je vois la tête, continue, pousse, plus fort.

Émerveillée, Fanchon saisit délicatement entre ses mains la tête du petit être, puis, comme elle l'a vu faire à la sage-femme, elle dégage une épaule, puis l'autre.

— Encore une poussée, c'est bien, puis dans un cri de joie, c'est un garçon !

Des larmes de joie dans les yeux, Louise tend les bras pour prendre son fils.

— Encore un peu de patience, je dois couper le cordon.

Délicatement, elle fait deux ligatures, puis coupe le cordon entre les deux, avant d'essuyer le petit garçon avec un linge. Pas besoin de lui donner une claque sur les fesses pour le faire crier comme pour ses frères, il hurle déjà à pleins poumons. C'est alors qu'une autre voix se joint à celle du nouveau-né.

— Et bien jeune homme, vous avez du coffre, on va faire de vous un chanteur pour les opéras de l'impératrice.

Étonnée, Fanchon se tourne vers la porte pour voir la sage-femme, les poings sur les hanches, qui vient juste d'entrer.

— On dirait qu'on a plus besoin de moi ici.

— Oh si, venez, je vous en prie, supplie Fanchon, qui, maintenant que le plus dur est fait, sent tout son corps se mettre à trembler.

— Je plaisante ma Fanchon, mais je suis admirative, tu pourrais en faire ton métier si tu voulais.

Tout en parlant, elle s'assied au bord du lit, et prend le petit garçon que lui tend Fanchon pour finir sa toilette, avant de le donner à sa mère pour la première tétée.

— Comment allez-vous l'appeler ?

— Charles, nous allons l'appeler Charles.

À ce moment, la mère Boucaud se frappe le front de la main.

— Je perds tous mes repères, vu que je n'ai pas fait l'accouchement. Il faut dire que les jumelles de la femme du notaire m'ont donné du fil à retordre, surtout la première. Je n'ai jamais vu des jumelles aussi fortes et costaudes. Aussi, quand on voit les parents... À quelle heure est-il né ?

— Je ne sais pas, je n'ai pas regardé. Une dizaine de minutes avant votre arrivée je dirai, le temps que je coupe le cordon et tout ça.

Sortant sa montre de sa poche, la sage-femme déclare :

— Il est onze heures douze, on va dire qu'il est né à onze heures, le trente août mille huit cent six, quinze jours après l'anniversaire de notre empereur.

C'est à ce moment qu'une petite voix s'élève du fond de la pièce.

— Qu'est-ce qui se passe papa ?

Michel et Alexandre côte à côte, l'aîné serrant fort la main de son petit frère, s'encadrent dans le chambranle de la porte. Augustin va les prendre par la main et les guide à côté du lit où leur frère tète goulûment le premier repas de sa vie.

— Voici Charles mes enfants, votre petit frère. Il faudra prendre bien soin de lui.

— Dis-moi mon frère, questionne Fanchon d'un air goguenard, tu ne disais pas que tu voulais une fille pour ton troisième ?

Sans répondre, son frère, entre rire et larmes, lui lance un oreiller à la tête.

***

À regret, Fanchon a dû laisser la petite famille. Avant de partir, elle a pris le temps de tout ranger, avec l'aide de la sage-femme, qui ne voulait quand même pas être venue pour rien, puis toutes deux ont quitté le logement, après que rendez-vous ait été pris pour aller déclarer la naissance.

Cheminant de concert, puisque la mère Boucaud doit passer devant l'immeuble où loge le reste de la famille, Fanchon, soudain intimidée, lui jette des coups d'œil en coin. Se rendant compte du manège de la jeune fille, la brave femme décide de l'aider à se confier.

— Et toi alors, tu comptes avoir bientôt recours à mes services ? On m'a dit que tu fréquentais un jeune militaire, tout ce qu'il y a de plus convenable.

— Oui, d'ailleurs, à ce sujet.... Heu, j'ai un peu de retard.

— Tiens donc, et de combien de temps ce retard ?

— Une dizaine de jours.

— Bon, ça peut arriver. J'ai déjà vu ça chez certaines femmes. D'habitude tes menstruations sont régulières ?

— En général oui.

— Écoute, il n'y a pas encore lieu de s'alarmer. Mais si ce vendredi, tu n'as toujours rien, viens me voir en quittant la blanchisserie. Je t'examinerai.

Après un moment de silence, elle questionne gentiment Fanchon.

— Tu en as parlé à ton amoureux ?

— Non. Ça n'est jamais arrivé, il fait attention.

La matrone sourit intérieurement. Elle en a mis au monde des petits dont le père « faisait attention », tellement d'ailleurs qu'elle ne les compte plus.

— Tu sais, faire attention ne suffit pas toujours. Je suis bien placée pour le savoir. Un jour ou l'autre, tu tomberas enceinte. C'est obligé. Vous devriez en parler avant que ça n'arrive, histoire d'avoir le temps de réfléchir à ce que vous ferez. Enfin, ce que j'en dis, ça ne me regarde pas.

Fanchon s'arrête surprise.

— Ne dites pas ça, c'est moi qui vous en ai parlé, et je suis contente de vos conseils. C'est vous qui avez raison, je vais en parler avec Étienne

— Allez, te voilà arrivée. Tu vas aller au travail ?

— Oui, je vais juste prévenir ma mère avant, me laver un peu et j'y vais.

Puis à la grande surprise de la mère Boucaud, Fanchon lui plante deux bises sonores sur les joues et fonce dans l'escalier. Émue, la femme continue son chemin en espérant au fond d'elle-même que l'avenir ne lui réservera que de bonnes choses, à cette gentille petite. Mais elle en doute, elle est si cruelle parfois, la vie.

***

Après avoir annoncé rapidement à sa mère la naissance de son troisième petit-fils et l'avoir rassurée sur la santé de la mère et de l'enfant, Fanchon file chez elle, ôte sa chemise qui est toute tâchée de sang, en se disant qu'elle va la prendre avec elle pour la laver. À peine s'est-elle penchée sur le coffre dans lequel elle range son linge propre qu'elle sent un liquide chaud lui couler entre les cuisses. Levant son jupon, elle éclate de rire, seule dans sa chambre, soulagée. Vite, elle prend sur le dessus du coffre les bandes de tissu qu'elle garde à cet effet, et en fixe une entre ses cuisses à l'aide d'un bandeau après s'être lavée.

En chantonnant, elle file sur le chemin de la blanchisserie, puis, au fur et à mesure qu'elle avance, sa gaîté s'envole et elle ralentit le pas. Elle revoit la joie de Louise, celle d'Augustin. Connaîtra-t-elle un jour la joie d'enfanter, et surtout de partager ce bonheur avec son compagnon ? Qu'elle aurait été la réaction d'Étienne si elle avait été enceinte ?

Entendant sonner la demie de midi au clocher, elle se secoue et presse le pas. La sage-femme a raison, il faut qu'elle parle avec Étienne.

22 février 1807

Étienne ouvre difficilement les yeux. Il porte la main à sa tête et grimace. Il n'aurait jamais dû se laisser entraîner par Jean. Il le sait pourtant, ce dernier tient l'alcool comme personne. Pourtant, au départ, la soirée s'était annoncée agréable. Tous deux ayant quartier libre pour vingt-quatre heures à partir du samedi soir, Jean avait proposé à Étienne de se retrouver tous les quatre, Fanchon, les deux hommes et Hortense, une jeune couturière que Jean fréquente depuis quelques mois. Ils avaient tous accepté avec empressement, Fanchon y voyant même une occasion de célébrer son anniversaire qui avait eu lieu quelques jours plus tôt.

Les deux hommes ayant touché leur solde, ils avaient invité les deux jeunes filles dans une petite auberge qu'ils fréquentaient souvent pour la qualité de sa nourriture et ses prix raisonnables. Poussés par les demoiselles, qui voulaient aussi un peu les taquiner, ils avaient tous commandé de la pôchouse, ce plat traditionnel à base de poissons de rivière cuisinés dans une sauce au vin blanc, et accompagné de pommes de terre, de lardons et de croûtons. Si les jeunes filles avaient espéré se moquer d'eux, persuadées qu'ils n'allaient pas aimer, elles en avaient été pour leurs frais. Les deux hommes avaient dévoré leur plat avec gourmandise, sauçant le jus et se léchant les doigts pour ne rien perdre. Puis, Jean avait proposé d'aller danser et tout le monde avait dit oui.

Assoiffé par les tourbillons de la danse, Étienne n'avait pas fait attention, il avait bu pour se désaltérer plus que pour s'enivrer, mais le résultat était là, il avait la bouche sèche et l'impression qu'un bataillon de conscrits défilaient dans sa tête. À ses côtés, Fanchon, qui avait juste bu un peu de vin au repas et s'était ensuite contentée d'eau, dort comme un ange, la bouche entrouverte, ses longs cils ombrant ses joues. Il se dit amèrement que sa douce a eu bien raison d'avoir été plus raisonnable que lui.

Courageusement, il se glisse hors du lit, s'enveloppe rapidement dans sa veste pour se protéger du froid et se dirige vers la petite table qui supporte le nécessaire de toilette. Allumer le petit poêle à bois, oui, mais avant, s'éclaircir les idées. Il se penche, met sa tête au-dessus de la petite bassine de faïence et se verse sur la tête un grand pot d'eau froide avec un grognement. C'est froid, mais ça fait du bien ! Derrière lui, raisonne un rire cristallin.

— Moque-toi, j'ai l'impression qu'un forgeron prend ma tête pour une enclume !

— Tu n'as pas été raisonnable aussi. Tu paies le prix fort maintenant. Viens vite te recoucher, je m'occupe du feu.

Tout en parlant, Fanchon saute hors du lit, s'enveloppe dans son châle et refait les gestes de tous les matins : mettre des petites bûches dans le poêle, des brindilles, et y mettre le feu. Attendri, Étienne la regarde faire. Accroupie devant le foyer, elle souffle sur le feu puis, lorsqu'il a bien pris, elle se retourne vers lui.

— Allez, c'est dimanche, il fait froid, recouchons-nous un peu.

Sans se faire prier, il se glisse sous le gros édredon de plumes et Fanchon se précipite pour se blottir dans ses bras.

— Si on oublie mon réveil douloureux, la soirée était plutôt réussie non ?

— Hum.... Oui... et le retour aussi. Le vin t'a rendu fougueux, avant de t'assommer.

Sans surprise, un sourire de fierté s'épanouir sur le visage d'Étienne, ravi que sa « petite femme » comme il l'appelle, rende hommage à sa vigueur et à sa virilité. Soudain, il voit Fanchon se redresser sur un coude et son visage se fermer. Suivant son regard, il voit, sur le petit tabouret, la pile bien nette de morceaux de tissu avec lesquels ils s'essuient après l'amour. Elle est toujours là, figée, bien alignée.

— Mon Dieu, Étienne, tu ne t'es pas retiré ?

Pétrifié, il réfléchit, essaye de se souvenir, mais s'il n'a pas oublié les rires, les gémissements de Fanchon, ses rondeurs sous ses doigts, le reste est un peu flou. Il y a eu cette grande explosion de plaisir, puis le néant. Espérant un miracle, il tend son buste vers le sol, à la recherche d'un chiffon souillé, preuve qu'il s'est conduit en homme responsable. Mais non, rien.

— Non, j'ai bien peur que non.

Anéantie, Fanchon se redresse sur son séant. Étienne tente de la rassurer, mais son visage pâle contredit ses paroles.

— Ne t'inquiète pas. Ça n'est pas une fois qui risque de te mettre enceinte.

— Une fois, oui, mais tu sais, il y a quelques mois, j'ai eu du retard. Je voulais t'en parler, et puis mes menstruations sont arrivées, j'ai oublié.

Tous deux restent silencieux un moment, avant que Fanchon ne questionne doucement :
— Tu m'épouseras si je suis enceinte ?

Étienne met longtemps avant de répondre, pesant le pour et le contre.

— Tu sais que je t'aime et que je ne te laisserai jamais. Mais ma vie c'est l'armée. N'oublie pas que je me suis engagé, je suis devenu militaire volontairement, je n'ai pas été tiré au sort sur une liste. Un enfant et le mariage ne changeront rien, je devrais toujours vivre à la caserne, loin de toi. C'est de cette vie-là que tu veux ? Je trouve plus honnête de te laisser ta liberté. Mais si un enfant arrive, je le reconnaîtrai, je m'en occuperai durant tous mes moments de liberté, et je ne te laisserai manquer de rien.

Devant le silence de Fanchon, il se tourne vers elle et lui prend le menton pour l'obliger à le regarder.

— Tu m'en veux ?

Elle a un petit sourire triste.

— Non je ne t'en veux pas. C'est plutôt à moi que j'en veux, pour t'aimer autant et accepter d'être juste ta maîtresse.

— Tu n'es pas juste ma maîtresse, tu es ma petite femme, et aussitôt que ma carrière militaire sera terminée, je jure de faire de toi Madame Étienne Joseph Philippe.

Fanchon, sans rien dire, se blottit entre les bras de son homme. Bientôt, une respiration régulière lui indique qu'Étienne s'est rendormi. Elle restera longtemps les yeux ouverts, se demandant avec un peu d'angoisse quand et comment sa carrière militaire se terminera...

16 mars 1807

— Caporal Meunier, vous avez quelques minutes ?

Devant l'air sérieux de son ami, Jean pose le fusil qu'il allait examiner, ferme la porte pour que personne ne les entende et se retourne vers lui.

— Bien sûr. Qu'est-ce qu'il t'arrive ? Tu devais voir Fanchon hier soir non ? Ne me dis pas qu'elle t'a quitté !

— Non, ça n'est pas ça. Je suis bien allé la chercher à la sortie de la blanchisserie, mais c'était pour l'accompagner... Enfin, elle allait voir la sage-femme. C'est confirmé, Fanchon est enceinte.

Jean prend le temps de remettre soigneusement le fusil dans le râtelier, puis il sort sa pipe et la bourre consciencieusement avant de se diriger vers la porte.

— Viens, j'ai envie de fumer, et avec les armes et la poudre, ce n'est pas le meilleur endroit.

Une fois dans la cour de la caserne, il prend son temps pour tirer quelques bouffées avant de prendre la parole.

— Tu sais, je ne suis pas étonné. Ce qui me surprend, c'est que ça ne soit pas arrivé plus tôt.

— Je fais attention.

Jean, sceptique, hausse les épaules.
— Ça ne marche pas à tous les coups ! J'en sais quelque chose.

Devant l'air étonné d'Étienne, il éclate de rire.

— Excuse-moi, c'est ta tête qui est drôle, je ne peux pas m'en empêcher.

— Ben oui, je pensais quand même que ça servait à quelque chose de se retirer. Et que veux-tu dire par « j'en sais quelque chose » ?

Redevenu sérieux, Jean le regarde avec un peu de tristesse dans le regard.

— Avant que tu n'arrives à Vesoul, j'avais une relation assez suivie avec une jeune vendeuse de quatre-saisons. Moi aussi je faisais attention, comme tu dis, mais elle est quand même tombée enceinte.

Après un moment de silence durant lequel il tire de nouveau quelques bouffées en silence, Jean reprend.

— Bref, nous n'avons pas eu le temps de décider quoi que ce soit, elle a fait une fausse couche suivie d'une hémorragie et elle est morte en quelques jours.

Voyant son ami ouvrir la bouche pour, très certainement, lui exprimer sa compassion, Jean l'interrompt d'un geste.

— C'est du passé, je préfère ne pas en parler et revenir à Fanchon et toi. Soyons réalistes, si tu ne veux pas d'enfant, le moyen le plus sûr est de s'abstenir. Se retirer, ça reste un moyen aléatoire. Maintenant que c'est fait, parlons sérieusement, qu'est-ce que vous comptez faire ?

— Le garder bien évidemment. Nous en avions déjà parlé le mois dernier. Tu ne penses quand même pas que je vais laisser Fanchon se faire charcuter pour tuer notre enfant. En plus, rajoute Étienne penaud, je crois savoir exactement quand nous l'avons fait ce bébé. Tu te souviens de ce soir, quand nous avions dîné tous les quatre avant d'aller danser ? Et bien ce soir-là j'avais un peu trop bu et j'ai oublié de me retirer.

Jean pousse un profond soupir.

— C'est votre décision. Mais ça va être dur pour elle. Parce que bien entendu tu n'envisages pas une seule seconde de quitter l'armée ? Ni de l'épouser ?

— Non, pour ce qui est du mariage, rien n'a changé. Mais je m'occuperai d'elle et de notre petit, je serai présent autant que possible, je lui donnerai de l'argent.

— Et l'enfant, qu'en ferez-vous ? Il faut que Fanchon continue à travailler. Ta solde ne suffira pas pour vous faire vivre tous les trois, même si tu es logé et nourri à l'armée.

— De toute façon, nous ne pourrons pas cacher sa grossesse. Nous pensons demander à Louise, sa belle-sœur, de s'en occuper, pendant que Fanchon travaillera. Je lui donnerai de l'argent.

— Et si elle refuse ?

Étienne hausse les épaules, passablement énervé.

— Et si elle refuse, et si les chiens se mettent à miauler, et si, et si... On va déjà lui demander, on verra après.

Jean lui tape dans le dos affectueusement.

— Ne t'énerve pas ! Mon père disait toujours que ma mère devenait plus irritable quand elle était enceinte, là on dirait que c'est à toi que ça ne réussit pas.

— Excuse-moi, c'est nouveau pour moi. Et inattendu. Enfin, dans quinze jours, on déjeune chez ses parents. Toute la famille sera présente, on leur annoncera la nouvelle et on verra bien.

— Alors je te souhaite bonne chance. Espérons que ses parents la prendront bien, cette nouvelle, comme tu dis !

5 avril 1807

Il y a comme un air de printemps ce matin, le souffle qui rentre dans la pièce est chargé de parfums de fleurs, de verdure, et les oiseaux s'en donnent à cœur joie pour saluer le soleil. Mais Fanchon s'en moque, les odeurs lui portent sur le cœur et les oiseaux peuvent bien s'égosiller tant et plus, elle ne les entend pas. La tête sur la bassine, elle ne peut pas refréner les haut-le-cœur qui font palpiter son ventre. Hasard ou pas, ces nausées ont commencé juste le lendemain de sa visite chez la sage-femme. Elle ne garde plus rien, ne mange plus rien. Tout l'écœure. Heureusement qu'elle vit seule, sa mère aurait tout de suite compris.

Françoise, toujours aussi nombriliste, n'a rien vu, mais Fanchette, attentive à tout, a bien remarqué qu'elle chipote à la blanchisserie, au moment du casse-croûte. Si elle continue à apporter son repas pour donner le change, elle range presque entiers dans le panier le pain et le fromage ou le jambon qui constituent généralement son ordinaire. Il n'y a que le liquide qui passe, aussi depuis quinze jours ne se nourrit-elle plus que de soupe.

Enfin, aujourd'hui elle va rendre publique sa situation, et en plus des nausées, il lui faut supporter l'angoisse qui étreint sa poitrine. Comment sa famille va-t-elle réagir ? Elle sait ses parents ouverts, ils n'ont jamais rien dit à Joseph, même quand tout le monde savait que l'enfant de Claudinette était le sien, mais Joseph est un homme. On pardonne tout aux hommes, moins aux femmes. Enfin, Étienne sera à ses côtés. À cette idée, elle se sent soulagée, et sourit, mais un spasme la contraint à se pencher de nouveau sur la bassine. Quelle poisse ! Dire que la pauvre Louise a subi ça pendant presque quatre mois.

***

Quelques heures plus tard, toute la famille est réunie deux étages en dessous, autour de la grande table. Chacun a apporté sa quote-part, surtout Françoise qui sait bien que si elle arrive les mains vides, son père la renverra sans ménagement chercher quelque chose. Anne, silencieuse, regarde Fanchon. C'est sûr, sa mère se doute de quelque chose.

— Tu as l'air bien pâlichonne Fanchon. Tu es malade ?

Et voilà, Claude, toujours prévenant envers ses sœurs, qui met les pieds dans le plat ! Elle sent la main d'Étienne qui prend la sienne et sait alors que le moment est venu. Alors qu'elle allait ouvrir la bouche pour répondre « non, je ne suis pas malade, je suis enceinte », c'est la voix d'Étienne qui s'élève.

— Non, Fanchon n'est pas malade. Elle attend un heureux événement. D'ici sept mois et demi environ, selon la sage-femme, je vais être père et vous allez avoir un autre petit-fils... ou une petite-fille. Puisque tout le monde espérait que le troisième enfant d'Augustin et Louise soit une fille, je pense que cette option ravirait tout le monde.

Le silence se fait autour de la table, les bouches s'arrêtent de mastiquer, les mains restent suspendues dans leurs gestes. Fanchon, le nez baissé, regarde son assiette encore pleine. C'est la voix d'Anne, leur mère, qui s'élève en premier.

— Et bien en voilà un silence ! On se croirait en pleine veillée mortuaire, alors que c'est une naissance que nous annonce Étienne. C'est peut-être un peu tôt, mais avez-vous choisi les prénoms ? Je sais que la tradition voudrait qu'un garçon s'appelle Étienne et une fille Françoise, mais je suppose que vous n'allez rien faire comme tout le monde ?

Soulagée, Françoise lève les yeux vers sa mère qui la regarde avec tendresse. Avant qu'elle ne puisse répondre, c'est son homme qui prend de nouveau la parole.

— Nous n'avons encore rien décidé, mais si c'est une fille, j'aimerais beaucoup qu'elle porte le prénom de sa grand-mère maternelle. Et puis, trois Françoise dans la famille, je pense que c'est déjà pas mal, non ?

Tout le monde éclate de rire, mais quand Fanchon croise le regard de son père, elle y lit la question que tout le monde se pose. Alors, puisque ce bébé ils l'ont fait à deux, qu'ils vont l'aimer et l'élever à deux comme Étienne le lui a promis, elle décide d'assumer elle aussi sa part de responsabilités. Jusque-là, seul Étienne a pris la parole alors qu'il s'agit de sa famille à elle. Courageusement, elle se lève et lâche la main d'Étienne, qui pourtant lui transmettait toute sa force dans leurs doigts emmêlés.

— Je sais ce que vous pensez tous. Vont-ils enfin se marier ? Et bien la réponse est non. Nous ne le souhaitons pas, car Étienne... Et bien Étienne ne sait pas quel avenir l'armée lui réserve. En m'épousant, il me lie à lui, mais s'il doit repartir au combat et s'il est porté disparu, je serai seule, mariée, mais seule, même pas veuve. Et s'il revient estropié, il ne veut pas être une charge pour moi, il me l'a dit. En me laissant ma liberté, il me laisse la possibilité de refaire ma vie. Et c'est le plus beau gage d'amour qu'il puisse me donner.

À peine ces mots prononcés, elle s'effondre en sanglots dans les bras d'Étienne son père se lève et vient lui aussi la prendre par les épaules, touché par la détresse de sa fille.

— Allons, personne ne pense du mal de vous deux. Vous vous aimez, ça saute aux yeux. Et votre décision vous appartient à vous seuls, nous n'avons ni à vous juger ni à vous critiquer. Mon seul souhait est que ces guerres se terminent un jour et que vous puissiez fonder un vrai foyer. Mais en attendant, vous avez notre soutien, tous les deux. Et puis, pourquoi veux-tu donc qu'Étienne reparte sur le front ? Il a fait sa part, ses supérieurs pensent certainement qu'il est plus utile ici, à transmettre son expérience aux nouveaux.

— Merci papa, murmure Fanchon d'une toute petite voix.

Françoise, dont la voix tremblante trahit une émotion qu'on ne lui prêterait pourtant pas, questionne le jeune couple :

— Mais ton travail à la blanchisserie, tu ne vas pas pouvoir le garder si tu dois élever ton enfant. Tu vas vivre comment ?

Sans laisser à personne le soin de répondre, c'est Louise qui tranche, péremptoire.

— Je m'occuperai de son petit pendant la journée, enfin si vous le voulez bien tous les deux. Trois ou quatre ne feront pas de différence. Et puis, après tout, c'est mon neveu à moi aussi.

À ces mots, Fanchon éclate de nouveau en sanglots.

— Allons bon, et pourquoi pleures-tu maintenant ? ronchonne son père.

Entre larme et rire, Fanchon lève la tête et s'exclame :

— Vous êtes tous tellement gentils avec nous !

30 juin 1807

Il fait encore jour quand Anne sert la soupe ce soir-là. Elle verse l'épaisse mixture qui n'a de soupe que le nom, tant les légumes sont nombreux, presque un ragout. Auparavant, elle a coupé d'épaisses tranches de pain qui disparaissent sous les morceaux de légumes. Une fois tout le monde servi, elle sort la tranche de lard qui reste au fond de la marmite et la coupe en morceaux qu'elle distribue équitablement entre tous.

Michel goûte, sourit d'un air béat et énonce à la cantonade cette phrase que tout le monde a entendue cent fois, si ce n'est plus :

— Il n'y a pas à dire, votre mère, pour la soupe, c'est la meilleure, tandis que sa femme, qui a pourtant entendu ce compliment cent fois elle aussi, ne peut s'empêcher de rosir de plaisir.

À ce moment, quelques coups sont frappés à la porte. Michel fronce les sourcils et se lève pour ouvrir. Sur le pas de la porte, deux religieuses, un panier à la main, sourient d'un air angélique.

— Bonjour, mes sœurs, qu'y a-t-il pour votre service ?

— Bonjour mon fils. Nous venons quêter pour les malheureuses victimes de l'ouragan. Peut-être avez-vous entendu le sermon de notre curé ce dimanche à messe ?

Michel, pourtant grand gaillard fort costaud, rougit comme un gamin pris en faute.

— Eh bien, ma sœur, je dois vous avouer que nous allons peu à la messe. En tout cas pas ce dernier dimanche.

Derrière lui, le gloussement des enfants ne passe pas inaperçu, mais les braves religieuses semblent ne pas y faire attention.

— Avez-vous au moins lu la nouvelle dans le journal ? Ou affichée au mur ?

Devant le mutisme de ses parents, c'est Claude qui intervient du haut de ses quinze ans.

— Oui ma sœur, j'ai lu sur une affiche que tout l'ouest de la région avait été ravagé par un ouragan, une tempête terrible avec de la grêle, de la pluie. Les récoltes ont été détruites, des maisons aussi et il y a eu des morts et des blessés.

— Justement, nous savons bien que tous nos paroissiens ne vont pas à la messe et donc n'ont pas entendu l'appel au secours de notre archevêque, relayé ce dimanche par les curés de la paroisse. Alors nous passons quêter de maison en maison. De pauvres gens n'ont plus rien à manger, plus de toit sur la tête. Si vous pouviez faire un geste...

La phrase, terminée sur un mode interrogatif, s'accompagne d'un geste vers l'avant, le panier levé, dans l'attente d'une offrande. Au fond, quelques pièces semblent appeler leurs compagnes. Anne, sur un regard de son époux, se lève et se dirige vers le tiroir de la commode, à côté du lit. C'est là qu'elle garde toujours quelques pièces pour des cas comme celui-ci. Sans que personne ne le sache, sauf Michel, elle a déjà distribué quelques aumônes aux mendiants du quartier, souvent de pauvres bougres, trop âgés pour travailler, que des enfants ingrats ont chassés de chez eux.

— Tenez ma sœur, voici pour eux. Voulez-vous un peu de soupe ?

— Merci à vous, mon enfant, Dieu vous le rendra au centuple. Nous souperons au couvent, à notre retour. Nous avons encore beaucoup de gens à visiter.

Après le départ des sœurs, le repas continue en silence. Pourtant, Madeleine, à force de se trémousser sur sa chaise, attire l'attention de son père.

— Mais enfin que t'arrive-t-il ? Tu as des puces à gigoter comme ça ?

— Non papa, mais j'aimerais poser une question.

— Eh bien, parle donc. Je n'ai jamais interdit à mes enfants de chercher à apprendre.

— Voilà, les pauvres gens qui n'ont plus rien à manger, ils vont mourir si personne ne les aide. Vous, vous avez donné un peu, mais est-ce que ça va suffire ? Et si personne d'autre ne donne ?

Anne et Michel se regardent, perplexes, devant cette avalanche de questions. Comment expliquer à une enfant de dix ans que la vie est dure, que beaucoup de gens sont égoïstes et ne pensent pas à leur prochain ? Que ce sont souvent les mêmes qui vont à la messe, écoutant le curé d'un ait contrit, mais ne quittant pas les mains de leurs poches au moment de la quête.

Michel, qui n'a jamais voulu mentir à personne, et surtout pas à sa famille, décide de dire la vérité.

— Ma chérie, je n'en sais rien. Nous avons donné suivant nos moyens, nous ne pouvions pas faire plus, nous devons penser à vous, nos enfants, en priorité. J'espère que tout le monde donnera un peu et qu'il y aura suffisamment pour que toutes les victimes de l'ouragan puissent manger, ensemencer de nouveau leurs champs et racheter des bêtes. Mais je vais être franc, je ne peux pas te le promettre. Tout ce que je peux te dire, c'est que je continuerai toujours à aider mon prochain, même si je ne vais plus à la messe, car je n'oublierai jamais que, quand je suis arrivé ici, j'ai moi-même été aidé, accueilli et que ta mère m'a fait confiance, à moi, un étranger, pour être le père de ses enfants.

Émue, Anne se lève de table pour aller chercher les gaufres qu'elle avait cuites avant le repas, et qu'elle gardait tièdes sous un torchon. Alors qu'elle allait en donner une à Madeleine, celle-ci la repousse.

— Non maman, je veux la donner pour ceux qui ont faim.

— Ma chérie, lui répond sa mère en souriant, le temps que ta gaufre arrive chez eux, elle sera moisie et ils ne pourront pas la manger. Mais si tu veux, demain je ferai des biscuits de gaudes et nous irons les porter aux sœurs qui les distribueront aux nécessiteux.

— Oh oui ! On pourra faire ça tous les jours ?

Michel éclate de rire.

— Ma fille, je suis cordonnier, pas bourgeois ni propriétaire terrien. Si nous donnons à manger aux pauvres tous les jours, dans un mois c'est nous qui mendierons notre pain.

Ce soir-là, à l'abri derrière les rideaux du lit clos, Anne s'est confiée à son mari.

— Tu sais, parfois, j'ai peur pour notre famille, et ce soir, les paroles de Madeleine ont ravivé mes craintes.

— Voyons ma douce, plaisante Michel avec un sourire, il y a peu de chance qu'un autre ouragan ravage la région sous peu.

— Ce n'est pas à un ouragan que je pensais, mais à la guerre. Napoléon, je l'admire, comme nous tous, mais il me fait peur avec sa soif de conquête. Jusqu'à présent, la guerre était ailleurs, loin de chez nous, mais qui nous dit qu'elle ne va pas venir en France ? Que deviendrons-nous, si nous sommes envahis par l'ennemi ?

Doucement, Michel prend sa femme dans ses bras et l'embrasse. Puis, d'une main, il caresse son visage qu'il sent humide de larmes.

À elle non plus, il ne veut pas mentir.

— Je ne sais pas ma douce. Je ne sais vraiment pas.

20 novembre 1807

Ce matin, en dépit de sa grossesse arrivée presque à terme, Fanchon saute du lit, pleine d'allant. La mère Boucaud le lui a dit, son bébé devrait naître au plus tard début décembre. « Tu fêteras la Noël avec ton petit », avait-elle conclu, ponctuant sa déclaration de son bon gros rire sonore.

Elle a travaillé tant qu'elle a pu, mais il y a quinze jours, incommodée par la chaleur dégagée par l'eau bouillante et les odeurs du linge sale, elle avait perdu connaissance, rattrapée de peu par ses collègues avant de toucher le sol. Madame Hortense, qui dit toujours qu'elle préfère une blanchisseuse en bonne santé et efficace, l'avait renvoyée chez elle, accompagnée par sa sœur.

— Interdiction de revenir sans ton nourrisson dans les bras, lui avait-elle dit, il est hors de question que tu accouches ici, son sourire inquiet démentant la sévérité de ses paroles.

Depuis, Fanchon reste chez elle, ou plutôt chez sa mère ou chez sa belle-sœur. Car lorsqu'elle est réveillée, que sa chambre est rangée et propre, il n'est pas question qu'elle reste seule à somnoler. Elle l'a fait les premiers jours, harassée par la fatigue accumulée autant par les longues journées de travail que par son état, mais sa nature robuste a vite pris le dessus.

Elle a commencé par vouloir aider sa mère le plus possible, mais celle-ci la dorlote tellement qu'elle a l'impression d'étouffer. Alors, sous prétexte de s'entraîner à son rôle de mère, elle file chez Louise après être brièvement passée chez ses parents pour embrasser sa mère et les plus jeunes, et prendre des nouvelles.

Avant de partir, elle refait soigneusement son lit, range sa vaisselle, vérifie que les petits vêtements de bébé et les langes sont propres et bien rangés, balaye et lave le sol. Elle ne sait pas pourquoi, mais aujourd'hui plus que les autres jours, elle veut que tout soit propre.

Puis elle descend d'un pas lourd vers l'appartement qu'occupent ses parents, celui où elle est née, et qui restera à jamais son foyer. Appuyée sur la rampe, elle pousse un soupir, exaspérée. Elle qui descendait avant les marches deux par deux, elle a hâte de retrouver sa taille de jeune fille. Elle s'arrête soudain sur le demi-palier, comme pétrifiée par cette pensée qui s'impose soudain à elle. Elle n'est plus une gamine, c'est terminé. Fini de sauter les marches deux par deux. Bientôt elle sera mère, et elle devra faire deux fois plus attention en descendant l'escalier, car elle aura un bébé dans les bras, son bébé.

Attendrie par cette pensée, c'est avec le sourire qu'elle passe la porte de l'appartement où sa mère plie et empile le linge propre que Fanchette a rapporté la veille.

Tout en l'embrassant, Anne ne peut s'empêcher de remarquer la joie de sa fille.

— Quel sourire ! Étienne est pourtant à la caserne ces jours-ci. Qu'est-ce qui te rend si heureuse ?

— Je viens de réaliser que j'ai hâte d'être mère. Est-ce que tu ressentais la même chose avant ma naissance et celle de mes frères et sœurs ?

Sa mère interrompt sa tâche et sourit, amusée.

— Oh que oui ! Ça faisait bien rire ton père d'ailleurs. Je n'arrêtais pas d'y penser. Est-ce que ce sera une fille ou un garçon ? Comment sera son visage, la couleur de ses yeux, de ses cheveux ? J'étais excitée comme une enfant !

— Au moins, je n'ai plus trop longtemps à attendre. Veux-tu que je range le linge avec toi avant d'aller chez Louise ?

— Non, j'ai presque terminé.

— Tu es certaine ? J'ai de l'énergie à revendre ce matin.

Anne reste soudain immobile, un pantalon de son mari à moitié pendant entre les mains.

— Oh là, attention. Le jour de l'accouchement, on a toujours envie de tout ranger, de tout nettoyer.

— Tu crois ?

— J'en suis sûre. Tu ne te souviens pas que pour le jour de la naissance de Madeleine, j'ai sorti toute la vaisselle pour la relaver, alors qu'elle était parfaitement propre ?

— Maintenant que tu le dis.... Bah, on verra bien, de toute façon, il faudra bien que j'accouche un jour, alors aujourd'hui ou demain. Allez, je file.

Anne a à peine le temps de dire « embrasse Louise et les petits pour moi » que Fanchon est déjà sur le palier.

***

Alors qu'elle est devant la porte du logement de son frère, Fanchon a une curieuse sensation, comme si son ventre durcissait. Elle pose les mains sur le tissu de sa jupe et sent sa peau dure et tendue, comme de la pierre, avant que la sensation ne s'estompe aussi vite qu'elle est apparue. Haussant les épaules, elle toque deux coups rapides puis ouvre la porte.

— Bonjour, c'est moi.

Aussitôt, Michel et Alexandre se précipitent pour l'embrasser. Fanchon se penche, leur pose deux bises sonores à chacun sur les joues, puis se relève en grimaçant, les mains soutenant son dos. Louise, qui entre dans la pièce au même moment, le petit Charles, dans les bras, s'exclame.

— Ça commence à peser, hein ?

— Un peu oui. Et devant ta porte, je me suis senti le ventre tout dur.

Louise pose le petit sur une couverture et s'approche de sa belle-sœur.

— Et tu as oublié ce que c'est ? C'est une contraction ma belle, et je pense que tu ne vas pas tarder à accoucher.

— Tant mieux, il me tarde de le voir ce bébé. Sinon comment vont mes neveux ?

— Michel et Alexandre toujours aussi remuants. J'ai hâte que l'école reprenne lundi.

Ils ont enfin un nouveau maître. Surtout que Charles a fait ses premiers pas hier, juste pour le retour de son père. Il va falloir le surveiller deux fois plus.

— Comme le temps passe vite. J'ai l'impression que c'était hier que je t'ai aidée à accoucher...Ha...

— Ça va ? Assieds-toi.

Blanche comme le linge qu'elle lave tout le jour, Fanchon se laisse tomber sur une chaise, les mains crispées sur son ventre.

— Je crois que maman et toi avez raison, c'est pour aujourd'hui.

— Bien, je te raccompagne chez toi, je dépose les enfants chez Anne et je file chercher la mère Boucaud. On va marcher doucement, ce n'est pas si loin et pour le premier, c'est toujours long.

Sans un mot, Fanchon se lève et se dirige vers la porte tandis que Louise emmitoufle les enfants. Le froid est déjà très vif en cette fin d'automne.

***

Après avoir raccompagné Fanchon chez elle, laissant cette dernière sous la surveillance de sa mère, Louise est allée d'abord chez la sage-femme, puis à la demande expresse de Fanchon, à la caserne pour laisser un message à Étienne.

Les trois petits, inquiets sans savoir pourquoi, restent sagement sous la surveillance de Madeleine qui, du haut de ses dix ans, prend son rôle très au sérieux et a décidé de les faire lire pour les occuper. Elle a dans l'idée de devenir maîtresse d'école quand elle sera grande, et, bon gré, mal gré, ses cousins sont ses premiers élèves.

Anne, forte de ses nombreuses maternités, a pris les choses en main. Elle a dévêtu sa fille, lui a fait enfiler une vieille chemise ouverte que la sage-femme pourra facilement remonter, a mis de l'eau à chauffer et préparé le linge. À l'autre bout de la pièce, une bassine et une éponge, destinées à la toilette du nouveau-né, sont prêtes, à côté d'un lange et d'une couverture. En s'asseyant à côté du lit, elle a dit :

— Il n'y a plus qu'à attendre maintenant.

Deux coups frappés à la porte et Louise entre, essoufflée.

— La sage-femme est juste derrière moi. J'ai vu Jean, Étienne est au champ de manœuvre avec ses hommes, il le prévient aussitôt qu'il rentre. Ça va ?

Incapable de répondre, Fanchon grogne une vague réponse, soutenue par sa mère.

— Je pense qu'elle en a encore pour un moment. Prends les petits et rentre chez toi.

— J'aurais voulu rester, Fanchon a toujours été là pour moi.

Fanchon, qui souffle entre deux contractions, a un sourire attendri.

— Tu es gentille Louise, mais moi je n'avais pas encore d'enfants, toi tu en as trois. J'ai passé assez de temps avec toi pour savoir le travail que tu as. File vite, on te préviendra aussitôt que le petit sera là.

À peine ces mots prononcés, la mère Boucaud s'encadre dans la porte restée ouverte.
— Alors ma belle, je te l'avais bien dit que tu aurais bientôt besoin de mes services.

***

De longues heures ont passé. Fanchon tente de faire bonne contenance, mais la douleur est vive, lorsque son corps se durcit et force pour mettre au monde le fruit de ses amours avec Étienne. Celui-ci n'est pas encore là, mais Fanchon le sait, les exercices se terminent souvent tard dans l'après-midi. Et puis, elle se souvient du sang, du visage défait de Louise. Même si son homme a certainement connu pire sur les champs de bataille, elle préfère qu'il ne la voie pas comme ça.

Régulièrement, la sage-femme l'examine, lui arrachant un cri à chaque fois.

— Eh oui, je sais, ça n'a rien d'une partie de plaisir. Mais si tu ne veux pas y passer la nuit, il faut que je t'aide un peu. Un premier, c'est toujours plus long. Ça sera plus rapide la deuxième fois.

— Il n'y aura pas de deuxième fois, halète Fanchon entre deux poussées.

La mère Boucaud éclate de rire.

— Ça ma belle, à part rentrer au couvent et renoncer à l'amour, on n'a pas encore trouvé la façon d'avoir du plaisir sans faire de bébé.

— Quelle heure est-il ?

Consultant la montre qui ne la quitte jamais, la mère Boucaud lui répond.

— Pas encore quatorze heures. Ça ne fait que six heures que tu es en travail.
— Six heures ! Aaaaah...

— Attends un peu, ne pousse pas, tu vas te déchirer.

Stoïque, Fanchon tente de se retenir.

— Vous pensez que ça va encore être long ?

— Encore une heure pour être totalement dilatée, et après il faudra l'expulser.

Quelques coups timides sont frappés à la porte. Anne va ouvrir et c'est Étienne qui apparaît, fébrile, essoufflé, presque apeuré.

— Tiens, s'exclame la sage-femme, voici le coupable !

Fanchon tourne ses yeux vers lui.

— Tu es certain de vouloir rester ? Je suis laide aujourd'hui.

Il se précipite à son chevet et lui prend les mains.

— Ne dis pas de bêtises, tu vas donner le jour à notre enfant, tu n'as jamais été aussi belle.

La mère Boucaud soupire et grommelle, faussement fâchée.

— Hé le joli-cœur, ce n'est pas le moment, c'est que j'ai un accouchement à faire moi. Allez donc vous asseoir au fond de la pièce.

Tandis qu'Étienne obtempère, la sage-femme examine Fanchon une fois de plus.
— On y est, tu vas pouvoir pousser. Hé, pas tout de suite, attends la contraction.

La main sur le ventre de Fanchon, elle la guide, l'encourage, tandis qu'Anne, stoïque, soutient la tête de sa fille.

— Voilà la tête. Eh bien, quelle touffe de cheveux !

Habilement, comme elle l'a fait des centaines de fois, elle guide adroitement la tête entre les cuisses de la jeune femme, puis dégage les épaules.

— Encore une dernière fois... voilà !

Une vigoureuse claque sur les fesses déclenche les protestations outrées du nouveau-né. Étienne le cœur battant s'approche tandis que Fanchon tend les bras.

— Doucement les jeunes parents, laissez-moi débarbouiller cette jolie petite demoiselle.

— C'est une petite fille ?

— C'est une fille oui, et je ne dirais pas petite. C'est même un beau bébé, s'exclame la mère Boucaud tout en faisant la toilette du nouveau-né, qu'elle emmaillote ensuite dans son lange. Tiens ma belle, voici ta fille, je pense qu'elle a faim.

Entrouvrant sa chemise, Fanchon, émerveillée, regarde la petite bouche se tendre avidement vers son téton et, guidée par la main de sa mère, prendre le tout premier repas de sa vie, sous les yeux pleins de larmes d'Étienne, debout à son chevet.

Un peu plus tard, une fois que tout est nettoyé, Anne, d'un signe, indique la porte à la sage-femme, et toutes deux s'éclipsent, les laissant à leur bonheur.

21 novembre 1807

Étienne ne pense pas pouvoir fermer les yeux de toute la nuit. Il ne se lasse pas de regarder dormir sa fille, couchée dans le petit berceau en bois qui a accueilli tous les enfants Carle avant elle, et que Charles a quitté il y a quelques semaines seulement. Attendri, il détaille la petite bouche parfaite, serrée dans une moue boudeuse, les longs cils qui, tout comme ceux de sa mère, ombrent sa joue duveteuse. Et puis, tout d'un coup, le sommeil l'a frappé et il s'est écroulé à côté de Fanchon, vaincu par la fatigue et l'émotion.

Il est à peine sept heures lorsqu'un vagissement les a réveillés en même temps, les faisant se dresser sur leur séant, inquiets et attentifs. Agitant ses petits poings, les yeux toujours fermés, la petite Anne exprime rageusement sa faim. Aussitôt, comme s'il s'agissait de leur deuxième ou troisième enfant et non pas de leur premier-né, Étienne s'est levé pour prendre la petite tandis que sa compagne ouvre sa chemise. Tandis qu'il lui tend le nourrisson avec mille précautions et que celle-ci se jette sur le sein de sa mère, Fanchon questionne, surprise :

— Dis-moi mon chéri, pour un militaire, tu sais t'y prendre avec les bébés.

— Par la force des choses. J'ai souvent aidé ma mère avec mes frères et sœurs plus jeunes. Ma mère est têtue comme une mule, et s'il y a bien une chose sur laquelle mon père n'a jamais pu la faire changer d'avis, c'est qu'un homme doit savoir s'occuper d'un bébé aussi bien qu'une femme. Lorsqu'il insistait, elle lui clouait le bec avec ces mots « Arrête de grogner, Ignace, si un jour je meurs en couche, tu seras bien content que ton fils puisse s'occuper des plus jeunes en attendant que tu retrouves une femme capable de te supporter ». En général, ça lui clouait le bec, à mon père.

Fanchon éclate de rire, ce qui a pour effet de stopper la tétée de sa fille qui repart de plus belle quelques secondes plus tard.

— Tu ne m'avais jamais dit qu'Ignace était le prénom de ton père. Si nous avions eu un garçon, nous aurions pu l'appeler Ignace.

Étienne, ému au souvenir de sa famille plus qu'il ne l'aurait pensé, s'assied sur le bord du lit.

— Il n'a jamais aimé ce prénom, sans jamais dire pourquoi. Son deuxième prénom est Joseph et mes parents m'ont donné les prénoms de mon grand-père, Étienne Joseph, mon grand-père qui est aussi mon parrain d'ailleurs.

— Tiens, c'est drôle, mon parrain se nomme Joseph, lui aussi. Et il est maître armurier, je crois d'ailleurs qu'il fournit l'armée. Mais je ne le vois plus beaucoup depuis son deuxième mariage. Sa nouvelle femme ne nous aime pas trop, je crois. Et ta mère ? On aurait pu donner à Anne le prénom de ta mère.

— Ma mère se prénomme Julie.

— C'est joli...

— Si nous avons une deuxième fille...

À ces mots, Fanchon se rembrunit.

— J'aimerais autant éviter de parler d'un deuxième enfant aujourd'hui. La journée d'hier m'a suffi. Même si j'ai assisté à la naissance de mes neveux, et que j'ai vu les souffrances de Louise, les vivre, crois-moi, c'est autre chose.

Brusquement, Étienne saute sur ses pieds.

— La naissance ! Mais oui, j'ai rendez-vous avec Jean à huit heures trente devant la maison commune pour déclarer la naissance. J'allais oublier.

Aussitôt, Étienne se précipite vers la bassine et le pot à eau pour se laver et se raser. C'est qu'on n'est pas père tous les jours, pas question de se présenter tout débraillé devant le maire !

***

Ce n'est pas devant le maire que Jean et Étienne se présentent, le premier amusé par l'air compassé de son ami, qui se tient raide comme la justice, sa fille dans les bras, mais devant le premier adjoint, un brave homme nommé Jean Baptiste Daguenet. Ce dernier est bien connu pour afficher à volonté le bonheur ou la désolation sur son visage, selon qu'il enregistre une naissance ou un décès, comme un de ces acteurs itinérants qui changent de physionomie selon le rôle qu'ils interprètent.

— Bien, date, heure de naissance, sexe et prénom de l'enfant, c'est bon. Nom et âge de la mère ?

— Françoise Carle, née le vingt-sept février mille sept cent quatre-vingt-six.

— C'est votre épouse ?

— Nous ne sommes pas mariés, mais je suis le père, répond Étienne en se redressant fièrement.

Comptant sur ses doigts, le sieur Daguenet écrit d'une plume raide « non mariée, vingt et un ans et neuf mois ».

— Bien, à vous. Nom, âge et profession.

Étienne installe précautionneusement le bébé, profondément endormi, dans les bras de Jean et indique au brave homme son identité.

— Vous êtes ici depuis combien de temps ?

— Voyons, depuis août mille huit cent quatre, non cinq. Ah, je ne sais plus.

— Je marque « environ quatre ans ». Âge ?

— Vingt-six ans.

— Voilà, vous signez ici et là.

Étienne signe, reprend sa fille et Jean signe à son tour.

— Toutes mes félicitations à vous et à la mère. Au suivant.

Aussitôt que les deux hommes se retrouvent dans le hall, Jean éclate de rire.

— Eh bien, dis donc, j'espère que tu retrouveras vite tes esprits, parce que si tu formes les conscrits comme tu déclines ton état-civil, notre empereur a du souci à se faire.

Étienne fronce les sourcils :

— Quoi ? Qu'est-ce que j'ai fait ?

— Fait, je ne sais pas, mais tu as dit de grosses bêtises ! Tu ne sais même plus depuis combien de temps tu es là. Un comble non ?

— Bah, ça n'est pas bien grave.

— Non, je te l'accorde, mais sauf erreur, tu es né en mars mille sept cent quatre-vingt-trois, tu as donc vingt-quatre ans, pas vingt-six.

Voyant Étienne devenir rouge de confusion, Jean s'arrête net.

— Quoi, tu t'es vieilli exprès ?

— Je pensais que vingt-quatre ans c'était jeune pour être père, alors....

— Tu es bête, qui t'a mis cette idée dans la tête ?

— C'est grave tu crois ?

— Mais non, ne t'inquiète pas. Tu n'es pas le premier et certainement pas le dernier. D'ailleurs, il paraît que Napoléon et Joséphine ont eux aussi un peu triché sur leurs âges respectifs lorsqu'ils se sont mariés. Allez, dépêchons-nous de ramener cette jolie petite à sa mère. Parce que si elle réclame sa tétée, je ne sais pas ce que nous ferons. Et ensuite, tu n'y couperas pas, tu vas payer ton coup au cabaret !

— Oh là, doucement, tu ne vas pas m'entraîner dans tes beuveries, tu tiens l'alcool comme personne, à croire que tu es né à Varsovie et non pas du côté de Melun. Je me souviens encore de la fête que tu as organisée pour ta nomination de sergent il y a quelques mois.

— C'est vrai que tu en tenais une bonne ce soir-là. Heureusement que je tiens l'alcool comme tu dis, et que j'étais lucide pour deux. Tu aurais dormi sur la chaussée et non pas à la caserne, si je ne t'avais pas ramené. Fanchon ne t'a pas passé un savon quand tu le lui as raconté ?

— Malheureux, je ne lui ai rien dit, et tu as tout intérêt à tenir ta langue quand tu la verras !

21 mars 1808

C'est le premier jour du printemps et toute la nature est en fête. Les bourgeons éclosent les uns après les autres, transformant les petites boules brunes qui attendaient impatiemment ce jour au bout de chaque branche, en une explosion de minuscules feuilles vert tendre. Les oiseaux fendent l'air, des brindilles dans le bec, pressés de consolider le nid qui protégera leurs oisillons.

Sa fille dans les bras, Fanchon, se hâte vers son travail. Étienne, ses parents et tous ses frères et sœurs ont compensé financièrement la perte de ses gages en lui apportant ses repas, du bois et toutes les petites choses nécessaires à la vie de tous les jours, mais après les fêtes de la Saint-Sylvestre, Fanchon est restée intraitable : elle va reprendre le travail.

Comme ce n'est pas la première fois qu'une de ses employées a un enfant, Madame Hortense a aménagé, au fond de la blanchisserie, une pièce où les mères peuvent laisser leurs nourrissons. Aérée en été et chauffée en hiver, elle est assez saine et les femmes peuvent aller changer et allaiter leurs petits aussi souvent que nécessaire. Par contre, pour compenser le temps perdu à s'occuper des enfants, Madame Hortense diminue leur salaire de dix pour cent. Humaine, oui, mais patronne avant tout.

Alors, depuis bientôt trois mois, Fanchon fait le trajet tous les jours avec la petite. Et elle s'émerveille chaque jour de voir avec quel calme son adorable bébé s'adapte à cette vie, trimballée de droite à gauche. Les yeux grands ouverts, elle ne perd pas une miette de tout ce qui se passe autour d'elle. Elle sourit à tous les visages qu'elle croise, déclenchant à chaque fois des cris admiratifs. Même Madame Hortense a succombé au charme de la petite Anne.

Quand Fanchon a raconté ça à Étienne, il s'est rengorgé, fier comme un paon.

— Ma fille est une charmeuse, s'est-il exclamé, elle tient ça de moi, réflexion qui avait fait apparaître un froncement de sourcils chez Fanchon.

Et depuis, le petit bout de chou de quatre mois est devenu la mascotte de la blanchisserie, Fanchon a même dû interdire fermement d'interrompre son sommeil pour un câlin, car la petite, qui jusque-là faisait ses nuits sans problème, a commencé à prendre le jour pour la nuit. Fanchette et même Françoise craquent devant leur nièce et Louise a avoué avoir hâte qu'elle soit sevrée pour pouvoir s'en occuper. Cette remarque a attristé Fanchon, réalisant qu'un jour il lui faudrait confier sa petite à sa belle-sœur, au moins pour la journée. Et, il faut bien l'avouer, elle en a ressenti un peu de jalousie.

***

— Ah, voici la plus belle. Je parle de ta fille bien entendu !

Fanchon, sans prendre ombrage de cette remarque, salue Gertrude chaleureusement. La pauvre femme, qui n'a jamais pu avoir d'enfants et dont le mari, parti conscrit pour remplacer le fils d'un bourgeois malchanceux au tirage au sort, a fini par mourir au front, s'est attachée à Fanchon et à la petite Anne. Elle lui a dit un jour : « Si j'avais pu avoir des enfants, j'aurais voulu une fille comme toi ».

— Allons mesdames, au travail.

Aussitôt, Fanchon file déposer la petite sur une couverture dans l'arrière-salle, remonte ses manches et commence à frotter vigoureusement le linge dans l'eau que les apprenties ont fait chauffer avant leur arrivée. Gertrude, à côté d'elle, en fait autant, sans pour autant cesser son bavardage.

— Tu sais, je n'ai pas eu d'enfants, mais j'en connais un bout quand même. Est-ce que ta mère t'a dit que tant que tu allaites, tu ne risquais pas une nouvelle grossesse ?

— Oui, elle me l'a dit, et la sage-femme aussi. Mais on fait attention quand même. Je ne me vois pas enceinte à nouveau avec Anne si petite. Et je compte bien allaiter le plus longtemps possible pour profiter de ma fille.

— Oui, enfin quand elle commencera à marcher à quatre pattes, je ne pense pas qu'elle restera sagement assise dans la salle avec les autres bébés.

Pensive, Fanchon frotte moins vigoureusement le linge avant d'être rappelée à l'ordre par Madame Hortense.

— Tiens, je n'ai pas pensé à ça.

— Ça n'est pas bien grave, tu m'as dit que ta belle-sœur a proposé de s'en occuper. Tu as une sacrée chance, toutes celles qui travaillent et qui ont dû mettre leur petit en nourrice donneraient un bras pour être à ta place.

Elles continuent leur labeur, le silence seulement rompu par les claquements du linge et le clapotis de l'eau. Fanchon retourne dans sa tête les paroles de Gertrude. C'est vrai qu'elle a de la chance. Elle se souvient de leur voisine, il y a quelques années, qui avait dû se placer marchande de quatre-saisons quand son mari était mort. Ne pouvant pas en même temps travailler et s'occuper de son bébé de six mois, elle l'avait mise en nourrice en dehors de la ville. Négligé par sa nourrice, le petit avait dépéri et n'avait dû la vie sauve qu'au curé du village qui avait prévenu les autorités.

Elle s'est soudain sentie honteuse de penser à elle avant sa fille. Qu'importe si elle ne voit pas la petite de tout le jour, il faut qu'elle pense d'abord à Anne, à son bien-être. Grandir avec sa tante, entourée de ses trois cousins, c'est ce qu'il y a de mieux pour elle. Et puis, le temps qu'elle marche, il se passera bien encore quelques mois.

Cette idée la rassure, et c'est en chantonnant que Fanchon continue sa tâche, bientôt suivie par les autres blanchisseuses. Comme souvent, la journée de travail se trouve alors rythmée de chants aussi variés que des berceuses, des chansons anciennes et même quelques chansons à boire, au grand dam de Madame Hortense !

15 mai 1808

— Tu as tout ?

— Attends, laisse-moi vérifier : l'eau, le cidre, le pain, le pâté, le fromage, les fruits... Pour nous c'est bon. Pour Anne une couverture, des changes, l'huile de clous de girofle pour ses dents, sa poupée... J'ai tout, je crois,

— Alors allons-y, j'ai hâte de profiter du soleil avec vous deux.

Ce matin, Étienne est arrivé chez Fanchon tout excité avec des provisions. C'est dimanche et comme il a quartier libre, il s'est mis en tête de passer la journée sur les bords du Durjon avec « ses deux femmes ». Il n'a pas eu besoin d'insister pour que Fanchon dise oui. Après une semaine passée dans les vapeurs d'eau chaude et de linge sale, elle aussi meurt d'envie de respirer l'air frais.

En plus, pas de repas en famille ce dimanche. Louise et Augustin, inquiets de l'état de santé de Jean, le père de Louise, ont décidé de lui rendre visite en laissant leurs trois fils à Anne et Michel. Depuis quelque temps, Jean se plaint souvent de maux de ventre. Il mange de moins en moins et a énormément maigri, à tel point qu'il a fini par faire un malaise. Depuis il n'a pas quitté son lit et le médecin, appelé en urgence, a parlé de « grosseur suspecte dans l'abdomen ». Après lui avoir prescrit une potion pour la douleur et une pour lui redonner de l'appétit, il avait pris sa femme à part et lui avait laissé peu d'espoir sur une guérison éventuelle.

Fanchon, objectant que sa mère, à son âge, allait avoir besoin d'aide pour s'occuper des petits, avait proposé de rester, mais Anne n'avait rien voulu entendre.

— Tu t'échines toute la semaine entre ton travail et ta fille, avec toutes les guerres décidées par notre empereur, Étienne doit former ses hommes sans relâche avant qu'ils ne partent combattre en Espagne, vous avez bien mérité de vous reposer et de profiter de votre fille. Et puis je ne suis pas seule, Madeleine adore s'occuper de ses cousins et Fanchette sera là elle aussi.

Alors, c'est sans remords aucun qu'ils sont partis de bon matin, Étienne chargé de tout le nécessaire pour la journée et Anne gazouillant dans les bras de sa mère, racontant des histoires extraordinaires que seule la poupée de chiffon amoureusement confectionnée par son père peut comprendre.

Arrivés parmi les premiers, ils ont choisi l'un des meilleurs emplacements, ont étalé un grand drap à l'ombre d'un saule, et se sont installés, la petite Anne assise sur les genoux de son père, oscillant de droite à gauche, pas encore bien certaine de son équilibre. Fanchon s'amuse à la chatouiller d'un brin d'herbe, pour la plus grande joie de la petite qui rit aux éclats.

Et maintenant, une fois le repas terminé, ils sont allongés, Anne endormie entre eux deux.

— Tu as l'air soucieux. Quelque chose ne va pas ?

Fanchon pousse un profond soupir.

— Disons que je m'inquiète pour le père de Louise.

Étienne se redresse sur un coude pour dévisager sa compagne.

— Allons, Fanchon, ne me raconte pas d'histoires. Je sais que tu es proche de Louise, mais son père, tu l'as vu combien de fois depuis le mariage ? Deux, trois fois ? En plus, je crois me souvenir qu'il est beaucoup plus âgé que ton père non ?

— Oui, il a soixante-et-onze ans.

— C'est un âge avancé, on ne peut pas dire que sa maladie et son décès malheureusement annoncé soient une surprise. Alors, franchement, je ne crois pas que ce soit ça qui te préoccupe. Dis-moi la vérité.

— C'est ce qu'a dit ma mère dernièrement. La guerre en Espagne, le fait que ce ne soit pas la première guerre de notre empereur, et pas la dernière aussi, malheureusement. Alors j'ai peur que tu ne repartes sur le front. Qu'est-ce qu'on fera sans toi, Anne et moi ?

En voyant la tristesse sur le visage de la jeune femme, Étienne la prend dans ses bras, arrachant de ce fait un grognement à sa fille, bousculée dans son sommeil.

— Ne dis pas de bêtises, tu sais bien que le recrutement et la formation des conscrits sont prioritaires. Le quota de la conscription a encore augmenté. Si on me renvoie sur le front, qui va les former ?

Circonspecte, Fanchon le regarde droit dans les yeux.

— Oui, je sais, mais j'ai peur que tu ne demandes de toi-même à retourner au front. La fraternité des troupes, les compagnons, les filles faciles, les beuveries entre hommes, ça ne te manque pas ?

Énervé, Étienne se redresse et arrache rageusement une touffe d'herbe.

— Oui bien sûr, et les poux, la vermine, la saleté, les copains qui tombent sous les balles ennemies et qui meurent dans mes bras, c'est sûr que ça me manque !

Devant les larmes qu'elle ne peut retenir et qui coulent sur ses joues, il se sent soudain honteux de cet accès de méchanceté gratuite.

— Je suis désolé, je ne voulais pas te faire pleurer. L'armée tu sais, ça n'est pas une partie de plaisir. Une heure de joie et de fraternité au bivouac se paie très cher. Alors non, je ne regrette rien. Je participe toujours à la défense de mon pays en formant des hommes, et je suis heureux avec toi et notre fille quand mon devoir est accompli. Et d'ailleurs, qu'est-ce qui a bien pu te mettre une idée pareille dans la tête ?

— C'est un vétéran qui est venu apporter son linge à la blanchisserie. Il a discuté avec le fils de la patronne. Il lui a tellement vanté les bordels bon marché, la boisson, la camaraderie, qu'il aurait presque tout planté là pour s'engager. Madame Hortense a dû le menacer de le déshériter et de ne même pas lui donner un bout de pain pour la route pour qu'il renonce à son projet. Toujours selon le vétéran, si lui avait eu le choix, il serait resté dans l'armée.

À ces mots, Étienne éclate de rire.

— Qu'est-ce qui te fait rire ?

— À mon avis, ce vétéran, s'il est bien ce qu'il prétend, a voulu remettre à la mode ce qu'on appelait autrefois le racolage. On fait miroiter une vie merveilleuse aux jeunes hommes pour qu'ils s'enrôlent. C'était très utilisé sous l'ancien régime. Je pense que ton vétéran, ou plutôt ton bonimenteur a passé un accord avec certains officiers et qu'on lui glisse quelques francs pour chaque homme qu'il amène à s'enrôler volontairement.

— Tu crois ?

— J'en suis même quasiment certain.

— Mais puisqu'il y a la conscription, quel est l'intérêt de faire ça ?

Soudain sérieux, Étienne, tout en jouant avec les boucles de sa femme qu'il fait glisser entre ses doigts, lui explique.

— L'appât du gain en premier. Et aussi parce que tu auras toujours des hommes qui prendront plaisir à abuser de leurs semblables, des pauvres naïfs prêts à croire n'importe quoi, qui suivront n'importe qui leur promettant argent et bonne fortune. En plus des naïfs, tu as aussi ceux qui cherchent à échapper à leurs créanciers, à une épouse acariâtre, ou tout simplement à la misère. À l'armée, même si ce n'est pas bombance tous les jours, on te promet que tu auras tes deux repas par jour et un uniforme sur le dos. Et une fois sur place, ils vont vite déchanter.

— Comment ça déchanter ? Ne me dis pas que toi, tu es déçu de l'armée.

— Non, je ne suis pas déçu parce que moi, l'armée, je l'ai choisie. Mais j'en ai trop vu sur le front, des jeunes qui sont morts parce que mal formés, ou tout simplement parce que ce n'était pas leur destin et qu'ils auraient été beaucoup plus utiles à cultiver les champs. Non, pour moi l'armée doit rester une vocation. Je sais qu'il faut des hommes pour la guerre, mais, et c'est là où je ne suis pas tout à fait d'accord avec notre empereur, tous les hommes ne font pas de bons militaires.

Puis, prenant le menton de Fanchon dans ses mains pour déposer un doux baiser sur ses lèvres fraîches.

— Ne te fais pas d'illusion ma belle, je ne suis pas à la veille de te quitter. Tu vas devoir me supporter encore longtemps.

C'est ce moment que choisit Anne pour rappeler à ses parents que l'heure de la prochaine tétée est arrivée.

18 mai 1808

Ce mercredi, en rentrant de la blanchisserie, Fanchon a trouvé un mot à sa porte « passe à la maison de toute urgence ». Aussitôt, sans même prendre le temps de rentrer chez elle, elle est redescendue chez ses parents, sa fille dans les bras.

Dans la salle commune, elle a trouvé Louise, les yeux rouges, blottie dans les bras de son époux. Sans avoir besoin de poser la moindre question, Fanchon a tout de suite compris que Jean, son père, est mort. Déjà, le dimanche précédent, lorsqu'elle était venue embrasser sa mère, celle-ci lui avait dit que l'état du pauvre homme avait empiré, à tel point que le médecin, rappelé en urgence, avait décidé de le faire transporter à l'hôpital. Lavements, potions, poudres, rien n'avait pu rendre la santé au pauvre homme, et après s'être acharnés tant et plus pendant deux jours, les médecins avaient baissé les bras, se contentant de calmer ses douleurs de plus en plus vives.

Après avoir confié sa fille à Fanchette, elle a pris la main de sa belle-sœur.

— Tu sais, il souffrait tellement que c'est mieux pour lui. Augustin m'a raconté ce qu'il endurait, ce n'est pas humain.

— Oui, je sais, mais c'est dur. Et maintenant, que va devenir ma mère, sans lui ?

Sans un mot, Fanchon regarde sa mère, ses cheveux gris, ses rides. Elle repense à son père, qui se plaint de plus en plus de son dos, douloureux à force de rester courbé sur son ouvrage, à ses doigts, noueux et déformés d'assembler du matin au soir les pièces de cuir entre elles. Combien de temps va-t-elle encore les garder auprès d'elle ?

— Comment va-t-elle ?

— Elle est comme hébétée. On lui a proposé de venir s'installer chez nous. Elle ne peut pas rester seule maintenant que toutes mes sœurs ont quitté la maison.

— Tu as très bien fait. Et puis, la présence de ses trois petits-fils va l'aider à surmonter tout ça. Les enfants c'est la vie, ça vous oblige à rester debout.

Louise prend la main de Fanchon et la porte à ses lèvres.

— Ma Fanchon, te voilà bien forte. Tu es tellement plus jeune que moi par l'âge, mais tellement plus âgée par la maturité. Je te souhaite de toujours garder cette force et cette détermination en toi, et de la transmettre à ta fille.

À ce moment, Michel passe la porte de l'appartement, chargé de bois.

— Papa, s'exclame Claude, mais pourquoi donc as-tu rapporté du bois, j'allais y aller.

— Allons, je ne suis pas encore si vieux que je ne puisse pas rapporter du bois pour ma famille, tu veux m'enterrer avant l'âge.

Puis, voyant la scène qui s'affiche sous ses yeux.

— Mon Dieu, je suis désolé. Louise, pardonne-moi, c'est ton père c'est ça ?

— Oui Michel, c'est fini. Mais ne soyez pas désolé. Comme Fanchon l'a dit, il souffrait tellement que c'est certainement mieux ainsi.

Puis, se levant, aussitôt imitée par Augustin, elle prend le petit Charles dans les bras.

— Nous allons rentrer. Ma mère est à la maison avec Jean Baptiste, un parent à elle qui l'a assistée et qui est allé déclarer le décès à la maison commune, ma mère étant incapable de faire quoi que ce soit. Mais il a une famille lui aussi et doit rentrer chez lui. Je ne veux pas abuser de sa gentillesse.

— Tu es certaine de ne pas vouloir rester dîner ? Tu pourrais aller chercher ta mère.

— Non merci, Anne, je ne pense pas qu'elle ait envie de voir beaucoup de monde ce soir.

Alors qu'elle se dirige vers la porte, c'est Michel qui l'arrête à son tour, une main sur son bras.

— Louise, tu es comme ma fille. Si tu as besoin de quoi que ce soit, n'hésite pas. Et si Augustin doit t'aider pour déménager ta mère, trier et ranger les affaires de ton père, je peux rester seul à l'atelier quelques jours.

Louise, émue, se penche pour embrasser son beau-père. Puis, regardant le vieux couple l'un après l'autre avec tendresse :

— Vous êtes adorables tous les deux, adorables et merveilleux. Mais je ne veux pas vous priver de l'aide d'Augustin. Mes sœurs et moi, nous allons nous organiser, nous en avons déjà parlé. L'une de nous va s'occuper de tous les enfants tandis que les autres organiseront les funérailles, le rangement et tout ce qu'il faudra faire pour soulager notre mère.

Après leur départ, Anne se lève et part d'un pas décidé vers les étagères où se trouve la vaisselle.

— Bien, vu les événements de la journée, je n'ai pas envie de me passer de mes enfants ce soir. Chaque moment est précieux. Alors je propose que Claude aille chercher Françoise, et que nous soupions tous ensemble. Fanchon, tu restes ?

— Oui maman, bien sûr. Tiens Barbe, dit-elle en lui tendant la petite Anne, entraîne-toi à ton futur rôle de maman pendant que Fanchette et moi aidons notre mère à préparer le souper.

Avec un sourire émerveillé, Barbe serre contre elle le joli poupon qui s'empresse d'emmêler ses doigts dans ses cheveux, lui arrachant un cri :

— Aïe, elle me tire les cheveux. Coquine va !

24 septembre 1808

Le début de l'automne est précoce et on sent déjà cette odeur indéfinissable, mélange de feuilles mortes tombées au sol, de bois brûlé dont la fumée s'échappe des cheminées et de brume secrétée par la rivière et poussée vers la ville par le vent. Fanchon, sa fille endormie dans les bras, se hâte dans les rues déjà sombres de Vesoul. Son père et son frère lui ont demandé, avec des mines de conspirateurs, de passer à l'atelier de cordonnerie à la fin de cette semaine. Étonnée, Fanchon a proposé ce samedi, en se demandant ce qu'ils peuvent bien lui préparer comme surprise. Enfin, elle s'en doute un peu... Elle les a vus mesurer discrètement les pieds de la petite Anne, et comme les trois fils d'Augustin ont eu droit à leurs premiers souliers quand ils ont commencé à se traîner à quatre pattes, elle se doute bien que la surprise sera la première paire de souliers de sa petite fille.

Pour avoir vu beaucoup d'enfants faire leurs premiers pas pieds nus, elle connait sa chance. Seuls les bourgeois ont les moyens d'acheter des souliers de bébé en cuir. Mais elle ne va pas faire la fine bouche. À chaque métier ses avantages, il faut bien compenser la dureté de la vie. Depuis qu'elle travaille et qu'elle a sa fille à charge, elle sait ce que sont les économies, et elle y regarde à deux fois avant d'acheter quoi que ce soit. Tout va d'abord pour sa fille qui grandit tellement vite. Heureusement, Étienne lui laisse de l'argent à chaque fois qu'il touche sa solde et elle a bien remarqué qu'il fume moins souvent. Quand elle lui a demandé s'il économisait sur le tabac à cause de la petite, il lui avait répondu « pas du tout, je trouve que je tousse trop le matin ». Bien sûr, comme si elle était dupe.

Louise aussi l'aide beaucoup, lui passant tous les vêtements de ses fils une fois devenus trop petits. Mais ils ont été tellement souvent portés, lavés et rapiécés qu'ils ne durent pas longtemps. Alors, pour que sa fille ne manque de rien, ce sont ses propres vêtements que Fanchon raccommode le plus possible, les faisant durer jusqu'à ce qu'ils ne soient plus bons qu'à faire des chiffons.

En entrant dans l'atelier, elle a marqué une pause, humant l'odeur du cuir mélangée à celle de la poix, et qui forme ce mélange qu'elle retrouvait sur son père quand elle n'était encore qu'une petite fille qu'il embrassait le soir à son retour, odeur indissociable de son enfance.

Son père, seul, lit le journal en l'attendant. Elle sourit intérieurement. Depuis le début de l'année, avec son fournisseur attitré en cuirs et peau et son voisin le tailleur d'habits, ils se cotisent pour acheter ce nouvel hebdomadaire, Les Petites Affiches du Département de la Haute-Saône. La dépense, divisée par trois, est modique, et ils se le partagent, le lisant en premier chacun à leur tour par souci d'égalité, afin que ce ne soit pas toujours le même qui bénéficie de la primeur des nouvelles.

— Bonjour Papa. Augustin n'est pas là ? Quoi de neuf cette semaine dans Les Affiches ?

— Ah bonjour ma fille. Que de questions en une seule phrase ! Non, Augustin est rentré, Louise a besoin qu'il surveille les enfants, elle doit livrer quelques travaux de couture qui lui ont été commandés en urgence.

— La mère de Louise ne peut pas les surveiller ?

— La pauvre femme décline de plus en plus, impossible de lui confier la moindre tâche. J'ai bien peur que Louise ne se retrouve bientôt avec un quatrième enfant sur les bras. Et le journal n'est pas bien gai non plus. Tu te souviens, il y a quelques années, de ces bandes de chauffeurs qui sévissaient dans toute la France ?

— Oui, ces malfrats cruels qui brûlaient les pieds de leurs victimes pour leur faire avouer où étaient cachées leurs économies ? Mais si je me souviens bien, on les rencontrait surtout dans le centre de la France. Ici c'était calme.

— Eh bien il faut croire que certains brigands savent lire et ont pris connaissance des exploits de Beau-François et de ses sbires. Ils disent ici qu'un groupe d'hommes a attaqué une ferme isolée dans les Vosges, ont brûlé les pieds de la fermière devant son mari pour leur faire avouer où était leur argent.

Voyant sa fille devenir toute pâle, Michel se lève soudain.

— Quelle brute je fais, te raconter ça, voilà bien une idée de vieux fou.

— Mais non papa, tu n'es pas un vieux fou. Et puis je ne suis plus une gamine, je sais bien que tout le monde n'est pas comme toi, honnête et droit. Mais je suppose que tu ne m'as pas demandé de passer avec la petite pour nous lire des histoires de brigands.

À ces mots, Michel se dirige vers le fond de l'atelier et revient avec ses mains cachées derrière son dos et l'air d'un gamin qui rapporte de bonnes notes de l'école pour la première fois.

— Tiens ! s'exclame-t-il en lui tendant deux adorables petits souliers.

Fanchon, la bouche ouverte, n'en revient pas. Les chaussures que son père tient devant ses yeux sont tout simplement magnifiques ! Alors que ceux qu'Augustin a fait pour ses fils sont en cuir brun tout simple, ceux que son père et son frère ont réalisés pour Anne sont tout simplement dignes d'une princesse, du moins de l'avis de Fanchon.

— Mais papa c'est beaucoup trop beau, je ne vais jamais oser les lui mettre.

— Allons, le cuir ne nous a pas coûté grand-chose, vu sa taille, ce ne sont pratiquement que des chutes que nous aurions eu du mal à utiliser. Allez, essayons-lui ses premiers souliers, que je vois s'il y a des retouches à faire.

Aussitôt, Fanchon libère les pieds de la petite de la couverture qui la protège du froid et lui enfile aux pieds ses premières chaussures, non sans avoir auparavant humé la bonne odeur de cuir qui s'en échappe. Réalisés en cuir teinté de deux couleurs différentes, l'un en rose l'autre en gris perle, ils sont rehaussés de coutures représentant des fleurs. À se demander comment les gros doigts de son père et de son frère peuvent réaliser de telles merveilles !

D'un œil expert, Michel examine les petits pieds ainsi chaussés, tâtant le bout, les côtés, avant de se redresser d'un air satisfait.

— Ils lui vont parfaitement. Et si un jour tu as un garçon, nous pourrons les teindre d'une couleur plus foncée.

Calant sa petite dans un bras, Fanchon entoure de l'autre le cou de son père et lui plaque deux bises sonores sur les joues.

— Augustin et toi vous êtes merveilleux. Étienne me rejoint ce soir après son service. J'ai hâte de lui montrer notre fille ainsi parée.

Avec un rire heureux, Michel tapote l'épaule de sa fille.

— Eh bien, si tu peux refréner un peu ton impatience et régler ton pas sur celui de ton vieux père, nous allons faire le chemin ensemble. Il est l'heure de fermer de toute façon, et comme ça je profiterai encore un peu de votre compagnie à toutes les deux.

Une fois l'atelier bien verrouillé, tous trois se dirigent vers l'immeuble qui abrite la famille depuis tant d'années.

***

Arrivée sur le dernier palier, Fanchon sent son cœur faire un bond. Le rai de lumière qui passe sous sa porte lui dit comme un doux murmure qu'Étienne est déjà là, à l'attendre. Elle toque à la porte qui s'ouvre devant son bien-aimé. Son visage s'illumine aussitôt d'un sourire.

— Fanchon ! Je m'inquiétais, il est bien tard. Pour un peu j'allais partir à votre rencontre.

Il prend Anne dans ses bras et la couvre de baisers tandis que Fanchon, les poings sur les hanches, jouant à la matrone offusquée, s'exclame :

— Et moi alors, je n'ai même pas droit à un baiser ?

Posant sa fille assise sur le sol, Étienne la saisit par les hanches et la fait tournoyer en l'air avant de l'étreindre passionnément.

Une fois ces effusions terminées, Fanchon s'exclame soudain en saisissant sa fille qui joue avec le shako de son père, que celui-ci a malencontreusement laissé à portée de ses petites mains :

— J'allais oublier, si je suis rentrée tard, c'est parce que je suis passée à l'atelier de papa. Regarde ce qu'Augustin et lui ont fait pour notre fille.

— C'est magnifique, dit-il en admirant les jolis souliers. Je n'ai jamais rien vu d'aussi beau. Je suis certain que les enfants de l'empereur, s'il en a un jour, n'en auront pas d'aussi beaux.

— Pourquoi dis-tu « s'il en a un jour » ? Bien sûr que notre empereur aura des enfants.

Étienne, après avoir mis son couvre-chef à l'abri de son exploratrice de fille, s'assied et attire Fanchon sur ses genoux.

— Eh bien on parle de plus en plus d'un divorce entre Joséphine et Napoléon. Certains disent même que le contrat de divorce est en cours de réalisation et que l'empereur cherche une nouvelle impératrice, plus jeune et donc fertile.

— Et qui dit que c'est lui qui ne peut pas avoir d'enfants, déclare Fanchon, furibonde. Vous en avez de bonnes vous les hommes, à toujours nous accuser d'infertilité. Pourtant, j'ai déjà vu des veuves sans enfants se remarier et ensuite mettre au monde plusieurs petits. Joséphine a déjà eu deux enfants de son premier mari, que je sache !

Étienne éclate de rire.

— Tu as du caractère, j'aime ça, et tu as raison, nous sommes d'affreux bonshommes, toujours certains que notre virilité ne peut pas faire défaut. Mais Napoléon est loin d'être un saint, il a eu des maîtresses, et des enfants illégitimes. Non, Joséphine est tout simplement trop âgée pour enfanter, c'est la loi de la nature.

— Des enfants illégitimes ? Je n'en savais rien.

— Il y a plusieurs rumeurs, mais l'une est confirmée, tout du moins au sein de l'armée. Lorsqu'il était en Pologne à la fin de l'année mille huit cent six, l'empereur a été informé de la naissance de son fils illégitime, né de sa liaison avec une certaine Éléonore, la lectrice de sa sœur Caroline. L'estafette qui a délivré le message a été témoin de la joie de l'empereur et n'a pas su tenir sa langue.

Fanchon hausse les épaules, et soupire.

— Je l'aime bien moi notre impératrice. Je trouve que Napoléon devrait passer une loi lui permettant de légitimer le fils qu'il a eu avec sa maîtresse et en même temps de garder Joséphine. Tu es certain qu'ils vont divorcer ?

— Certain non, mais cette rumeur n'est certainement pas née toute seule. Comme dit la sagesse populaire, il n'y a pas de fumée sans feu.

Puis, prenant le menton de Fanchon entre ses mains, il lui murmure à l'oreille.

— Et maintenant, si nous cessions de nous occuper des amours de Napoléon et de Joséphine et si nous nous occupions un peu des nôtres ?

19 mars 1809

Ce matin, Fanchon s'est réveillée tout heureuse à l'idée de passer toute la journée avec sa famille au grand complet. Depuis de longues semaines, Michel et Augustin triment à l'atelier sept jours sur sept. Même si cette affluence de travail représente une rentrée d'argent pour les deux foyers, les repas en famille lui manquent. Et ce ne sont pas les quelques minutes grappillées ici et là, quand elle fait un saut chez ses parents qui la comblent. Même Françoise s'en est plainte.

Alors, quand Anne et Louise ont déclaré que ce dimanche dix-neuvième jour de mars, toute la famille se retrouvera pour dîner, et que si Michel ou Augustin ont dans l'idée de mettre un seul pied à l'atelier, voir même seulement d'en prendre le chemin, elles vont toutes les deux mains dans la main à la maison commune pour demander le divorce, les deux hommes, moitié riant moitié râlant, n'ont pas eu d'autre alternative que de s'incliner.

Anne, réveillée en même temps que sa mère, réclame son premier repas. Tout en allaitant sa fille, Fanchon s'est prise à songer avec nostalgie au tout petit bout de chou qu'elle a mis au monde il y a maintenant dix-huit mois. Si elle lui donne toujours le sein le matin, le midi et le soir la petite est maintenant nourrie de bouillie de farine ou de légumes écrasés. Et plus question de l'amener à la blanchisserie. Depuis qu'elle a réalisé que ses jambes peuvent lui servir à marcher autrement qu'à quatre pattes, il faut toujours être derrière elle. C'est donc maintenant chez Louise qu'elle passe ses journées. Si les premières séparations ont été difficiles, Anne a vite réalisé que ses cousins étaient des compagnons de jeu merveilleux, surtout Charles, avec qui elle a peu de différence. Alexandre et Michel eux, sont en admiration devant la petite, toujours prêts à faire ses quatre volontés, ce qui déclenche maintenant des hurlements quand son père ou sa mère refusent de céder à ses caprices.

Fanchon se secoue, furieuse contre elle-même. Elle ne serait quand même pas en train de vouloir un deuxième enfant ?

— Allez, on va chez grand-père et grand-mère ? Tu prends ta poupée ?

Tandis qu'elle se rajuste, sa fille empoigne la poupée tout en déclarant à cette dernière d'un air sérieux :

— Aga gri bou pipi mimi

Éclatant de rire, Fanchon la reprend :

— Non, grand-père et grand-mère, pas pipi et mimi ! Allez en route.

Sa fille gigotant dans les bras, elle pousse la porte de l'appartement familial, et pose la petite par terre.

— Eh bien, s'exclame Anne, en voici une gamine remuante. Tu n'aimes pas que ta mère te porte ?

— Elle voudrait descendre l'escalier toute seule. Si elle continue comme ça, elle finira acrobate dans une troupe de saltimbanques ! Tu as besoin d'aide ?

— Tu peux m'éplucher ces pommes de terre si tu veux. Ça va avec la petite, pas trop dur maintenant qu'elle grandit ?

Fanchon sourit tout en s'activant.

— Figure-toi que ce matin, en l'allaitant, je me suis surprise à avoir la nostalgie de la période où elle était nouveau-née. Tu crois que c'est le signe que j'ai envie d'un autre enfant ?

Anne regarde sa fille avec tendresse.

— Peut-être oui. Mais réfléchis quand même bien. Un deuxième enfant, seule ou presque, ça sera dur.

— Je ne suis pas seule, Étienne est là.

— Oui, mais il vit à la caserne, il n'est pas toujours avec toi. Si un jour tu es malade, que tu te réveilles en pleine nuit avec de la fièvre, comment feras-tu ?

— Eh bien je descendrai quelques étages et je viendrai vous voir, rétorque sa fille en plaisantant.

C'est à ce moment-là qu'Augustin et Louise passent la porte, suivis de leurs enfants et de la mère de Louise, fantôme incolore qui semble vivre dans un autre monde.

— Quand vas-tu venir voir les parents ? questionne Augustin qui a entendu la dernière phrase de sa sœur, tandis que Louise installe sa mère sur une chaise.

— Quand je serai malade, ou bien la petite.

— Bah, vous avez une santé de fer toutes les deux.

Tandis que les femmes s'activent à préparer le repas, Augustin s'isole dans un coin pour discuter avec son père. Anne, qui n'en perd pas une miette, les interpelle.

— Encore à parler travail ?

— Tu nous as interdit d'aller à l'atelier aujourd'hui, tu ne nous as pas interdit de parler.

— Vous êtes impossibles !

Les trois femmes, rejointes par Fanchette et Françoise, travaillent en silence à la préparation du dîner, tandis que Barbe et Madeleine s'occupent des plus petits.

— Claude n'est pas là, questionne Louise ?

— Il nous rejoint d'ici une heure. Pour soulager Michel et Augustin, il s'occupe de nettoyer l'atelier, les outils, de trier les peaux et de les ranger.

— Vous avez tellement de travail que vous n'avez même plus le temps de ranger. Vous devriez le prendre comme apprenti.

Son mari se tourne vers elle, amusé.

— Tiens, je ne savais pas que tu étais partie prenante dans la cordonnerie. Puis, reprenant son sérieux devant le regard furibond de son épouse, mais tu as raison et nous allons le faire. Seulement en ce moment, nous n'aurions même pas le temps de lui expliquer le travail tellement nous sommes surchargés d'ouvrage.

Fanchette se penche vers Fanchon et lui murmure à l'oreille, pour que personne n'entende.

— Tu ne trouves pas que papa a l'air vraiment fatigué ?

Fanchon lève discrètement la tête pour regarder son père. C'est vrai qu'il a les traits tirés, des cernes sous les yeux et que ton teint est pâle. Soudain, elle le voit grimacer.

— Ça va papa ? Tu as l'air d'avoir mal quelque part, questionne-t-elle, soudain inquiète.

— Non ce n'est rien, juste quelques crampes dans le bras gauche. Trop de travail.

— Mais pourtant tu es droitier !

— Oui, mais je tiens les chaussures sur lesquelles je travaille dans la main gauche, ça doit être ça. Ça va passer.

Sans un mot, Fanchon échange un regard avec sa sœur et elle y lit la même inquiétude qui glace soudain son cœur.

***

Le repas s'est éternisé et tout le monde rit, heureux de se retrouver ensemble. Seule la mère de Louise semble ailleurs, comme si son corps était là, mais son esprit déjà parti rejoindre son mari.

La petite Anne, énervée par tout ce bruit autour d'elle et par les jeux avec ses cousins, a fini par s'endormir dans les bras de sa mère, non sans avoir grogné et pleuré auparavant, et Fanchon vient de la poser délicatement à côté du petit Charles sur le lit de Madeleine et

Barbe, dans la pièce à côté.

La conversation tourne sur la guerre d'Espagne qui s'éternise, et sur les faits-divers qui ont eu lieu récemment dans la ville. Soudain, Michel crispe sa main sur sa poitrine et laisse échapper un gémissement.

— Papa, ça va, s'inquiète Augustin ?

— Ça va aller, j'ai dû trop manger.

Anne se lève vivement pour aller chercher un verre d'eau qu'elle tend à son mari, tandis que tous les enfants se rapprochent de leur père.

— Allons, laissez-le respirer un peu, s'exclame la mère. Trop manger ? Et tu te tiens la poitrine ? Si c'était le cas, tu aurais mal au ventre. Claude, va chercher le médecin.

Michel se redresse sur son siège avant de s'asseoir de nouveau, vaincu par la douleur. Il arrive quand même à murmurer.

— Mais non, on ne va pas déranger le médecin pour si peu.

Claude, qui était déjà devant la porte, hésite et se tourne vers sa mère qui s'exclame :

— File, sinon je te botte le derrière !

Une fois Claude disparu dans les escaliers, c'est Augustin qui prend les choses en main. Écartant les rideaux du lit clos de ses parents, un geste qu'il ne s'est jamais permis de faire de toute sa vie, il prend ensuite son père sous un bras, indiquant d'un signe à Françoise d'en faire de même de l'autre côté, et tous deux allongent Michel sur le lit. Cette fois-ci, il ne proteste pas.

En attendant le médecin, tous restent silencieux. Même les deux aînés d'Augustin, sentant l'instant grave, restent assis par terre, les mains entourant leurs genoux ramassés sous leur menton. Alors que la mère se lève pour aller vers la porte, celle-ci s'ouvre sur Claude, suivi du médecin. Retenant sa respiration, Louise réalise que c'est le même praticien qui s'est occupé de son père, peu de temps avant sa mort. Il semble que sa mère s'en rende compte aussi, car, sortant de sa léthargie habituelle, elle se lève à demi en dévisageant l'homme, avant de retomber assise sur son siège.

Sans un mot, le médecin pose son chapeau sur une chaise, écarte la chemise pour dégager la poitrine de Michel et approche son oreille pour écouter le cœur. Tous restent immobiles, seule la respiration sifflante du père rompt le silence.

Après divers examens, le médecin se redresse et, croisant le regard d'Augustin, s'adresse à lui.

— Il s'est plaint de douleurs, de fatigue ces derniers jours ?

—Il y a eu beaucoup de travail à l'atelier ces dernières semaines, nous sommes tous les deux très fatigués. Et il nous a avoué ce midi qu'il avait des douleurs dans le bras gauche, certainement dues aux mouvements répétitifs du travail.

— Ce n'est pas une douleur des muscles, c'est le cœur. Puis se tournant vers Anne, vous êtes son épouse ?

— Oui docteur. Augustin est son fils aîné, enfin le deuxième. L'aîné Joseph est à la guerre.

— Bien, nous pouvons aller à côté ?

— Les petits dorment.

— Nous ne ferons pas de bruit.

Tous trois se dirigent vers la porte tandis que Fanchon sent les larmes couler sur son visage. De longues minutes se passent avant qu'ils ne reviennent, Augustin soutenant sa mère.

Le médecin sort ensuite une petite fiole de sa sacoche et la pose sur la table.

— Vous lui en donnez dix gouttes dans un peu d'eau s'il a mal. Ça devrait le soulager.

— Mais vous allez le soigner ? Il va guérir ? s’exclame Françoise en s’accrochant à son bras.

— Je suis désolé, mademoiselle, dit-il en se dégageant doucement avant de sortir de la pièce.

L’après-midi s’est terminé dans un silence pesant, seulement interrompu par la respiration sifflante, de plus en plus laborieuse, de l’homme qui, toujours lucide, voit arriver la fin de sa vie.

Michel Carle, après avoir demandé à dire à mot à chacun d’eux en particulier, a perdu connaissance peu de temps après et s’est éteint à cinq heures du soir, entouré de toute sa famille.

16 avril 1809

Après ces quatre longues semaines pendant lesquelles le temps s'est arrêté, ces soirées interminables, quand chaque bruit de pas lourds dans l'escalier faisait tressaillir leur mère, avant qu'elle ne retombe dans la tristesse quelques secondes plus tard, réalisant soudain que son mari ne rentrerait plus jamais à la maison, il a fallu prendre une décision.

Au début, la veillée funèbre, les obsèques, le travail à l'atelier à réorganiser, les clients à prévenir du retard dans la livraison des souliers, tout ça a occupé Augustin, devenu le seul et unique cordonnier de la famille, ainsi que Claude, qu'il a pris comme apprenti.

Augustin pensait que leur mère avait pris le dessus. Elle donnait bien le change quand il passait la voir sans faute tous les soirs, pour s'enquérir de sa santé, de ses besoins. Et puis un matin, sur le chemin de l'atelier, Claude lui a avoué qu'il entendait leur mère pleurer la nuit, seule dans leur lit. Qu'il l'avait surprise un soir en rentrant, caressant amoureusement le tissu de la vieille veste de leur père, celle qu'il portait tous les jours pour aller au travail !

Alors ce dimanche matin, il est venu avec Françoise et Fanchon, et il a eu ces mots terribles, mais indispensables.

— Maman, il est temps de tourner la page. Je ne te demande pas t'oublier notre père. Je sais bien que ça t'est totalement impossible, comme à nous tous d'ailleurs. Mais tu ne peux pas t'emmurer indéfiniment dans ton chagrin. Il faut que tu continues à vivre. Barbe et Madeleine sont encore jeunes, tu ne peux pas leur imposer cette vie. Alors aujourd'hui, tous ensemble, nous allons trier les affaires de papa. Elles te rappellent trop de souvenirs.

Anne a commencé par crier, refuser. Pas question de jeter ses vêtements, ses affaires, tout ce à quoi il tenait. Puis elle a empoigné son fils par les épaules, l'a secoué, rageuse, pour finalement s'effondrer dans ses bras, toute secouée de sanglots.

Une fois la crise passée, elle finit par capituler.

— Vous avez raison. Mais promettez-moi une chose, ne jetez rien. Les vêtements qui sont encore bons, nous les donnerons aux sœurs, pour les pauvres, sauf si toi Augustin, ou toi Claude, vous voulez les porter. Ses objets, nous les emballerons, et vous les emporterez. Quand je sentirai, au fond de mon cœur, que le souvenir des jours heureux a remplacé le désespoir qui a envahi mon cœur, vous me les rendrez.

— Bien sûr maman, lui a répondu Fanchette en l'embrassant tendrement.

Alors, depuis, ils trient. Les vêtements trop usés sont découpés par les deux plus petites qui les ourlent pour en faire des torchons, des chiffons ou des mouchoirs, en fonction de l'étoffe. Ceux qui peuvent encore être portés forment un tas que Françoise déposera à l'hospice en rentrant chez elle. La veste préférée de leur père est posée sur une chaise. Augustin l'emportera chez lui et la gardera précieusement, même s'il a déclaré qu'il ne pourrait jamais la porter.

Anne emballe tristement la pendule rapportée d'Allemagne par son mari.

— On ne saura plus l'heure, lui dit Barbe, affolée de voir partir l'un de ses points de repère.

Françoise aussitôt intervient.

— Ne t'inquiète pas, je vais la prendre chez moi en attendant, et vous apporter la petite horloge que je me suis achetée.

— Je pensais la ranger et la donner à Fanchette comme cadeau pour ses noces avec Toussaint.

Fanchette, qui pourtant a toujours été la douceur même, devient rouge de fureur.

— Ne me parlez pas de mariage... Ni de ce Toussaint de malheur. C'est terminé lui et moi, je ne veux plus jamais le revoir.

— Mais pourquoi ? questionne Fanchon, surprise. Il avait l'air gentil pourtant.

— Gentil, tu parles, égoïste oui. À peine papa enterré qu'il voulait qu'on fixe la date des noces, soi-disant pour je ne sois plus une charge pour maman. Une charge ! Alors que je travaille depuis si longtemps pour Madame Hortense. Quand je lui ai dit que je voulais attendre, que je ne voulais pas laisser ma mère pendant ces moments difficiles, tu sais ce qu'il m'a répondu ? Que si ma mère ne pouvait pas rester seule, il fallait te mettre chez les indigents ! Je lui ai répondu tout raide « si moi aussi tu m'abandonnes le jour où je serai vieille, si tu me mets au rebut pour une plus jeune, je ne veux pas de toi ». Et je lui ai mis ma main sur la figure !

Fanchon ne peut pas se retenir. Voyant sa sœur furibonde, rouge, et mimant la scène comme si elle la vivait de nouveau, elle ne peut pas s'empêcher d'éclater de rire.

— Je suis désolée, ça n'est peut-être pas le moment de rire, mais si tu voyais ta tête ma Fanchette, tu rirais aussi. Cela dit, tu as bien fait, ce n'était pas un garçon bien. Ce n'est pas comme mon Étienne, toujours à me demander des nouvelles de maman, et me demander si j'ai besoin de plus d'argent, toujours aux petits soins.

— Oui, mais il ne t'épouse pas !

Cette fois, c'est au tour de Fanchon de prendre la mouche devant cette remarque de Madeleine qui la toise du haut de ses onze ans.

— Et en quoi ça vous regarde « Mademoiselle je me mêle de ce qui ne me regarde pas ». À ton âge on ne s'occupe pas des affaires des adultes. Étienne et moi nous nous marierons quand la guerre sera terminée.

Madeleine allait répliquer lorsqu'elle surprend le regard de sa mère. Penaude, elle baisse le nez.

— Pardon maman.

— Ce n'est pas à moi qu'il faut demander pardon, mais à ta sœur. Elle a raison, sa vie ne te regarde pas. Puis se tournant vers Fanchette. D'un côté je suis fâchée que ma situation ait eu un impact sur ta relation avec Toussaint, mais je suis d'accord avec toi, ce garçon est un égoïste. Je me demande même s'il ne voulait pas se marier rapidement pour profiter de l'argent que tu gagnes. Cet hiver, la boulangère m'a dit qu'il fréquente souvent le cabaret et qu'il y joue aux dés. Comme cette femme passe son temps à dire du mal de tout le monde, j'avais mis ces paroles sur le compte de la médisance, c'est pourquoi je ne t'en avais pas parlé. Maintenant je me dis qu'il y a peut-être un fond de vérité. Il est préférable de savoir ces choses-là avant le mariage plutôt qu'après.

Anne pousse un profond soupir, puis sourit à ses enfants.

— Je ne vous souhaite qu'une chose mes enfants, à vous les filles comme à toi Claude. J'espère que vous trouverez, pour partager votre vie, un homme ou une femme qui aura toutes les qualités de votre père. Il était travailleur, économe, ne buvait pas plus que de raison, ne regardait pas les autres femmes. Je ne regrette pas une seule des minutes passées avec lui.

— Eh bien au moins, intervient Françoise, sérieuse comme un pape, Augustin et Fanchon ont déjà trouvé leur idéal avec Louise et Étienne il serait peut-être temps que je m'y mette !

— En attendant de trouver un homme, commence donc par mettre la table. Louise a préparé un repas froid auquel nous allons faire honneur. Tout est presque trié. Et après le dîner, nous irons tous nous promener rue Saint-Grégoire et sur la Promenade. Non, ne discute pas maman tu n'as pas le choix. Il est temps que tu sortes un peu et que tu profites de tes petits enfants.

Tous ont suivi le programme décidé par Augustin, et c'est avec joie que Fanchon a vu sa mère sourire aux petits qui, à tour de rôle, la prennent par la main pour lui montrer une fleur ou un insecte vivement coloré, comme pour faire comprendre à leur grand-mère que la vie continue avec eux.

17 avril 1809

Sur le mur de la caserne, un corbeau regarde d'un air très intéressé ce qui se passe dans la cour. Pourtant, il fait doux, chaud même, les bourgeons ont éclos dans les arbres, libérant, en même temps qu'une odeur fraîche et boisée, une explosion de feuilles vert tendre, et il y aurait certainement mieux à faire pour ce volatile que d'observer les militaires à l'exercice.

Les hommes, eux, ne voient ni les feuilles ni le corbeau. Seule la sueur qui coule dans leurs yeux, le poids de l'arme dans leurs mains, l'irritation de l'uniforme de toile grossière auquel ils ne sont pas encore habitués, accapare leur attention. Aujourd'hui, le caporal Philippe, qui a pourtant la réputation de ne pas être un mauvais bougre, ne leur passe rien. Un bouton qui pend, une baïonnette terne, des souliers crottés, et il les menace des pires sévices ! Alors les hommes filent droit, tout en se demandant ce qui a bien pu le mettre de si mauvaise humeur.

Une fois l'exercice terminé, tous rentrent préparer le souper, en silence, tandis qu'Étienne s'assied à l'ombre d'un mur et sort sa pipe. Sa mauvaise humeur, il préfère la ruminer dans la solitude, attendre que ça passe. Pourtant, un homme s'approche au loin, sans crainte d'affronter sa hargne.

— Eh bien caporal, vous leur en avez fait voir de toutes les couleurs aujourd'hui !

Sans répondre, Étienne fixe Jean d'un œil noir, ce qui n'empêche pas ce dernier de s'asseoir à côté de lui, de sortir sa pipe et sa blague à tabac et de commencer à en bourrer soigneusement le culot. Les deux hommes fument en silence pendant un moment, puis Étienne pousse un soupir.

— Tu crois qu'elle m'en veut ?

— Fanchon ? T'en vouloir ? Certainement pas.

— Pourtant, je lui avais promis de l'aider ce dimanche, d'être avec elle pour trier les affaires de son père. C'est dur de faire ça. Satanée hiérarchie ! Satanée guerre !

— Allons, ne te mets pas martel en tête. Elle n'était pas seule, ses frères et sœurs étaient là pour l'aider. Et puis elle sait bien que tu dois obéir. Ce n'est pas ta faute s'il faut former les hommes de plus en plus rapidement.

— Ces guerres sont un gouffre. On avait déjà l'Espagne, maintenant c'est à l'est que nous combattons.

Sans rien dire, Jean sort un papier officiel de sa poche et le tend à Étienne

— Qu'est-ce que c'est, questionne ce dernier en regardant le document, un ordre de mission ?

— Oui, je pars demain matin. Sur le front de l'est justement, en Autriche.

Étienne hausse les épaules, sans répondre, et les deux hommes continuent à fumer en silence. Puis Jean se lève, fait tomber d'un revers de main les brins de tabac accrochés à son uniforme, et reste un moment debout un moment sans rien dire.

— Tu vas préparer ton paquetage ?

— Oui, il le faut bien.

— Je vais t'aider.

Étienne se lève alors et tous deux se dirigent vers la chambre que Jean occupe seul, privilège de son grade de sergent, puis commencent à plier le linge, ranger le nécessaire de couture, la brosse, le couteau et les couverts, l'assiette.

Lorsque tout est en ordre dans le havresac, Jean se tourne vers son ami.

— J'ai la permission de sortir pour me procurer de la nourriture avant mon départ. En tant que ton supérieur, je te donne l'ordre de m'accompagner. Mais avant, j'ai un service à te demander.

Du fond de son placard, Jean sort un long paquet soigneusement emballé. Il dénoue la cordelette qui tient l'ensemble et sort un fusil, son fusil d'honneur. Étienne ne lui a jamais avoué que tous à la caserne connait son existence, il sait que son ami en aurait été gêné. Alors il feint la surprise.

— Je n'ai jamais dit à personne que j'avais eu cette distinction. S'il m'arrive quelque chose, je veux que tu le fasses parvenir à mes parents. Leur adresse se trouve sur ce papier qui entoure la poignée. Tu me le promets ?

— Je te promets de le garder précieusement jusqu'à ce que tu viennes me le réclamer, parce que tu viendras me le réclamer, j'en suis certain.

Une fois le fusil de nouveau soigneusement emballé et transféré dans le placard d'Étienne, les deux hommes sortent et marchent côte à côte vers le centre de la ville. Puis, sans le regarder, Jean dit à Étienne :

— Je ne croyais vraiment pas qu'ils allaient m'envoyer au front à nouveau, à plus de trente ans.

— J'ai l'impression que mon tour ne va plus tarder.

— Ne dis pas ça. Tu es directement en charge de la formation, et tu es bon dans ce que tu fais, ils ont besoin de toi ici.

— Ils n'ont besoin de personne, ils trouveront quelqu'un pour me remplacer, ou bien ils donneront plus de conscrits à un autre.

Comme ils arrivent devant l'échoppe du boulanger, Jean s'arrête soudain et prend une grande inspiration, les bras largement écartés.

— Qu'est-ce que tu fais ?

— Je profite, je respire à pleins poumons la bonne odeur de pain fraîchement cuit. Bientôt, je ne sentirai plus que l'odeur de la poudre et du sang.

Sans un mot, Étienne pose sa main sur l'épaule de son compagnon. Les hommes ne pleurent pas, et surtout pas les soldats. C'est ce qu'on lui a toujours appris. Alors, le picotement dans ses yeux, c'est certainement une irritation passagère, peut-être la poussière ou le pollen des fleurs portés par le vent.

25 juin 1809

Étienne n'est arrivé que le matin, il est de plus en plus souvent obligé de passer la nuit à la caserne. Alors ils ont changé leurs habitudes. Le matin, ils passent du temps tous les trois, avec la petite Anne qui prend beaucoup de plaisir à raconter à son père tous les petits événements de sa vie dans son langage de bébé. S'il pleut, ils restent dans la chambre de Fanchon, mais s'il fait beau, ils profitent du soleil, du chant des oiseaux. Même les bruits de la rue, les cris des mères de familles houspillant leur marmaille, tout est prétexte à expliquer quelque chose à la petite.

L'après-midi, quand les yeux de la fillette se ferment, Fanchon la prend dans ses bras et la descend chez sa mère pour quelques heures de sommeil. Et même si tous deux adorent leur petite princesse, ils ont hâte de se retrouver ensemble, pour s'aimer, se blottir l'un contre l'autre et parler de tout ce qu'ils ne peuvent pas évoquer devant leur fille.

Fanchon est allongée nue sur le lit, blottie dans les bras de son homme, avec ses bras pour seule couverture.

— Tu n'as pas froid ? Tu frissonnes.

— Non, je frissonne de plaisir.

Un sourire comblé s'affiche sur le visage d'Étienne, mais il disparaît bien vite et Fanchon s'en rend compte.

— Tu es soucieux depuis ton arrivée, je le sens bien. Quelque chose ne va pas ?

— Non, je vais bien. Mais j'ai reçu une lettre de Jean. Les batailles sont dures, ils ont essuyé une sévère défaite en mai dernier, à Essling.

— Oui, je sais, Augustin m'en a parlé, c'était dans le journal que mon père prenait avec deux de ses amis.

Étonné, Étienne se tourne vers elle.

— Il a le temps de le lire ? Avec ton frère qui n'est pas encore totalement formé ?

— Je crois qu'il parcourt juste les titres et les premières lignes. Mais comme papa aimait bien le lire après sa journée de travail, je pense qu'il continue à le prendre par fidélité, en mémoire de notre père. Et que dit-il Jean, dans sa lettre ?

Étienne, un peu amusé par cette curiosité, se tourne vers elle.

— Tu veux le savoir ? Vraiment ?

— Oui, je sens que ça t'importe et tout ce qui te concerne m'intéresse, répond Fanchon en laissant courir ses doigts sur la peau de son amant. Ce n'est pas parce que nous ne vivons pas ensemble que je ne me considère pas comme ta femme. Et une bonne épouse s'inquiète de son mari, le soutient dans tout ce qu'il entreprend.

Alors, Étienne l'embrasse tendrement, la serre plus fort contre lui et commende à raconter, la bouche enfouie dans sa chevelure.

— La bataille a été dure, elle a duré deux jours, avec quelques heures de sommeil volées ici et là. Nous étions nombreux de notre côté, mais selon Jean, et il sait de quoi il parle, nos hommes n'étaient pas assez entraînés, d'où notre défaite. Le plus dur, c'est la mort du maréchal Lannes quelques jours après la bataille, du fait de ses blessures. Les chirurgiens ont lutté, mais il n'a pas survécu à l'amputation de sa jambe, frappée par un boulet de canon. La perte d'un chef, c'est dur pour le moral des troupes. Il était l'ami de Napoléon, qui est allé le visiter sur son lit de mort. Jean s'en sort indemne, mais pour combien de temps ? Je t'avoue que j'ai peur pour mon ami, peur que la vie à la caserne ne lui ait enlevé ses réflexes. Quand tu sais qu'un maréchal meurt à la guerre, qu'est-ce que la vie d'un simple sergent ?

Fanchon se redresse et prend entre ses mains le visage d'Étienne qu'elle couvre de baisers.

— Ne dis pas n'importe quoi mon amour, toutes les vies sont importantes, celles d'un soldat comme celle d'un général. Et je suis certaine que Jean prendra soin de lui, il me l'a promis.

Fronçant les sourcils, Étienne prend un air faussement soupçonneux.

— Comment ça il te l'a promis ?

— Oui, il doit être mon témoin à notre mariage, donc il ne peut pas ne pas revenir.

— Et s'il est ton témoin, qui sera le mien, mademoiselle Carle ? Hein, dis-le-moi ?

— Eh bien tu t'en trouveras un autre.

Étienne retourne Fanchon sur le dos, faussement dominateur, lui tenant les poignets dans ses mains et se met à embrasser toutes les parties de son corps qui s'offrent à sa bouche, lui arrachant des gémissements de plaisir de plus en plus fort. Puis, avant de la pénétrer doucement, il lui murmure à l'oreille :

— Tu sais ce que je vais te faire pour m'avoir volé mon témoin, vilaine fille ?

17 juillet 1809

Étienne dort profondément lorsqu'un roulement de tambour le tire de son sommeil. Il se redresse, le cœur battant ! Ce n'est pas la sonnerie de réveil habituelle, les Autrichiens envahissent Vesoul ? Pourtant l'empereur a remporté une victoire éclatante à Wagram au début du mois. Alors quoi ?

Il s'habille à la hâte, imité par tous les hommes, et tous se retrouvent dans la cour de la caserne. Debout, une feuille à la main, le capitaine s'apprête à parler.

— Messieurs, avant que vous ne commenciez l'exercice, je tenais à vous apprendre une excellente nouvelle. Après l'éclatante victoire de notre empereur à Wagram, les Autrichiens se sont repliés vers le nord, courageusement poursuivis par le général Marmont et ses hommes. La victoire les a couronnés de lauriers à Znaïm, aboutissant à la signature de l'armistice et à la nomination du général Marmont au titre de maréchal d'empire. Messieurs, vive l'Empereur !

Aussitôt, c'est un envol de couvre-chefs et une puissante clameur emplie la cour de la caserne. Étienne a tout de même un petit pincement au cœur : est-ce que Jean est toujours vivant ? Et Pierre, son ami Pierre ? Il y a tellement longtemps qu'il n'a pas eu de ses nouvelles. Il se promet, cet après-midi, d'écrire à ses parents.

***

Une fois l'exercice terminé, tandis que ses hommes préparent la soupe, Étienne, dont le grade lui permet d'échapper à cette corvée, écrit aux parents de Pierre. Il sait que sa famille et celle de Pierre, sachant leurs enfants unis dans la même arme, se sont rencontrées plusieurs fois. Son père a eu la surprise de voir arriver un jour chez lui le père et la mère de Pierre, et depuis, les deux familles se retrouvent au moins une fois par mois pour parler de leurs enfants, pour lire et commenter de longues heures durant les lettres de l'un ou de l'autre.

Prenant la plume, Étienne réfléchit un instant puis commence à noircir le papier :

Cher Monsieur Talo.,

Aujourd'hui, nous avons appris la victoire de l'empereur en Autriche et je vais avoir, je l'espère, la joie de revoir Jean Meunier, un compagnon d'armes en poste avec moi à Vesoul avec qui, mes parents ont dû vous le dire, je me suis lié d'amitié.

Mais Pierre, votre fils, restera toujours l'ami des premiers jours, des premiers combats, et notre séparation à Brest s'est accompagnée d'un sentiment de tristesse. Sa dernière lettre m'annonçait son départ pour l'Espagne, et je sais le peu de temps qu'un homme a pour écrire lorsqu'il se déplace à marche forcée pour se rendre sur le front, encore moins lorsqu'il est arrivé à destination. Dans cette situation, les seules lettres qu'un soldat prend le temps de rédiger sont en priorité pour sa famille, pas pour les amis. Aussi, je ne me fâche pas du silence de Pierre.

Par contre, je vous serais reconnaissant de me faire parvenir de ses nouvelles, soit directement, soit par mes parents que vous voyez très régulièrement. Il m'arrive souvent d'espérer une période de paix qui nous permettra de nous retrouver tous ensemble chez nous, à Douai, où j'aimerais tant me rendre avec ma compagne et notre fille, bientôt âgée de deux ans.

Je vous présente mes respects.

Caporal Étienne Joseph Philippe

Étienne relit sa lettre, corrige quelques fautes, en sèche l'encre et la scelle d'un cachet de cire, juste à temps pour qu'elle parte au prochain courrier. Rentrer à Douai, voir sa famille... Il en rêve depuis si longtemps. Mais le trajet est long, il a rarement eu plus de deux ou trois jours de liberté à la suite. Alors, rentrer chez lui avec Fanchon et la petite Anne, voir sa mère prendre sa petite-fille dans ses bras, son père accueillir Fanchon comme une fille supplémentaire, c'est son rêve le plus cher et il espère le réaliser un jour.

Bien sûr il leur a parlé d'elle, noircissant de nombreuses pages pour décrire sa beauté, sa douceur, son cœur débordant d'amour pour lui et leur fille. Il leur a raconté sa famille, sa mère, si courageuse dans son deuil, Augustin, maintenant chef de famille, ses sœurs, Joseph, toujours sur le front, Claude, en apprenti appliqué. Mais réunir leurs deux familles, peut-être pour un mariage, serait l'aboutissement de leur amour.

6 août 1809

Ce dimanche, le temps est gris, lourd. Les anciens disent que l'orage va éclater, et que c'est une bonne chose pour les cultures. Étienne a secoué la tête avec un sourire. Cette rengaine, il l'entend depuis son enfance. C'est pareil dans le Nord. Trop de soleil et ils veulent la pluie, trop de pluie, et ils veulent le soleil. Un jour, un laboureur, ami de son père, a déclaré avec le plus grand sérieux « il faudrait qu'on invente une machine à régler le temps, comme ça, on pourrait choisir exactement le nombre de jours de soleil et de pluie, en fonction des cultures ».

Son père avait éclaté de rire et lui avait répondu tout en essuyant la pluie qu'il avait ramassée sur ses épaules en venant le voir « Bougre d'âne, comment veux-tu faire, toutes les cultures n'ont pas les mêmes besoins ? Tu voudrais peut-être un soleil et un nuage par champ et régler l'un au l'autre en fonction de ce que tu fais pousser, et aller, je pousse un levier, et un peu plus d'eau pour les betteraves, et un peu moins pour les patates. Allons, ne dit donc pas de bêtises, le temps ne se règle pas comme la hauteur du soc de ta charrue ».

Étienne, haut comme trois pommes, avait été marqué par cette blague, la prenant pour argent comptant. Et plusieurs nuits de suite, il avait rêvé d'une machine magique qu'il aurait suffi d'actionner pour faire tomber de gros flocons jusqu'à pouvoir faire des batailles de boules de neige avec ses amis, puis demander le soleil, pour aller se baigner et pêcher les écrevisses à la rivière.

Maintenant qu'il est adulte, il sourit de ce songe en espérant que ça ne restera qu'un rêve. Quand on voit le mal que font certains hommes, il n'est pas souhaitable qu'ils aient la mainmise sur le temps ni sur la nature en général. Ils seraient bien capables de se servir de ce pouvoir pour asservir, détruire, et peut-être pire encore.

Sortant silencieusement de son lit, il se dirige vers la cour pour se laver au point d'eau. Pas question de réveiller quiconque et d'essuyer encore quelques moqueries. Tous savent que, lorsqu'il a sa journée de libre, il part rejoindre Fanchon. Et ils ne manquent pas de se moquer gentiment. Ça n'avait pas dérangé Étienne outre mesure, jusqu'à ce qu'il comprenne que parfois, ces moqueries cachaient de l'envie, de la jalousie. Alors, pour ne pas étaler son bonheur devant ceux qui sont seuls, loin de leur famille, et qu'il sait promis à un départ prochain pour le front, les empêchant ainsi de nouer une quelconque idylle, il se lève tôt, se prépare, et disparait de bonne heure, tandis que tous dorment encore du sommeil du juste.

Le nez au vent, il marche d'un pas pressé dans les rues, s'autorisant une courte halte pour acheter au boulanger une miche odorante et encore chaude, et se réjouissant à l'avance de rentrer silencieusement dans la petite chambre et de réveiller Fanchon avec la bonne odeur du pain frais.

Arrivé rue Basse, il court presque dans sa hâte, et ne ralentit le pas que lorsqu'il arrive dans l'escalier, pour ne pas réveiller Fanchon. Il sait que le travail est dur à la blanchisserie, et il ne veut pas voler la moindre minute de sommeil à sa bien-aimée ni à leur fille.

Doucement, il tourne la clef dans la serrure, usant de mille précautions pour ne pas faire grincer le pêne, et il pousse doucement la porte. Le tableau qui s'offre à ses yeux ressemble à cette peinture qu'il a déjà vue dans le bureau du colonel, la seule fois où il a été admis dans le Saint des Saints, pour délivrer un message. Subjugué par les couleurs pastel de la toile, il n'avait pas osé demander quel était l'artiste qui avait réalisé cette touchante représentation d'une mère regardant tendrement son enfant dormir. Fanchon, déjà toute vêtue, lui apparait de trois quarts, debout devant le lit de leur petite Anne. La tête inclinée, elle semble pensive, ni vraiment triste, ni vraiment heureuse.

En dépit de ses précautions, une lame de plancher craque sous ses pieds, et Fanchon se retourne vers lui. Pourtant, contrairement à d'habitude, elle n'affiche pas de sourire éclatant à sa vue, elle ne se précipite pas pour lui sauter au cou. Non, elle reste là sans rien dire.

Il s'approche d'elle, lui prend les mains et dépose sur ses lèvres un baiser, puis deux et la regarde, interrogatif.

— Quelque chose ne va pas ? Tu sembles ailleurs.

— Je suis de nouveau enceinte....

— Tu en es certaine ?

— Oui, c'est pour le printemps, la sage-femme est formelle.

Étienne ne dit rien, lui aussi regarde dormir leur petite fille, attendri. Puis il prend Fanchon par la main, la fait asseoir sur le lit et s'assied à côté d'elle.

— Tu es heureuse ou pas ? Cet enfant, est-ce que tu en as envie ?

— C'est justement ce à quoi je réfléchissais en regardant dormir notre fille. Je l'imaginais, dans un an ou deux, jouant avec son frère ou sa sœur, et maintenant, je sais que oui, je le veux cet enfant. Même s'il n'était pas prévu, même si la vie sera plus difficile avec deux petits, je veux le garder. Et toi ?

— Oh moi, je te le dis tout net, si tu m'avais dit que tu voulais le faire passer, je t'aurais dit non. Alors oui, je veux ce petit, je le veux de toutes mes forces moi aussi.

Et tandis que le pain refroidit, qu'Anne vogue sur un bateau bleu dans le pays des songes, ses parents réalisent que Fanchon ne peut pas tomber enceinte deux fois en même temps, alors autant en profiter...

30 août 1809

Ce matin, Étienne supervise le montage et le démontage des fusils, et il s'arrache les cheveux devant la gaucherie de ses hommes. Décidément, se dit-il, plus ça va, plus les conscrits sont des buses bornées dotées de cerveaux hermétiques à toute logique.

— Mais nom d'un chien soldat, comme espères-tu faire rentrer cette pièce-ci dans celle-là ? Tu vois bien qu'elle est trop grosse. Allez, vous recommencez tout depuis le début. Démontez tout et étalez les pièces devant vous.

Tandis que les hommes s'exécutent de mauvaise grâce, Étienne marche de long en large le long du mur. Soudain, un bruit de galop le fait se retourner vers la fenêtre. Pas de doute, ce cavalier aux sacoches de cuir pleines à craquer apporte le courrier de la caserne. Il se tourne vers les conscrits fraîchement débarqués qui attendent ses ordres, l'air buté, les pièces du fusil étalées devant eux. Il lui reste encore bien du temps à passer avec eux avant de savoir s'il a reçu une lettre.

— Bien, toi, là, devant, tu me montres chaque pièce et tu m'en donnes le nom. Allez, j'écoute !

— Platine, contre-platine, chien, bassinet...

— Non, le contraire coupe Étienne en pointant les pièces, ça c'est le chien, ça c'est le bassinet. Nom de nom, je vais vous faire rentrer ça dans le crâne à coups de pied aux fesses, moi. Recommence depuis le début...

La journée promet d'être longue, se dit Étienne en soupirant, tandis que l'autre ânonne de nouveau le nom des pièces.

***

— Alors mon caporal, ça avance avec ces conscrits ? C'est que je dois rendre des comptes moi.

— Ça avance lentement mon lieutenant, répond Étienne, qui ne peut pourtant pas se permettre de montrer son irritation à son supérieur, pressé qu'il est d'aller vérifier le courrier. Ils ne sont pas très vifs d'esprit.

— Alors, éveillez-les, Caporal Philippe, éveillez-les. L'empereur a besoin d'eux sur le front.

Tandis que le lieutenant descend prestement les marches du perron, faisant cliqueter ses éperons à chaque pas, Étienne, lui, remonte vers la pièce où le courrier est déposé, grommelant entre ses dents « éveillez-les, éveillez-les », il en a de bonnes le lieutenant. Ces gars-là n'ont rien vu d'autre dans leur vie que le cul de leurs vaches quand ils les traient et le cul du bœuf qui tire la charrue. Je ne vais pas les transformer en soldats d'élite en quelques jours !

Mais lorsqu'il voit sur une enveloppe son nom, en lettres soigneusement tracées de l'écriture ronde et laborieuse de son père, il oublie vite le lieutenant, les conscrits, et il file vers son lit, au fond du dortoir, pour déchiffrer la missive, avide des nouvelles de sa famille.

Mon cher fils.

J'espère que ces quelques mots te trouveront en bonne santé. Ta mère et moi remercions le ciel tous les jours que tu sois maintenant à l'abri des batailles.

Ici nous allons tous bien, la vie suit son cours, et nous parlons de toi à chaque fois que nous nous réunissons, autant pour nous souvenir des bons moments passés ensemble avant ton départ, que pour que les neveux et nièces que tu ne connais pas encore sachent tout de leur oncle Étienne.

Pourtant, j'ai une bien triste nouvelle à t'apprendre. Sans nouvelles des parents de Pierre, nous sommes passés les voir à l'improviste un samedi soir, après la journée de travail, et nous les avons trouvés tous deux prostrés, abattus, assis dans leur cuisine.

Ils venaient de recevoir un courrier de l'armée, Pierre est mort sur le front d'Espagne le vingt-huit juillet dernier, à la bataille de Talavera. Je n'en sais pas plus, eux non plus. Je pense qu'ils n'auront pas plus d'informations. Le corps de leur fils est enterré quelque part là-bas et ils espèrent recevoir un jour le peu d'affaires personnelles que Pierre avait avec lui. Je n'y crois pas, mais je ne le leur ai pas dit pour ne pas leur enlever cet espoir.

Je sais que tu étais très proche de Pierre et que cette nouvelle va te peiner, même si c'est votre lot, dans l'armée, de voir tomber les amis. Essaye de ne pas trop y penser. C'est certainement plus facile à dire qu'à faire, mais tourne-toi vers l'avenir.

Pour toi l'avenir c'est cette petite Fanchon dont tu nous parles si souvent, et ma petite-fille que ta mère et moi avons tant hâte de connaître.

J'ai fini par accepter ton choix de t'engager dans l'armée, mais si demain tu nous dis que tu quittes le service de l'empereur et que tu prends la première diligence avec ta compagne et votre fille, je te jure que je fêterai cette nouvelle en buvant jusqu'à rouler sous la table.

Ta mère se joint à moi pour t'embrasser bien fort.

Ton père.

Sans un mot, Étienne, les yeux dans le vague, plie lentement la lettre et la glisse sous une pile de linge.

18 septembre 1809

Depuis ce matin, des trombes d'eau détrempent tout, les hommes, la terre, les animaux. L'exercice doit quand même avoir lieu, pas question d'annuler, chaque jour est précieux. Exaspéré par les hommes qui rouspètent, Étienne leur hurle rageusement ce que lui aussi a entendu lorsqu'il était à leur place, il y a dix ans maintenant « Vous croyez que l'ennemi attendra un temps clément pour attaquer ? Vous pensez vraiment que l'Anglais ou l'Autrichien va bien gentiment s'asseoir, le temps que les nuages s'éloignent et que le soleil revienne, pour venir vous transpercer de sa baïonnette ? Allez, dehors, en rang par deux et plus vite que ça. »

Bien sûr, lui aussi est trempé, dressé devant eux à leur donner des ordres. Mais il a l'habitude. D'ailleurs, il trouve que les conscrits sont bien délicats ces temps-ci. À se demander s'il s'agit bien de paysans habitués à travailler dehors par tous les temps. Il va tenter de se renseigner. On lui a peut-être attribué un contingent de bourgeois ruinés ou de nobliaux désargentés, à qui la famille n'a pas pu offrir de remplaçant.

La grossesse de Fanchon suit son cours, mais il est un peu inquiet. Elle se plaint fréquemment de maux de ventre. Pour Anne, tout s'était bien passé, tellement bien qu'il avait fallu la calmer, elle voulait tout faire comme d'habitude, comme si elle n'avait pas une petite vie en elle. Pourvu qu'il n'y ait pas de complications pour ce deuxième enfant. À chaque fois qu'il la voit, son petit visage tiré et les cernes sous ses yeux lui font peine à voir. Pourtant rien n'a changé, Anne dort bien, ne pleure presque jamais, n'est pas capricieuse et surtout, n'est jamais malade. Le travail peut-être ? Il est dur, tous deux le savent. Mais pas plus qu'avant. Et puis, Fanchon aime l'ambiance de la blanchisserie, cette camaraderie entre toutes les filles, et ça, il le comprend, lui qui vit dans l'armée depuis si longtemps, sachant qu'il peut compter sur ses frères d'armes pour le soutenir et l'aider s'il en exprime le désir.

Une fois l'exercice terminé, Étienne s'est séché et changé, a nettoyé ses armes, fourbi les pièces métalliques de son uniforme, l'a brossé et mis à sécher devant le feu. Maintenant qu'il a terminé, il cherche une occupation qui l'empêche de trop réfléchir, quand soudain, cette idée lui traverse la tête. Le fusil d'honneur de Jean ! Depuis que ce dernier le lui a confié, il ne l'a jamais déballé. Même s'il est sans nouvelles de son ami, il se doit de vérifier que la précieuse récompense est toujours en bon état.

Profitant de l'absence des conscrits, tous de corvée pour préparer le dîner, il ferme la porte de la chambrée pour ne pas être dérangé et, après avoir délicatement ôté le drap qui la protège, il pose l'arme sur ce dernier, la démonte soigneusement et commence à nettoyer les pièces une par une avant de les graisser et de passer la crosse à l'huile de lin. Juste comme il va commencer à remonter le fusil, il entend la porte s'ouvrir dans son dos, faisant d'un seul coup s'évanouir le calme qui l'a envahi au fur et à mesure qu'il s'appliquait à l'entretien du fusil. Furieux, se demandant qui peut bien avoir eu l'audace de rentrer sans même frapper, il se retourne d'un bloc, la bouche ouverte pour agonir l'intrus des pires injures... et reste là, les bras ballants, la bouche ouverte. Devant lui, amaigri, mais un sourire amusé sur les lèvres, se tient Jean, son ami Jean !

Étienne se lève et attrape son ami par les épaules avant de le serrer chaleureusement dans ses bras dans une accolade de bienvenue.

— Eh bien, au moins une personne heureuse de me revoir. Le capitaine m'a regardé de haut en bas comme si j'étais un cafard sorti des cuisines, avant de me saluer du bout des lèvres.

— C'est lui qu'on aurait dû envoyer au front. Comment vas-tu ? Tu as sacrément maigri ! On va sérieusement s'occuper de te remplumer.

— Oh là, pas trop vite mon ami. Me remplumer oui, mais pas question de reprendre tous les kilos que j'avais pris à cause de la vie en caserne. Si tu savais le mal que j'ai eu à retrouver mon souffle. On entraîne les conscrits, mais on ferait bien de s'entraîner nous aussi.

— Ne me parle pas des conscrits, ils sont de pire en pire. Tu sais que ce matin les miens rechignaient à sortir faire l'exercice sous la pluie !

— Pauvres malheureux ! Tu les as convaincus avec un coup de pied aux fesses ?

— Presque ! Je leur ai demandé s'ils pensaient que l'ennemi allait attendre le retour du beau temps pour les attaquer.

Jean part d'un franc éclat de rire avant de se pencher sur les pièces de son fusil.

— Dis-moi, tu le bichonnes mon fusil. Je vais te le léguer par testament si tu l'aimes tant que ça.

— Même pas ! C'est la première fois que je fais ça depuis ton départ. J'avais besoin de me calmer et de me vider la tête.

— Ce sont tes conscrits qui te mettent de mauvaise humeur ?

Étienne, tout en remontant le fusil, hausse les épaules.

— Pas uniquement. Fanchon est de nouveau enceinte, mais elle est plus fatiguée que la dernière fois.

— Félicitations ! C'est pour quand ?

— Le printemps prochain.

Jean réfléchit un moment, repensant aux grossesses de sa mère, calcule dans sa tête, compte sur ses doigts.

— Si c'est pour le printemps, elle n'est grosse que de trois mois. Elle ne devrait pas déjà être fatiguée. Ça n'est pas la petite qui lui prend toute son énergie ?

— Non, Anne est adorable. Je m'inquiète, j'espère que tout ira bien.

Jean écarte les mains, fataliste.

— Tu sais, on ne peut pas faire grand-chose, sinon espérer que la nature fasse bien les choses. Ma mère disait toujours que si un enfant n'arrive pas à terme, c'est pour lui éviter des souffrances.

— Hé, on n'en est pas là. Je dis juste qu'elle est fatiguée, pas qu'elle va faire une fausse couche. Tu es bien alarmiste.

— Peut-être le résultat de la guerre. Quand on est ici, on a vite fait d'oublier les horreurs du front. Mais crois-moi, elles se rappellent bien vite à notre bon souvenir.

Puis, comme pour chasser les fantômes qu'il vient d'évoquer, Jean se lève du lit d'Étienne où il s'était assis, et brosse vigoureusement son pantalon avant de humer l'air d'un air gourmand.

— Tu parlais de me remplumer. Je ne sais pas si tes conscrits vont faire de bons soldats, mais en tout cas le fumet de leur soupe sait parler à mon estomac. J'ai un pain tout frais dans mon havresac, que j'ai acheté en ville. Si on lui faisait un sort en le trempant dans ce divin brouet ?

— Attends de le goûter, ce brouet, avant de le qualifier de divin. Le goût n'est pas toujours à la hauteur de l'odeur !

25 décembre 1809

Même si la révolution est passée par là, et que le jour de Noël est plus ou moins fêté suivant les familles, il est de tradition chez les Carle de fermer l'atelier ce jour-là. Madame Hortense, elle aussi, a décidé que la blanchisserie sera close ce lundi, à condition que tout soit terminé et que les filles mettent les bouchées doubles le mardi. Son fils sera le seul à travailler le matin, assurant les livraisons et l'enlèvement du linge sale, ce qui n'a pas manqué de le mettre de mauvaise humeur. Mais quand Madame Hortense décide quelque chose, même son fils et son mari ont intérêt à obéir !

Depuis le matin, Anne Carle et ses filles préparent le repas, principalement constitué de charcuterie, de boudin noir, de pôchouse et de fromage de la région ainsi que de petits gâteaux que les femmes ont préparés la veille.

Fanchon, à qui sa mère a trouvé « l'air bien fatigué », a été assise d'office devant la marmite et son rôle se limite à surveiller la cuisson odorante des poissons dans la sauce au vin blanc. De temps à autre, quand personne ne la regarde, Louise jette un œil inquiet sur sa belle-sœur. Bien qu'enceinte de six mois, son ventre se voit à peine, et elle a peur que le petit ne se développe pas assez bien. Anne est d'accord avec elle et lui a avoué, après lui avoir fait jurer sur la tête de ses trois garçons de ne le répéter à personne, et surtout pas à Fanchon et à Étienne, qu'elle aussi avait eu des grossesses similaires, marquées par une fatigue incompréhensible, des douleurs et une faible prise de poids, et que toutes s'étaient terminées de façon dramatique.

Étienne, justement, passe la porte, les bras chargés de bouteilles. Il a échangé sa permanence avec Jean, ce dernier étant trop heureux de permettre à son ami de passer cette fête avec Fanchon et sa famille. « À charge de revanche, lui avait-il dit, on changera si je me trouve une jolie fille avec qui passer une journée ». Étienne s'est promis de ne pas l'oublier, sachant bien que son ami le plus proche, maintenant que Pierre était, se garderait bien de lui rappeler sa dette.

— Ah, voilà le ravitaillement, s'exclame Augustin en déchargeant les bras de celui qu'il appelle maintenant « mon beau-frère ».

— Bonjour, bonjour.

Étienne fait le tour de la table, une tape sur l'épaule de Claude, une bise à chaque fille, un câlin pour les enfants, le plus long étant réservé à sa fille. Puis il se penche pour embrasser tendrement Fanchon. Il lui murmure quelques mots à l'oreille et Fanchon secoue la tête d'un air rassurant. Anne se doute bien que lui aussi s'inquiète. Mais elle est têtue sa Fanchon, pas moyen qu'elle se plaigne, qu'elle reconnaisse qu'elle doit se reposer.

Fanchette, qui a rencontré depuis peu un charmant jeune homme, apprenti chez l'ancien patron de Joseph, semble ne rien remarquer de l'état de sa sœur. Le bonheur est égoïste, tout le monde sait ça. Elle fredonne une chanson de rue entendue lors d'une promenade avec son galant.

— Que fredonnes-tu donc, questionne Louise ?

— Une chanson qui parle des amours mortes de Napoléon et de Joséphine.

— La pauvre, répudiée parce qu'elle ne peut plus avoir d'enfants, ça n'est pas un sujet dont se moquer.

— Que veux-tu, il faut bien un héritier à l'empereur !

— Ma pauvre Fanchette, voilà bien la cruauté de la jeunesse. Et si c'était toi qu'on mettait au rebut pour une plus jeune, encore fertile, on verrait bien si tu aurais le cœur à chanter.

Fanchette hausse les épaules, il est clair que le sort de Joséphine lui importe peu.

— Alors c'est définitif, le divorce est prononcé, demande Claude à son frère aîné ?

— Oui, je l'ai lu dans le journal, signé et prononcé à la mi-décembre. Il ne reste plus qu'à obtenir l'annulation du mariage religieux et l'empereur pourra se remarier. On parle d'une princesse russe, d'une Autrichienne ou encore d'une originaire de Saxe.

— Mais ce sont toutes des nations ennemies ! Et pourquoi pas une Anglaise tant qu'on y est ?

C'est là qu'Étienne intervient :

— Justement, c'est là toute la sagesse de l'empereur. En épousant une princesse étrangère, il coupe court à toute attaque et s'en fait une nation alliée. Les rois ne raisonnaient pas autrement en mariant leur descendance.

Anne, qui vient juste de terminer de dresser la table, tape dans ses mains.

— Allez, assez parlé de politique, venez faire honneur au repas. Vous n'en ferez pas de si bon avant longtemps.

Tous s'installent autour de la table, et le repas commence, dans un mélange de rires, de bruits de couverts et de verres s'entrechoquant. Étienne, d'autorité, a assis la petite Anne sur ses genoux pour la faire manger de petits morceaux de poisson. Quand Fanchon a tenté de protester, il a répondu en riant « tu l'as tous les jours, laisse-moi ma fille aujourd'hui ». Louise ne sait pas si c'est là la vraie raison, mais elle est reconnaissante du répit ainsi accordé à Fanchon. Car s'il y a bien une qualité qu'on ne peut pas lui enlever à Étienne, c'est qu'il est un père attentionné et présent, toujours prêt à s'occuper de sa fille quand il est là. On ne peut pas en dire autant de son Augustin, mais à sa décharge, lui travaille comme un forçat à l'atelier de cordonnerie, alors qu'elle, contrairement à Fanchon, ne passe pas douze heures par jour dans une étuve, parfois même plus longtemps, à lever de lourdes piles de linge trempé.

Il est tard maintenant, personne n'a vu le temps passer jusqu'à ce que l'obscurité soit telle qu'il faille allumer les chandelles. Les femmes commencent à se partager les tâches, laver la vaisselle, ranger les restes dans le garde-manger, balayer le sol, tandis que Claude et Augustin poussent les meubles, vont chercher de l'eau et rangent les bouteilles vides à rapporter le lendemain.

Comme Étienne empoigne le panier pour aller chercher du bois, Augustin, qui a pris l'autorité et la place du chef de famille depuis la mort du père, intervient.

— Nous sommes suffisamment nombreux pour ranger. Par contre, ta femme tombe de sommeil et ta fille est déjà dans le monde des rêves depuis un moment. Va donc les coucher.

Et comme sa sœur ouvre la bouche pour répondre, il continue en prenant un air sévère.

— Non, Fanchon tu ne discutes pas, je suis ton frère aîné, et à ce titre, j'ai le devoir de prendre soin de toi.

— Augustin a raison, et moi, en tant que père de ta fille et de ton futur enfant, je décide moi aussi que je prends soin de toi en te donnant l'ordre de te reposer.

— Monsieur le caporal, vous n'êtes pas à l'armée que je sache, coupe Fanchon en se levant...

Mais elle termine sa phrase par une grimace. Alors qu'Étienne se précipite vers elle pour la soutenir, elle coupe court à son élan d'un geste de la main.

— Ce n'est rien, un coup de pied. Mais je me rends à vos arguments, ce petit me cause trop de fatigue à gigoter comme ça, il est temps que je me repose.

Elle sort d'un pas lourd, suivi d'Étienne qui porte leur fille, profondément endormie, au creux de son bras. Une fois la porte refermée, ils ne peuvent pas entendre leur mère grommeler, le nez dans la cuve de vaisselle.

— Des coups de pied, des coups de pied, ils en donnent tous, des coups de pied, et ça n'est pas ça qui donne des cernes, le teint pâle et de la fatigue. Vivement le printemps, que tout ça soit terminé et qu'il sorte enfin ce garnement.

23 janvier 1810

Depuis hier déjà, à la reprise du travail, elle ne se sent pas bien. Des douleurs lancinantes dans le bas du dos, comme des coups de couteau, la plient parfois en deux. Elle a bien essayé de cacher son état à ses collègues, mais beaucoup d'entre elles sont mères elles aussi et savent interpréter les signes, la grimace qu'on ne peut pas cacher, la main qui se porte sur le ventre, comme pour contenir le bébé.

Lors de la pause, tandis qu'elle picore sans faim le casse-croûte qu'elle a apporté, Marguerite, qui a été témoin de sa rencontre avec Étienne, s'approche d'elle.

— Tu n'as pas l'air d'aller bien fort. À mon avis, tu ne vas pas tarder à accoucher.

— Certainement pas, s'offusque Fanchon, alarmée, c'est pour le printemps, c'est beaucoup trop tôt.

— Tu sais, il y a des petits qui arrivent avant l'heure. Tiens, moi qui te parle, ma mère m'a toujours dit que j'étais prévue pour la Noël, et je suis arrivée à la Toussaint.

— Marguerite a raison, coupe Catherine, qui a déjà deux petits, depuis un moment je te regarde, ça ne date pas d'hier. Ce petit est pressé, ou alors pas bien accroché.

Fanchon se lève péniblement, irritée.

— Arrêtez vos bêtises, vous allez me porter malchance. Si c'est pour vous écouter, je préfère retourner travailler.

Toutes deux la suivent des yeux, tandis qu'elle retourne vers les cuves, puis se regardent, peinées.

— Elle ne change pas, toujours aussi têtue, elle ne veut rien entendre. Pour moi, elle ne passera pas la semaine.

— On ne peut rien y faire. Si Dieu a décidé qu'elle devait accoucher avant terme, ça se fera.

***

Le reste de la journée paraît long à Fanchon, mal à l'aise. Elle s'en veut d'avoir rabroué ses collègues, qui ne font que s'inquiéter pour elle. Et au fond de son cœur, elle sait bien qu'elles ont raison. Elle a souvent croisé les regards inquiets de sa mère et de Louise. Elle sait que toutes deux pensent la même chose.

Sans un mot, juste un « Au revoir, à demain », elle quitte la blanchisserie et se dirige vers le domicile de Louise pour prendre Anne. En ce moment, la petite ne veut pas rentrer. Elle s'amuse bien avec ses cousins. Et puis la vision de sa mère, toujours fatiguée, ça ne doit pas être réjouissant pour cette gamine. Louise, consciente de l'énervement que le caprice de sa fille peut causer à Fanchon, a trouvé une parade. Elle attend le retour de sa belle-sœur pour aller acheter son pain, ce qui lui permet de l'accompagner jusque chez elle, et surtout, de porter Anne jusqu'en haut de l'immeuble. La petite, si elle dévale bien l'escalier quatre à quatre, rechigne encore à monter les marches, et Fanchon ne peut plus la porter. Ce n'est que lorsque la mère et la fille sont chez elles, qu'elle rentre attendre Augustin.

Ce dernier, à qui elle s'est ouverte de ses soucis, passe régulièrement voir sa sœur avec Claude, tous deux lui montent l'eau et le bois, pour lui éviter toute peine inutile. Étienne aussi, à chaque fois qu'il vient, apporte, en plus de petites douceurs, bonbons, gâteaux, une pleine corbeille de bûches. Fanchon leur en est reconnaissante, et pour les remercier, essaye de faire bonne figure. Mais c'est dur, surtout que cette grossesse difficile a entraîné une peine supplémentaire pour le jeune couple. La mère Boucaud a été formelle, pas de sexe jusqu'à l'accouchement. Alors, lorsqu'ils passent la nuit ensemble, ils se contentent de caresses, de baisers, et ils n'osent pas trop d'intimité de peur d'être tentés. Étienne a même envisagé de ne plus dormir avec elle jusqu'à la naissance, mais cette idée a fait fondre en larmes la future maman et a été aussitôt abandonnée.

Ce soir, Louise guette à la fenêtre. Fanchette s'est pressée de rentrer pour la prévenir que l'état de Fanchon est préoccupant, et qu'il serait préférable de lui éviter la peine de monter les escaliers jusque chez sa belle-sœur. Alors, quand elle voit la silhouette de Fanchon apparaître au bout de la rue, elle attrape Anne dans ses bras, prévient Michel qu'elle s'absente et qu'il doit surveiller ses frères, et descend à la rencontre de la future maman.

— Tiens, tu es pressée aujourd'hui, que tu viennes à ma rencontre ?

— Pas vraiment, mais je veux t'éviter de monter les escaliers inutilement.

Fronçant les sourcils, Fanchon questionne, déjà sur la défensive.

— On t'a dit quelque chose ? Fanchette ? Ou Françoise ?

— Et tout doux, ne le prends pas mal, c'est normal que ceux qui t'aiment s'inquiètent pour toi !

Fanchon tend la main pour caresser la joue de sa fille.

— Je suis désolée, vraiment, je ne sais pas ce que j'ai. Au moment du casse-croûte Catherine et Marguerite s'inquiétaient pour moi, et je les accuser de me porter malchance. Tu ne penses qu'à me ménager et je te houspille sans même te dire bonjour. Je ne mérite pas votre sollicitude à tous.

— Ne t'en fais pas, c'est normal d'être irritable quand on est enceinte. Moi-même, quand j'étais grosse, Augustin n'arrêtait pas de me dire que j'avais la même humeur que ces chiens qui gardent les troupeaux, et qui grognent aussitôt qu'un inconnu approche des bêtes.

— Je n'en crois pas un mot ! Tu es un ange de douceur, jamais un mot plus haut que l'autre !

— Tiens donc, si je retombe enceinte un jour, viens donc t'installer chez moi pendant neuf mois et tu verras bien.

Soudain, la tristesse s'empare de Louise. Une autre grossesse... elle l'espérait, une petite fille peut-être, après les trois garçons. Mais rien depuis quatre ans, rien depuis le petit Charles. Elle était allée voir la sage-femme, mais cette dernière n'avait rien trouvé d'anormal. Elle est pourtant encore jeune, tout juste trente ans, mais rien à faire. Tous les mois, l'arrivée de ses règles la plonge dans la tristesse. Fanchon, à qui elle s'est confiée, comprend sa douleur et pose sa main sur son épaule, dans un geste de compassion, et toutes deux cheminent lentement vers la rue Basse.

***

— Voilà, tu es chez toi. Anne, tu es sage avec maman, elle est fatiguée à cause du petit frère ou de la petite sœur qui va arriver bientôt. Tu promets ?

— Oui tata, articule l'enfant tout en faisant danser la poupée de chiffon qui ne la quitte jamais.

Puis s'adressant à Fanchon :

— Ne t'inquiète pas si elle n'a pas très faim pour le souper, je les ai surpris à se goinfrer de pommes. Michel, bien que l'aîné, n'est pas le plus raisonnable, il coupait soigneusement de nouveaux morceaux de fruits pour sa cousine au fur et à mesure qu'elle les engloutissait.

Louise, qui, après une caresse sur la joue de la fillette, se tourne vers Fanchon pour lui souhaiter le bonsoir avant de rentrer chez elle, se fige soudain. Cette dernière debout, tête baissée, les mains crispées sur son ventre, regarde le sang qui coule le long de ses jambes avant d'être lentement absorbé par le bois du plancher.

Sans perdre de temps, Louise protège le matelas d'un linge, l'allonge sur le lit, et empoigne à nouveau l'enfant qui, surprise, la repousse des mains. Fanchon, qui s'est laissée faire sans rien dire, la regarde fixement, des larmes dévalant en cascade ses joues creusées par l'angoisse.

— Ne bouge surtout pas, ne te lève sous aucun prétexte. Je file chercher la sage-femme, je dépose les enfants chez ta mère et je reviens aussitôt.

Louise disparaît, laissant la porte entrouverte. Fanchon, du fond de son lit, essaye de crier « Étienne, il faut aussi prévenir Étienne... », mais personne ne lui répond.

***

La douleur est passée et elle somnole à moitié lorsque soudain une violente contraction la fait se tordre sur le lit.

— Doucement, doucement.

Un linge frais sur son front, une voix qu'elle ne connaît pas. Elle ouvre les yeux.

— Qui êtes-vous ? Où est la mère Boucaud ?

— Elle est chez sa mère qui est mourante. Je suis sage-femme aussi, on se remplace elle et moi, n'ayez pas d'inquiétude. Je vais m'occuper de vous.

Louise, qui se trouve assise au fond de la pièce, s'approche du lit pour prendre la main de Fanchon.

— J'ai tout expliqué à Mme Braudon, elle sait que tu es très fatiguée, que tu as eu des douleurs et que ton terme devait être au printemps.

— Tu as prévenu Étienne ?

— Claude est allée à la caserne, il s'en occupe.

— Et Anne...

À ce moment, la sage-femme intervient.

— Allons, arrêtez de vous tourner les sangs. Votre petite est chez sa grand-mère, le père va bientôt arriver. Pour l'instant, la seule chose qui doit vous occuper, c'est de mettre ce petit au monde.

— Mais c'est trop tôt, il ne faut pas !

— Ça ma fille, ce n'est pas en mon pouvoir de le faire rester dans votre ventre. Mais j'ai déjà mis au monde des enfants nés avant terme, et ils se portent tous très bien.

D'ailleurs, qui dit que les calculs sont bons ? Si ça se trouve, vous êtes à terme. Ça nous arrive de nous tromper, à toutes. On n'est pas infaillibles, vous savez.

Fanchon, rassurée, se laisse aller contre les oreillers, le souffle court. Louise elle, sait bien que ce sont des mensonges destinés à rassurer la mère en travail. En entrant dans la pièce, la sage-femme avait murmuré « Mon Dieu, elle n'est pas bien grosse, sûr qu'elle n'est pas à terme ».

La sage-femme s'affaire avec des gestes experts et Louise, rassurée, apprécie son sang-froid et son calme. Surprenant son regard, elle a un sourire.

— Vous savez, c'est Mme Boucaud qui m'a formée. Elle m'a accouchée de mes enfants, autrefois, avant que mon époux ne décède prématurément, l'empêchant de me faire d'autres petits. Comme je me retrouvais seule avec cinq enfants, il a fallu que je travaille. J'aime les petits, surtout les bébés, alors je suis devenue sage-femme, comme elle.

Puis s'adressant à Fanchon qu'elle tutoie soudain, certainement pour la mettre à l'aise pense Louise :

— Je sais que tu es blanchisseuse, que ton frère est cordonnier. Je pense que, lorsque tu donnes à ta patronne une pile de linge bien blanc prêt à être livré, que ton frère termine tout juste une paire de soulier de cuir fin correspondant exactement à la commande du client, vous ressentez tous les deux la fierté du travail accompli ? Eh bien c'est la même chose pour moi. Quand je mets un enfant au monde, non seulement je suis fière et heureuse, mais j'ai aussi l'impression d'avoir remporté une victoire sur le destin. Alors ton petit, à terme ou pas, je te promets que je vais tout faire pour qu'il se porte bien.

Tout en parlant, elle profite de la distraction de Fanchon pour l'examiner délicatement, sans toutefois pouvoir éviter une grimace de douleur de la parturiente.

— Bon, ça se présente bien, le petit est dans le bon sens. Tu n'es pas assez dilatée, mais ça va venir vite, c'est toujours plus rapide pour un deuxième. Louise, pouvez-vous allumer les chandelles et les approcher ? Je n'y vois pas assez. C'est qu'il fait nuit tôt. Ce petit n'est pas coopératif, il aurait pu naître en plein jour.

***

Les heures ont passé. Étienne, arrivé vers neuf heures du soir, a assisté à la naissance de son fils. Maintenant, il guette avec angoisse son souffle imperceptible, léger comme une brise d'été. La sage-femme a fait son travail en silence, lavant le nouveau-né, puis le donnant à sa mère pour la première tétée. Louise est rentrée chez elle, pour donner des nouvelles. Elle sait qu'elle n'aura pas une foule enthousiaste lui demandant le poids, le sexe, la taille, la couleur des yeux... Tout le monde sait que c'est trop tôt, même les plus petits, ils n'auront qu'une question à la bouche : « est-il vivant ? »

Avant de partir, Louise se tourne vers Étienne

— Vous allez aller le déclarer demain avec votre ami Jean ?
— Non, Jean ne peut pas quitter la caserne.

— J'irai faire la déclaration avec vous, déclara alors la sage-femme. Je passe vous prendre de bonne heure et nous irons à l'ouverture de la maison commune pour ne pas attendre trop longtemps. Il est déjà fragile, inutile d'en rajouter. Comment allez-vous l'appeler ?

— Jean, comme mon meilleur ami. C'est une décision commune avec Fanchon. Et Baptiste en deuxième prénom.

— Baptiste ?

— Oui, murmure Étienne, j'ai fait un vœu... S'il survit cette année, je le ferai baptiser. Fanchon n'a rien entendu, elle dort, son petit dans les bras. Louise hoche la tête sans répondre.

26 février 1810

C'est lundi ? et pourtant Fanchon n'est pas à la blanchisserie, même si elle a accouché il y a plus d'un mois maintenant. Ne sachant pas combien de temps il faudra pour que l'état de santé de son bébé s'améliore, elle a voulu démissionner, mais Madame Hortense a refusé.

— Les bonnes blanchisseuses ne courent pas les rues. Et tu es une des meilleures que je n'ai jamais eues. Non seulement tu travailles bien, tu mets un point d'honneur à rendre un linge impeccable, mais en plus tu es courageuse, dure à la tâche. Ton petit est né trop tôt, prends le temps de le soigner, tu reviendras quand ça ira mieux.

Le médecin, appelé par Étienne, a examiné le nourrisson, puis ces mots sont tombés, terribles.

— Ses poumons n'ont certainement pas eu le temps de se développer correctement. Ça peut s'arranger comme empirer, il n'y rien à faire, juste attendre. Évitez qu'il ne prenne froid, il ne survivrait pas à la moindre fièvre, à la moindre toux.

Alors c'est ce qu'elle fait, elle reste chez elle, surveillant tout au long du jour et de la nuit la respiration du petit, sifflante, oppressée. Elle tient fermée l'unique fenêtre, n'ouvre la porte que le temps de laisser entrer un visiteur. C'est Étienne et sa famille qui montent le bois, les provisions, l'eau. Elle, elle ne sort plus, ne vit plus, elle est une mère à plein temps.

Étienne, quand il reste la nuit, veille le petit pour lui permettre de dormir quelques heures, ne la réveillant que pour la tétée. Car lorsque le petit pleure, elle n'a qu'une crainte, qu'il s'étouffe dans ses sanglots.

Dans un sursaut d'orgueil, ne supportant plus d'être entretenue par sa famille et par son homme, elle a demandé de l'ouvrage. Alors, tous les lundis, Louise lui apporte de la couture à faire, et la reprend le vendredi, pour la porter à l'atelier en même temps que son propre travail. Fanchon, qui n'était déjà pas mauvaise couturière, s'est beaucoup améliorée. Ce qu'elle ne savait pas bien faire, Louise le lui a expliqué, et elle s'est entraînée sur de vieux morceaux de chiffons, jusqu'à ce que broderies, boutonnières et festons soient parfaits.

Deux coups brefs sont frappés à la porte, et Fanchon introduit rapidement sa belle-sœur dans la pièce, non sans un coup d'œil anxieux à Jean qui dort dans son berceau. Louise se penche sur l'enfant, attentive à son souffle.

— Je trouve qu'il respire mieux.

— Ah ? Je ne vois pas de différence.

— C'est parce que tu le vois tous les jours. Je t'assure, moi qui ne le vois que deux fois par semaine, déjà vendredi je l'avais trouvé mieux. Je ne te l'ai pas dit pour ne pas te donner de fausses joies, mais là, j'en suis certaine.

Fanchon se penche à son tour sur l'enfant. Oui, peut-être, la respiration est plus calme, moins saccadée. Elle sent la main de Louise sur son épaule.

— Ne t'inquiète pas, il va s'en sortir. C'est un bébé courageux, qui va se battre. Pour ça il tient de ses parents. Le fils d'un soldat de Napoléon, tu penses !

— Si tu le dis... répond Fanchon avec un pauvre sourire.

— Tu ne veux pas que je vienne te remplacer cet après-midi ? Quelques heures ? Michel peut surveiller ses frères en rentrant de l'école. Tu pourras prendre un peu l'air, il fait froid, mais beau. Tu es toute pâle, ça te fera du bien.

— Non merci. Tu es gentille, mais je ne supporte pas l'idée d'être loin de Jean. J'ai l'impression que, si je le quitte, quelque chose de terrible se produira.

Louise, réalisant que rien ne la fera changer d'avis, ouvre le sac et sort les ouvrages qu'elle lui a apportés, les rangeant par pile sur le petit lit d'Anne. Depuis dix jours déjà, la fillette a élu provisoirement domicile chez sa grand-mère maternelle, le temps que son frère recouvre la santé.

— Voilà, ici ce sont les vêtements à raccommoder, ici les ourlets à faire, et enfin une robe à démonter entièrement et à recoudre en lâchant les coutures au maximum. Comme il n'y a pas grand-chose cette semaine, je vais t'expliquer ce point de dentelle que tu admires tant. Tu pourras t’exercer et ça te donnera une qualification supplémentaire.

Les deux femmes, assises devant la fenêtre dans la pâle lueur d’hiver, leurs deux têtes inclinées l’une vers l’autre, presque à se toucher, travaillent dans un silence que seules une question ou une remarque viennent interrompre de temps à autre.

Soudain, un vagissement se fait entendre, et Fanchon, comme expulsée de sa chaise par un tison brûlant ou une morsure, se précipite vers le berceau.

— C’est l’heure de la tétée, dit-elle, se retournant brièvement vers Louise.

Dénudant sa poitrine, elle commence à nourrir son enfant, tout en lui fredonnant une comptine, lèvres fermées.

— Au moins il mange bien.

Fanchon la remercie d’un sourire et continue à allaiter son petit. Une fois celui-ci rendormi, Louise se lève, lisse sa jupe et se dirige vers la porte. Au moment de sortir, elle se retourne.

— Je vais y aller. J’ai de l’ouvrage et il faut encore que je récupère Charles chez ta mère. Tu ne veux pas au moins descendre embrasser ta fille ?

Fanchon hésite, indécise. C’est vrai qu’Anne lui manque terriblement. Elle a fini par se résoudre à cette extrémité, confier sa fille à sa mère le temps que le petit Jean reprenne des forces. La chambre est petite, et même si Anne, consciente de la fragilité de son petit frère, faisait attention à ne pas bousculer le berceau, à ne pas parler fort, à ne pas chanter lorsqu’elle organise un bal pour ses poupées, Fanchon et Étienne ont vite réalisé que ça n’est pas une vie pour une petite fille de deux ans et demi. Anne avait alors proposé de prendre l’enfant pendant quelque temps, jusqu’à ce que l’état de santé du nouveau-né s’améliore.

Finalement, n’y tenant plus, elle s’enveloppe dans un châle et se précipite vers sa belle-sœur pour l’embrasser.

— Tu es un amour, je ne serai pas longue.

— Prends ton temps.

Tandis que les pas rapides de Fanchon dévalent l'escalier, Louise s'assied sur la chaise qu'elle vient de quitter et attaque un ourlet, histoire de s'occuper.

***

— Maman !

Anne se précipite vers sa mère de toute la vitesse de ses petites jambes, et Fanchon a du mal à garder son équilibre en la recevant dans ses bras. Sous les yeux attendris de sa grand-mère, la petite serre le cou de Fanchon de toute la force de ses petits bras.

— Arrête ma chérie, tu vas m'étouffer. Viens plutôt t'asseoir sur mes genoux.

— Je retourne à la zon avec toi ?

— À la maison ma chérie, pas la zon. Pas tout de suite, ton frère est encore malade. Tu es bien chez ta grand-mère le soir, et la journée tu joues chez Louise avec tes cousins.

Sans répondre, la petite croise les bras sur sa poitrine, l'air boudeur. Vite, pour désamorcer la crise, Anne propose à sa petite-fille de montrer son nouveau joujou à sa mère et, aussitôt que la petite est partie chercher le petit poupon de bois, elle demande à Fanchon des nouvelles du bébé.

— Louise trouve qu'il respire mieux. Elle a peut-être raison.

— Tu devrais peut-être demander au médecin de revenir ?

Fanchon hausse les épaules, dubitative.

— Je ne sais pas, j'en parlerai à Étienne ce soir.
— Regarde maman.

Fanchon, qui n'a pourtant pas le cœur à ça, feint de s'extasier devant le morceau de bois finement taillé par Claude qui, bien qu'il ait embrassé le métier de cordonnier, présente, sans jamais avoir rien appris, les mêmes dispositions que Joseph pour le travail du bois.

— Allez, je dois remonter, j'ai du travail.

— Du travail ? Le petit frère ? questionne sa fille en fronçant les sourcils.

— Oui, et je fais de la couture en surveillant ton petit frère malade.

Fanchon, qui sent les larmes perler sous ses paupières devant le petit visage fripé de sa fille, l'embrasse à la va-vite puis se précipite sur le palier. Collée contre la porte, le souffle court, elle sent les sanglots monter dans sa gorge. Laisser sa petite, même si elle sait qu'elle est bien, lui crève le cœur. Une mère ne devrait jamais devoir choisir entre deux de ses enfants. Mais Jean est si fragile. Chaque matin, lorsqu'elle ouvre les yeux, avant même que les brumes du sommeil ne se soient envolées, elle se précipite vers le petit berceau pour vérifier le souffle de son bébé. Et lorsqu'elle est rassurée, elle a l'impression que son cœur s'était arrêté de battre et qu'il repart enfin.

Insidieusement, le souvenir de ses deux petits frères, décédés alors qu'elle-même était à peine plus âgée que sa fille, lui revient en mémoire. Elle revoit le chagrin que sa mère tentait maladroitement de leur cacher, quand leur père a refermé les minuscules cercueils sur eux, à peine à un an d'intervalle. Puis cette angoisse lorsque Claude est né, les nuits que sa mère passait assise auprès du berceau, craignant que celui-là aussi ne lui soit arraché par la mort. Trop petite, elle n'avait pas bien compris. Et maintenant qu'elle est mère, elle savait, elle sent dans ses tripes, dans son cœur, ce que sa propre mère a enduré.

Le pas lourd, elle remonte l'escalier vers la soupente. Louise a autre chose à faire, il est temps qu'elle la libère. Et elle, quand sera-t-elle libérée de ses angoisses ? Soudain, elle se fige, glacée. Jean ! Ses deux petits frères morts en bas âge se prénommaient tous deux Jean. Mon Dieu, et si ce prénom était maudit dans sa famille ? Et si son petit aussi était condamné ?

C'est avec un cri d'effroi que Louise voit s'ouvrir la porte de la chambre et Fanchon se précipiter, en larmes, sur le berceau de son bébé.

***

Lorsque Étienne rentre dans la pièce ce soir-là, il trouve Fanchon assise dans une demi-pénombre, le regard vide. Seule la vague lueur du crépuscule éclaire la pièce. Devant elle, les piles de vêtements sont bien nettes, celle à faire, celle déjà faite.

— Pourquoi n'allumes-tu pas ? Il fait sombre ici.

Lorsqu'il s'approche de la petite table où se trouve la lampe, il remarque le pain entier, la vaisselle propre sur les étagères, le pichet d'eau encore plein et son cœur se glace. Il a déjà remarqué que l'angoisse lui fait perdre l'appétit, à sa Fanchon, mais là, elle n'a absolument rien mangé de la journée. Une fois que la pièce est éclairée, reléguant dans les coins les ombres tristes qui la peuplaient jusque-là, il s'agenouille devant Fanchon, et remarque alors les larmes qui ont laissé des traînées sur ses joues.

— Allons, que se passe-t-il ma princesse ? Notre petit Jean va bien pourtant.

— Son prénom lui porte malheur !

Frappé par cette déclaration abrupte, Étienne s'assied à côté d'elle et lui demande de s'expliquer.

— Je l'ai réalisé ce matin. Louise dit qu'il respire mieux, toi qu'il va bien, mais vous vous trompez tous les deux. J'ai eu deux frères, deux petits nés après moi. Je m'en souvenais à peine. Ils sont tous les deux morts lorsqu'ils étaient bébés, et tous les deux portaient le prénom de Jean. Notre petit aussi va mourir.

La voix de Fanchon monte dans les aigus, son corps tremble et Étienne doit la bercer de longues minutes avant qu'elle ne se calme.

— Ma Fanchon, je ne crois pas au destin, au sort, aux porte-bonheurs ou aux porte-malheurs. Je crois juste à la volonté, au fait qu'avec de la volonté, du courage, on arrive à tout. Oh bien sûr, je ne te dis pas que le fait de le décider va faire de moi un général d'empire et que nous allons tous deux aller à la cour, moi comme conseiller de Napoléon et toi comme dame d'honneur de l'impératrice. Mais notre vie, celle de nos enfants, elle sera ce que nous en ferons.

Se levant, il lui montre le pain, l'eau, puis lui prend les mains.

— Crois-tu que la santé de notre enfant dépende de son prénom ? Absolument pas. Le médecin l'a dit, il faut qu'il termine la croissance qu'il n'a pas pu faire dans ton ventre. Et cette croissance dépend de toi.

— De moi ?

— Oui, de toi. C'est toi qui l'allaites, qui le nourris avec le lait que ton corps fabrique. Et tu crois que tu vas le nourrir correctement si tu passes tes journées à pleurer, sans manger et sans boire ? Tu ne vas pas aimer ce que je vais te dire, mais tu crois qu'une vache, si tu ne lui donnes rien à boire et à manger, elle va produire du bon lait ? Bien sûr que non.

Fanchon redresse la tête, vexée !

— Tu me compares à une vache ?

— Je savais bien que tu le prendrais mal ! Tu es une femme, pas un animal bien sûr, tempère Étienne avec un sourire. Mais si tu réfléchis bien, la vache produit du lait pour nourrir son veau, toutes les femelles le font, la brebis, la jument. Sur ce plan-là, les femmes ne sont pas différentes. Alors je t'en prie, nourris-toi correctement, garde espoir et mets le maximum de chances du côté du notre fils. Il dépend totalement de toi.

Fanchon se lève et vient se blottir dans les bras d'Étienne.

— Tu as raison, j'ai mal agi aujourd'hui, j'ai été égoïste. Je n'ai pensé qu'à ma peine, pas à notre fils. Pourtant, murmure-t-elle dans un rire étouffé, l'égoïste de la famille, c'est Françoise.

— Tu vois bien, petite sotte, que les prénoms ne veulent rien dire. Vous êtes trois à vous appeler Françoise, et il n'y a pas plus différentes que vous trois.

— Je te fais remarquer que nous sommes toutes les trois blanchisseuses !

Une fois Fanchon calmée, Étienne tranche le pain, pose sur la table la vaisselle pour leur souper et coupe d'épaisses tranches dans le jambon et le fromage qu'il a apportés. S'il espère que Fanchon a compris et qu'elle mangera correctement lorsqu'il sera absent, il est bien décidé à lui faire rattraper sa journée de jeûne. Du coin de l'œil, il voit sa compagne ranger son ouvrage, regonfler l'édredon du lit et plier les langes du petit qui séchaient devant le poêle, se réjouissant de la voir s'occuper à autre chose qu'à ressasser des idées noires.

Tandis qu'ils déjeunent en bavardant de choses et d'autres, le petit dort sagement dans son berceau. Étienne, comme Louise, trouve sa respiration moins sifflante, mais il hésite à en parler, ne sachant pas s'il est souhaitable de remettre ce sujet sur la table.

— Avant de monter, j'ai passé une demi-heure à jouer avec Anne. Elle se porte à merveille. Mais même si elle est habituée à passer ses journées avec Louise lorsque tu travailles, ne plus nous voir tous les jours lui manque.

— Je sais, soupire Fanchon, je l'ai vue ce matin, elle m'a dit dans son langage bien à elle qu'elle veut rentrer à la maison. Tu ne penses pas que c'est trop tôt ?

— Je ne sais pas, répond Étienne, mais j'ai une idée. Voilà de l'argent, demain en partant je dépose un mot chez le médecin pour lui demander de passer et on lui pose la question.

— Non, déjà que je ne travaille pas, tu ne vas pas dépenser inutilement.

Étienne lève une main pour la faire taire.

— Écoute Fanchon, je considère que, même si nous ne sommes pas mariés, je suis chef de famille par le fait de ma paternité. Alors pour une fois, tu vas m'obéir sans discuter. Tu t'inquiètes, tu ne manges plus. Tu préfères peut-être que je fasse venir le médecin pour toi ? Quand tu tomberas par terre évanouie, qui s'occupera de nos enfants à ce moment-là ? Alors demain, le médecin passe, tu lui demandes de te dire clairement comment va Jean et si Anne peut revenir à la maison au moins la nuit et une partie des journées. S'il le faut, Louise ou ta mère peuvent la prendre, les matinées par exemple. Et ce n'est pas une demande, mais un ordre !

Fanchon, estomaquée, sent la colère l'envahir et se lève violemment. Alors qu'elle s'apprête à hurler sur Étienne, à lui demander s'il se croit dans sa caserne, à donner des ordres à ses conscrits, presque le jeter dehors, elle croise son regard. Et sa rage s'éteint comme une chandelle soufflée par un coup de vent, lorsqu'elle réalise que ce ne sont que l'inquiétude et l'amour qui le font parler ainsi.

Elle retombe sur sa chaise, vaincue, presque épuisée. Étienne pose doucement sa main sur la sienne, caressante comme une plume d'oiseau en dépit des cals et des écorchures qu'entraîne le maniement des armes.

— Maintenant, c'est une supplique et non pas un ordre que je veux t'adresser. J'ai envie de faire l'amour avec toi.

Sans un mot, avec un sourire, Fanchon se débarrasse de ses vêtement et nue, se glisse dans le lit avec un regard qui ne laisse aucun doute sur son abandon total. Étienne, après avoir ôté son uniforme qu'il pose sur la chaise, souffle la flamme de la lampe à huile et se glisse à côté de sa compagne, fermant les rideaux du lit clos sur leur intimité.

8 avril 1810

Fanchon s'active, tout en restant attentive au moindre bruit suspect en provenance de la pièce voisine. Après maintes négociations, Anne a fini par convaincre sa fille de descendre prendre part au dîner de ce dimanche midi.

— Tu ne peux quand même pas rester enfermée dans cette pièce tous les jours. Jean va mieux, il reprend des forces doucement, tout le monde te le dit, même le médecin. Ça te fera du bien de voir du monde, et au petit aussi. Même s'il n'a que quelques semaines, tu crois que c'est bon pour lui de vivre comme un sauvage ? C'est à peine s'il marque un peu d'attention quand il voit sa sœur !

C'est ce dernier argument qui l'a décidée. Alors, ce matin, elle a descendu le petit enveloppé dans plusieurs châles et l'a déposé précieusement sur le grand lit clos de Barbe et Madeleine. Maintenant, elle coupe de larges tranches de pain tout en surveillant la cuisson des pommes de terre qui seront ensuite réparties dans les assiettes, et sur lesquelles ils verseront de belles portions de cancoillotte.

Au même moment, Claude passe la porte et dépose les deux grands seaux d'eau contre le mur avant d'accrocher sa veste à la patère.

— On ne dirait pas que c'est le printemps. Le vent est fort et bien froid. On devrait tous émigrer dans l'île qui a vu naître notre empereur, il paraît qu'en plein hiver, il y fait doux comme en été.

— Tiens, en parlant d'empereur et de naître, vous pensez qu'il va bientôt lui venir un héritier ?

— Ne va pas trop vite Madeleine, il s'est marié il y a juste une semaine.

— Oui, je sais, mais on peut quand même en parler. Vous pensez que ce sera une fille ou un garçon ?

— On peut penser que ce sera un garçon, intervient Fanchon. Étienne m'a dit que tous les enfants naturels attribués à l'empereur étaient des garçons.

— C'est quoi un enfant naturel ?

Anne soupire en levant les yeux au ciel. Madeleine, depuis la minute où elle a su faire une phrase, ce sont des questions à n'en plus finir. Et au fur et à mesure qu'elle grandit, les questions deviennent de plus en plus précises, de plus en plus gênantes.

— Un enfant naturel, c'est un enfant dont les parents ne sont pas mariés, lui répond Fanchette.

— Comme Anne et Jean alors, les enfants de Fanchon et d'Étienne ?

— Oui, exactement.

Madeleine réfléchit, fronce les sourcils et tous échangent un regard entendu. Ils la connaissent la petite dernière, une autre question va bientôt suivre.

— Et mon amie Élisabeth, c'est une enfant naturelle aussi ?

— Non, répond sa mère, ton amie Élisabeth est une enfant illégitime.

— Pourquoi ? C'est quoi la différence ?

— Eh bien, Anne et Jean, on connaît leurs parents, ce sont Fanchon et Étienne, et Étienne a reconnu ses deux enfants à la maison commune. Mais Élisabeth, on ne sait pas qui est son père.

— Pourtant elle m'a dit qu'elle sait qui est son père, mais qu'elle n'a pas le droit d'en parler.

Cette réflexion fait éclater de rire toute la famille. Bien sûr qu'elle sait qui est son père, tout le monde le sait, qui est son père, c'est le tailleur d'habits de la rue des Cannes. Tout le monde le sait, sauf bien entendu la femme du tailleur. C'est bien connu, dans ces cas-là, le cocu est toujours le dernier informé.

Comprenant qu'elle n'aura pas la réponse à sa question, Madeleine revient à la charge sur un autre sujet.

— Et pourquoi ils ne se marient pas Étienne et Fanchon ? C'est l'empereur qui ne veut pas parce qu'il est militaire Étienne ?

— Pour des raisons qui ne vous regardent pas mademoiselle la curieuse, coupe Fanchette. Est-ce que je te demande pourquoi tu passes de l'autre côté de la rue quand on croise le fils du boucher, alors qu'il y a encore une semaine, vous vous promeniez main dans la main ?

La mère pose son couteau et toise sa cadette, moitié furibonde, moitié amusée.

— Tiens donc, je n'étais pas au courant de cette histoire.

Heureuse diversion, Étienne frappe à la porte et lorsqu'il rentre dans la pièce, les bras chargés de victuailles diverses, Madeleine se précipite pour l'aider.

— J'interromps quelque chose ? Questionne ce dernier.

— Non, répond Anne, Madeleine et moi réglerons ça ce soir.

***

Tandis qu'il guide la cuillère pleine de pommes de terre écrasées vers la bouche de sa fille, Étienne questionne à la ronde :

— Avez-vous eu des détails sur le mariage de Napoléon et Marie-Louise ?

— Non, Augustin n'est pas passé, il a trop de travail. Habituellement c'est lui qui nous résume les nouvelles qu'il lit dans les Petites Affiches. Claude, il ne t'a rien dit ?

— Si. Il a lu un article. Il paraît que les fêtes ont été somptueuses.

Sa mère pose ses couverts et le regarde, outrée.

— Et tu ne pouvais pas nous le dire ? Alors, raconte.

— Alors, il y a eu le mariage civil et le lendemain le mariage religieux. Et puis un banquet et un spectacle aux Tuileries. Euh... C'est tout.

— C'est tout, c'est tout, grogne Fanchette. C'est bien les hommes ça. La robe de l'impératrice, ses bijoux, si l'empereur l'a embrassée... C'est ça qui nous intéresse, nous autres.

— Si tu crois que je m'intéresse à la robe et aux bijoux de l'impératrice, grommelle son frère, la bouche pleine.

Avec un sourire, Étienne essuie la bouche de sa fille qui vient de repousser sa cuillère, repue, et la pose par telle où elle commence à jouer avec sa poupée.

— En tout cas, il va y avoir une fête les vingt-deux et vingt-trois avril, pour célébrer le mariage de l'empereur. Des poèmes seront déclamés, des odes aussi...

— C'est quoi une ode, coupe Madeleine ?

— Madeleine, on ne coupe pas la parole comme ça, enfin !

— Ce n'est rien Françoise. Une ode c'est un poème en musique.

— Dis-moi, tu en sais des choses, le moque gentiment Fanchon.

— Mais oui, on n'apprend pas qu'à se battre à l'armée, ma douce.

— Dis maman, on pourra y aller à cette fête ?

— Je ne crois pas que ce soit ouvert à tous, répond Étienne C'est peut-être juste sur invitation. Je vais me renseigner et je vous le dis. D'accord ?

— En tout cas, coupe Claude, ça sera sans moi. Les poèmes, très peu pour moi, je préfère aller au cabaret.

Tout le monde éclate de rire devant cette répartie bien masculine. C'est bien connu, Claude a l'esprit ouvert, mais seulement pour les sujets qui l'intéressent.

1er mai 1810

La peur au ventre, Fanchon a repris le chemin de la blanchisserie. Plus rien ne peut différer cette reprise. Son bébé, même s'il reste plus petit que la moyenne, respire bien. Le médecin, après l'avoir longuement examiné, a confirmé qu'il a rattrapé son retard, et qu'il faut maintenant qu'il vive normalement, qu'il sorte et qu'il profite du bon air et du soleil printanier.

Lorsqu'elle passe le seuil ce matin, son bébé dans les bras, toutes les ouvrières l'embrassent, la complimentent sur son petit, sur ses beaux yeux gris « comme ceux de son père », déclare-t-elle fièrement. Même Madame Hortense prend le temps d'admirer le nourrisson, et lui précise que la pièce où demeurent les bébés au sein, comme elle les nomme, a été refaite et assainie.

C'est donc un peu rassurée qu'elle dépose Jean, endormi, dans la pièce où un autre enfant dort déjà. C'est une petite fille, la fille de Catherine, qui s'est mariée il y a peu alors qu'elle était déjà enceinte de six mois. Elle disait en riant à qui voulait bien l'entendre « j'ai fait la nuit de noces avant la noce ».

Madame Hortense, à force d'entendre ses clients lui demander si elle connait une bonne couturière capable de repriser ou de reprendre des vêtements, a fini par ouvrir son propre atelier. Françoise et Fanchette lui ayant parlé du travail de couture que Fanchon a fait chez elle pendant que Jean reprenait des forces, elle lui a demandé de lui montrer de quoi elle est capable. Constatant qu'elle fournit un travail de qualité, elle lui a donc proposé d'intégrer l'atelier de couture, nom pompeusement attribué à la longue table installée dans un coin de la salle, et sur laquelle trois filles tirent l'aiguille, s'usant les yeux sur le linge des clients. Fanchon a accepté aussitôt, même si ce changement de travail est assorti d'une condition : elle devra aider à la blanchisserie si jamais le travail de couture vient à manquer.

Tout en travaillant, les femmes parlent de tout et de rien. Du mariage impérial, de cette fête donnée à Vesoul, dont elles ont entendu parler par les bonnes et les servantes, qui ont épié les conversations de leurs maîtresses et décrivent les toilettes et les bijoux des nobles et des bourgeois présents, les enjolivant à chaque fois de diamants ou de rangs de dentelles supplémentaires, à tel point qu'on se demande comment les pauvres pouvaient se déplacer, engoncés comme ils devaient l'être dans leurs falbalas, et le cou alourdi de pierreries.

— Si, je t'assure, un collier de six rangs de perles, tout aussi grosses que des œufs de pigeons. C'est ma cousine qui me l'a dit, elle travaille chez la femme du notaire qui a assisté au dîner chez le Général Grandjean.

— Dis-moi Fanchon, il paraît que l'armée a escorté le clergé qui allait bénir la première pierre du dépôt de mendicité. Est-ce que ton Étienne y était ?

— Non, répond Fanchon, il m'a dit que seul le cinquième régiment y était.

— En tout cas, mon frère m'a dit que des fontaines de vin coulaient des deux fenêtres de la mairie, et que chacun y puisait à sa guise.

— Ils devaient être dans un bel état tous, si le vin était à volonté !

Fanchon écoute tout cela, amusée, avec toujours l'oreille tendue vers la porte, à l'affût du moindre pleur de son fils. Mais il est sage, ne se réveillant que poussé par la faim, et se rendormant aussitôt ses langes changés.

— Il est calme ton bébé, constate Catherine, un peu envieuse. La mienne n'arrête pas de pleurer, pour un oui ou pour un non. Le moindre bruit la réveille. Ma mère me dit que c'est les dents, mais elle est bien petite encore pour les dents.

— Ça ne veut rien dire, la coupe Marguerite, repasseuse de métier qui aide parfois aux cuves quand le besoin s'en fait sentir. Les miens ont tous eu mal aux dents bien avant qu'elles ne sortent. Et je sais ce que je dis, j'en ai eu dix, des enfants.

— Ce n'est peut-être pas les dents. Elle a peut-être mal au ventre ?

— Qu'est-ce qui pourrait lui faire mal au ventre ? Elle ne prend que mon lait.

— Je ne sais pas, répond Fanchon. Ma mère me disait que je pleurais souvent lorsque j'étais bébé, et qu'elle me massait le ventre pour me calmer. Tu devrais essayer.

Peu convaincue, Marguerite continue sa lessive sans répondre, lorsque les pleurs simultanés des nourrissons les font se lever de concert pour allaiter leurs petits. Lorsqu'elles arrivent dans la pièce, une forte odeur les prend à la gorge. Marguerite lève sa petite et tout de suite, voit les langes bruns, nauséabonds.

— Mon Dieu, c'est quoi ça ?

— La diarrhée ! Pourvu que Jean ne l'attrape pas.

Madame Hortense, attirée par les cris, entre dans la pièce pour voir Marguerite tenant à bout de bras sa fille aux langes tâchés tandis que Fanchon, affolée, serre son fils contre elle. Très vite, elle prend les dispositions qui s'imposent, en maîtresse femme habituée à gérer les pires situations.

— Rentrez chez vous toutes les deux avec vos enfants. Catherine, tu ne reviendras que lorsque ta fille sera guérie, et si toi aussi tu n'as rien bien sûr. Je n'ai pas envie d'une épidémie de choléra dans mon personnel. Fanchon, tu peux revenir demain. D'ici là, mon fils aura passé la pièce à la chaux pour tuer tous les miasmes.

Sans demander, son reste, Fanchon fait demi-tour et sort en courant de la blanchisserie, suivie par les regards étonnés des autres femmes qui restent figées, les bras plongés dans l'eau savonneuse et fumante.

***

— Te voilà déjà ?

C'est par ces mots que Louise salue sa belle-sœur tandis que la petite Anne se précipite vers sa mère. Pourtant, celle-ci l'éloigne d'un geste. Alertée, Louise s'approche de Fanchon qui tient Jean, vagissant, tout contre elle.

— Il s'est passé quelque chose ?

— C'est la fille de Catherine, une petite de deux mois. Elle est malade. La diarrhée. Tu penses que Jean aurait pu l'attraper ?

Fanchon tremble de tous ses membres et semble à peine tenir debout. Louise, alarmée, lui prend le petit des bras et la fait s'asseoir.

— Allons, calme-toi. Tu vas faire tourner ton lait à force. Respire à fond et bois ce verre d'eau.

— Tu ne m'as pas répondu...

— C'est que je n'en sais rien ma belle. C'est peut-être juste un coup de froid que la petite aura pris sur le ventre, ou bien le lait de sa mère qui n'est pas bon. Ça ne sera pas contagieux dans ce cas.

Fanchon prend sa tête entre ses mains et d'un coup se met à pleurer à gros sanglots bruyants, sous les yeux d'Anne qui, sans comprendre, commence, elle aussi, à pleurer, sensible à la peine qui étouffe sa mère. Louise, avec des paroles apaisantes, caresse le dos de sa belle-sœur, comme on le ferait pour un poulain craintif.

— Allons, calme-toi, tu fais pleurer ta fille. Et ton petit qui pleure aussi.

— Tu crois qu'il a mal au ventre, questionne Fanchon entre deux sanglots ? Il est peut-être déjà atteint.

— Je crois surtout qu'il a faim.

— Mon Dieu, tu as raison. Quelle mère je fais, je suis partie en courant aussitôt que Madame Hortense nous a dit de rentrer et je n'ai même pas pensé à le nourrir.

Tandis que Fanchon défait son corsage, Louise s'emploie à rassurer Anne qui, blottie sur ses genoux, suce avidement son pouce, un geste qu'elle ne fait plus que lorsqu'elle est apeurée. Louise, qui ne sait quoi dire, se contente de bercer la petite tandis que Jean tire sur le sein de sa mère avec un bel appétit. Une fois la tétée terminée, Fanchon l'allonge sur un linge pour changer ses langes.

— Regarde ma belle, ses selles sont normales. Tu t'inquiètes pour un rien. Tu vas au travail demain ?

— Oui, Madame Hortense a dit qu'elle allait faire passer la pièce à la chaux.

— Tu vois bien, il ne risque rien ton petit.

Fanchon ne répond pas, mais elle sait que c'est faux. Son petit risque de tout attraper, il est si petit, si fragile. Pourtant, quand Anne est née, elle ne s'est pas inquiétée comme ça. Bien sûr Anne était une petite fille grassouillette, née à terme, et elle n'a pratiquement jamais été malade. En tout cas, d'aucune maladie qui mette sa vie en danger. Tandis que Jean, encore si petit, à peine remis de sa naissance prématurée, est-ce qu'il guérirait facilement même d'un simple rhume ?

— Tu veux souper avec nous ? Je vais aller chercher les garçons à l'école.

Fanchon hésite. C'est si tentant de se laisser dorloter, de se faire prendre en charge. Dans un sursaut de fierté, elle secoue la tête.

— Non merci, Louise, c'est gentil. Je vais rentrer préparer la soupe. Étienne va peut-être passer. Et puis il faut que je me couche tôt pour travailler demain.

Louise n'insiste pas, ne dit pas qu'eux aussi vont se mettre au lit de bonne heure, car Augustin se lève toujours à l'aube pour ouvrir l'atelier avant l'arrivée de Claude, qu'on peut mettre un mot pour Étienne, pour qu'il vienne rejoindre Fanchon. Elle sent bien que sa belle-sœur a besoin d'être seule, de se reprendre.

— Alors à demain, tu me déposes Anne comme d'habitude.

Les deux femmes se quittent sur un baiser, mais toutes deux restent inquiètes, car elles le savent, la maladie est insidieuse, on ne sait jamais où et quand elle peut frapper.

10 mai 1810

Elle a été réveillée par l'odeur il y a deux jours. Deux jours, peut-être plus, peut-être moins, elle ne sait plus. La même odeur que pour la fille de Catherine. Le médecin, appelé aussitôt, a dit qu'il s'est passé trop de temps pour que ce soit la même maladie, que c'est un hasard, mais elle n'y croit pas.

Étienne passe tous les jours, Anne est retournée chez sa grand-mère la nuit, par précaution. Fanchette est passée elle aussi, elle dit que la fille de Catherine va mieux, que Jean aussi va aller mieux. Tout le monde parle autour d'elle, tente de la rassurer.

Elle, tout ce qu'elle voit, c'est son enfant qui maigrit, sa peau toute sèche, ses yeux enfoncés dans leurs orbites. Le médecin a prescrit une potion qu'elle instille, goutte à goutte entre les lèvres parcheminées de l'enfant, diluée dans un peu d'eau.

Il faut qu'il boive, beaucoup, a-t-il dit aussi. Alors elle passe des heures à lui donner le sein, elle ne dort plus. Quand son lait vient à manquer, elle trempe un linge propre dans du lait coupé d'eau et fait couler doucement le mélange dans la gorge de son petit. Mais elle a l'impression de se battre contre le diable. Parfois, à bout de forces, elle croit voir le malin, tapi dans un coin, prêt à emporter son enfant.

Jean s'est endormi, après de longues heures de souffrance. Elle est assise, épuisée par le manque de sommeil. Elle ne sait plus quand elle a dormi pour la dernière fois. Quand elle ne s'occupe pas de Jean, elle mange et elle boit, pour tenir, pour continuer à avoir du lait, pour rester forte pour lui. Est-ce que ça va servir à quelque chose ? Elle n'en sait rien, mais elle lutte, du bout de son épuisement, elle lutte, pour lui.

Par la fenêtre, elle voit l'aube pointer entre les toits. Le soleil qui darde ses premiers rayons promet d'être chaud aujourd'hui, pas un seul nuage dans le ciel. Pour ce que ça va changer, pense-t-elle. Quelques coups timides sont frappés à la porte et Fanchette entre dans la pièce.

— Alors ?

Fanchon hausse les épaules sans répondre. Sa sœur se penche sur le berceau, inquiète, attentive.

— Tiens, maman te fait porter un pichet de lait frais. Bois-le tout de suite. Voilà aussi du pain, et un pot de bière, pour ton lait. C'est bon la bière pour allaiter.

Fanchon remercie d'un sourire las. Fanchette ne sait plus quoi dire. Alors elle embrasse sa sœur, jette un dernier regard à son neveu, avant de sortir.

***

Elle s'est endormie. Pas longtemps, pas bien, assise sur la chaise, la tête bringuebalant sur sa poitrine, sursautant à chaque fois qu'elle sort temporairement du sommeil. Maintenant, sa nuque lui fait mal, un filet de salive a coulé au coin de ses lèvres. Elle sursaute, se lève, trébuche... et tombe dans les bras d'Étienne.

— Eh bien, je t'ai fait peur ?

— Oui. Non. Je dormais, j'ai vu quelqu'un penché sur le berceau, j'ai cru....

Étienne la rassure d'un baiser. Il sait ce qu'elle a cru. Enlacés, ils contemplent leur enfant qui dort. Se rappelant soudainement qu'Étienne est censé être à la caserne, elle se tourne vers lui, interrogative.

— Tu as quartier libre aujourd'hui ? Tu ne m'avais rien dit.

— Ça n'était pas prévu. De nombreux pavés sont descellés dans la cour, ce qui faisait souvent trébucher les hommes pendant l'entrainement, sans que ça ne dérange personne d'ailleurs. Mais hier soir, le cheval du capitaine a manqué tomber et maintenant, il boite. Du coup, un entrepreneur a été appelé toutes affaires cessantes et la cour est en travaux. Tous les entrainements sont annulés.

— Tu as faim ?

— J'ai mangé avant de partir, du pain et du fromage. Mais mange, toi, je suis certain que tu n'as rien avalé.

Fanchon s'approche de la table tandis qu'Étienne tire un tabouret près du berceau pour regarder son fils dormir. Lui aussi a remarqué que son état se dégrade de jour en jour, presque d'heure en heure.

— Il a pris quelque chose ?

— Un peu de lait cette nuit. Et la potion prescrite par le médecin, juste avant qu'il ne s'endorme, à l'aube.

— Et toi, tu as dormi ?

— Si peu.

Étienne regarde Fanchon qui mâche laborieusement un morceau de pain trempé dans un bol de lait. Il est passé voir Anne chez Louise avant de venir. Tous s'inquiètent autant pour la mère que pour l'enfant. Hier soir, Louise a apporté à sa belle-sœur de la soupe agrémentée de morceaux de lard, pour lui donner des forces. Obéissante, Fanchon avale tout ce qu'on lui donne, mais l'inquiétude la ronge tellement qu'elle paraît presque aussi malade que son bébé, à tel point qu'Étienne ne sait plus s'il doit s'inquiéter pour son fils ou pour sa compagne.

— Quelle heure est-il ?

— Sept heures trente passées. Pourquoi ?

— Je pensais qu'il était plus tard que ça.

— Tu devrais dormir. Je vais veiller sur Jean.

Joignant le geste à la parole, Étienne écarte l'édredon pour dégager le matelas, tellement lisse et ferme qu'il devine aisément que Fanchon ne l'a pas occupé la nuit passée. Elle hésite, puis finit par s'étendre, épuisée. Il a à peine le temps de la recouvrir de l'édredon et de déposer un baiser sur sa tempe qu'elle s'est déjà endormie. Étienne la regarde un moment, écoutant le souffle léger qui s'échappe d'entre ses lèvres.

Soudain, son cœur se serre, l'angoisse l'étreint. Cette respiration, c'est la seule à rompre le silence de la petite pièce. D'un bond, il se dirige vers le berceau et un long cri de douleur sort de ses lèvres, faisant jaillir Fanchon du lit.

***

Fanchon est prostrée, à genoux devant le berceau dans lequel repose le petit corps maintenant délivré de toutes ses souffrances. Comme si la mort l'avait miraculeusement guéri, les joues du bébé sont soudain plus roses, plus rebondies. Il semble enfin apaisé.

Anne, éplorée, ne sait pas comment consoler sa fille. Ou plutôt, elle qui a déjà perdu des enfants à peine nés, sait que cette peine, rien ne pourra jamais la faire disparaître. Étienne, ne voulant laisser ce fardeau sur les épaules de personne d'autre, est parti chercher le sergent de ville, un dénommé Lallemand, qui, malheureux hasard, se nommait lui aussi Jean, pour déclarer le décès et servir de témoin.

— Je le savais, je le sentais au fond de moi qu'il était condamné.

— Ne dis pas ça. Tu le sais, moi aussi j'ai perdu des enfants. C'est la vie. Certains sont destinés à partir tôt. Pleure tant que tu veux, mais tu sais que tu dois aussi penser à ta fille. Elle a besoin de sa mère.

Fanchon lève la tête, et sa mère sent son cœur se déchirer devant son visage ravagé.

***

Lorsque Étienne rentre dans la petite pièce, il y fait un froid glacial. Le feu s'est éteint et aucune des deux femmes n'a remis de bois dans le foyer. Derrière lui, un bruit de frottement se fait entendre, qu'il stoppe d'un geste de la main.

— Posez-le là.

Quelques bruits encore, des pas dans l'escalier, qui descendent, mais ni Fanchon ni sa mère ne bougent. Étienne regarde le petit corps sans vie, puis sa compagne. Elle est blanche, à croire qu'elle aussi est morte. À genoux sur le sol, les deux mains agrippées au berceau, elle ne bouge pas, ne pleure plus.

Étienne, pose une main sur l'épaule d'Anne qui sursaute.

— Venez, murmure-t-il

Hésitante, Anne regarde sa fille avant de le suivre sur le palier, laissant la porte entre-ouverte. Là, posé sur le sol, se trouve un minuscule cercueil. À côté, se dandinant d'un pied sur l'autre, comme s'il ne savait quoi faire de sa grande carcasse, tortillant son couvre-chef entre ses grosses mains calleuses, se tient Jean Lallemand, le sergent de ville, qui a accompagné Étienne. Elle lève les yeux vers lui.

— Déjà ? Si vite ?

— Je sais Madame Carle, c'est rapide. Mais quand l'adjoint au maire a entendu parler de diarrhée, il m'a demandé de procéder à la mise en terre rapidement. Si jamais c'est contagieux, comme le choléra, il préfère ne pas différer.

Anne se tourne alors vers l'intérieur de la pièce, où se trouve sa fille.

— Il va falloir le lui dire...

Étienne, pourtant toujours si sûr de lui, hésite.

— Je sais, mais ne pensez-vous pas que ce serait le mieux ? Je vais peut-être vous paraître dur, mais il faut qu'elle tourne la page, qu'elle pense à Anne. Notre fille a besoin d'elle. Et puis il faudra le faire de toute façon.

— Laissez-lui au moins la journée, quémande Anne.

Le sergent se gratte la tête, il sait ce que c'est, sa femme aussi en a perdu des petiots, et il a eu bien du mal à la consoler. Mais ce que dit l'adjoint au maire... À ce moment, la porte s'ouvre entièrement devant Fanchon, livide. Elle les regarde sans dire un mot, regarde le cercueil, puis s'effondre à leurs pieds, comme une marionnette dont on aurait coupé les fils d'un seul coup de ciseaux.

***

Elle ouvre les yeux en gémissant, repousse d'un geste le linge humide posé sur son front et tente d'écarter l'édredon qui pèse sur ses jambes.

— Chut... Doucement...

— Jean, Jean...

— Calme-toi, s'il te plaît.

Comme elle le repousse violemment, Étienne s'écarte et la laisse s'asseoir sur le lit. Il faudra bien qu'elle affronte la réalité à un moment ou à un autre. Alors autant que ce soit maintenant, tant qu'il est là. Fanchon, hagarde, regarde autour d'elle. Pendant qu'elle était évanouie, Claude a descendu le petit berceau qui est maintenant rangé tout au fond de l'atelier de cordonnerie, là où elle ne pourra pas le voir.

— Ma chérie, c'est fini.

Elle se lève, se précipite vers son châle et titube, affaiblie. Étienne n'a que le temps de la rattraper et de la déposer sur le lit.

— Calme-toi. Nous n'avions pas le choix, c'était un ordre de l'adjoint au maire, pour éviter la contagion.

— Mais depuis quand une mère n'a plus le droit de faire la veillée mortuaire de son petit, dans ce pays maudit, sanglote Fanchon, éperdue.

Étienne, qui ne sait pas quoi répondre, ne peut que la regarder pleurer entre les draps, impuissant. Les larmes finissent par se tarir, et il lui semble que Fanchon, épuisée, n'a plus de larmes. Maladroitement, il lui prend la main, et alors qu'il craignait qu'elle ne le repousse, elle serre convulsivement ses doigts.

— Qu'est-ce que j'ai fait de mal pour qu'il meure ?

— Tu n'y es pour rien, ce n'est pas ta faute voyons.

— Je n'aurais pas dû retourner au travail. C'est la petite de Catherine. Elle est forte, elle s'en est sortie. Mon pauvre Jean ne pouvait pas lutter contre cette maladie.

Étienne lui caresse les cheveux, la prend dans ses bras. Il ne sait pas quoi faire, ne sait pas quoi dire pour qu'elle se sorte cette culpabilité de la tête. C'est alors que la porte s'entre-ouvre doucement et que, poussée par Louise, leur fille entre timidement dans la pièce.

— Maman ?

— Cette petite fille réclame ses parents depuis des heures. Je ne pouvais plus la tenir, murmure Louise.

Fanchon se précipite alors sur sa fille qu'elle couvre de baisers tandis que Louise échange un regard avec Étienne. Tous les deux savent bien qu'Anne est le seul remède pour que Fanchon fasse son deuil. L'enfant a besoin d'elle, de son amour et de sa tendresse. Jean lui, là où il est, n'a plus besoin de rien.

26 août 1810

Le temps est chaud en ce beau dimanche, aussi toute la famille a décidé de se promener dans cet espace verdoyant situé au bout de la rue Saint-Georges.

— Vraiment, nous sommes chanceux d'avoir une ville aussi belle. Je ne sais pas si Paris est aussi agréable et pour être franc, je ne voudrais habiter nulle part ailleurs qu'à Vesoul.

Souriant à cette remarque de sa femme, Augustin décide de la taquiner.

— Pourtant, à Paris, tu pourrais admirer la superbe colonne Vendôme qui a été inaugurée pour la fête de notre empereur. Sans compter la magnifique statue à la mémoire du général Desaix.

— Magnifique ? Tu plaisantes. Je suis allée porter mes ouvrages chez Madame Grimaud, la couturière, et ses riches clientes ne parlent que de ça. Il paraît que le général est représenté totalement nu !

— Bien entendu. N'est-ce pas ainsi que les Romains et les Grecs représentaient leurs Dieux ?

— Mais enfin il ne s'agit pas d'un Dieu imaginé par les hommes, il s'agit d'un homme bien réel, un général d'empire.

Outrée, Louise darde sur son époux un regard furibond avant de remarquer son sourire amusé.

— Ma parole, mais tu te moques de moi ! Tu n'as pas honte ?

— Pas du tout ma chérie, j'adore quand tu es en colère. Tu deviens toute rose et tu souffles par le nez comme un cheval furieux, tu es adorable comme ça.

Étienne sourit en les entendant, mais son sourire s'évanouit aussitôt apparu. Ça fait longtemps qu'il n'a pas plaisanté comme ça avec Fanchon. Il a bien essayé, mais rien n'y fait. On dirait que tout glisse sur elle comme sur une plaque de glace. Bien sûr, elle ne pleure plus, elle ne parle plus de Jean. Elle mange, dort, travaille, s'occupe parfaitement d'Anne. Mais c'est comme si son corps était là et son esprit ailleurs. Elle ne sourit plus, ne rit plus, répond quand on lui parle, mais sans chercher à poursuivre la conversation. Elle qui fredonnait toujours, que ce soit en cousant ou en lavant, Françoise et Fanchette lui ont dit qu'à la blanchisserie, on ne l'entend plus. C'est comme si elle était devenue transparente.

Anne, qui court devant avec le plus jeune de ses cousins, se précipite vers son père, brandissant dans ses petits doigts potelés une plume de canard toute brillante qu'elle vient de ramasser.

— Regarde papa, c'est beau.

— Oui ma chérie, c'est une très jolie plume. Garde-la bien serrée dans ta main pour ne pas la perdre, je ferai un chapeau pour ta poupée et je la fixerai dessus.

Aux anges, la petite part vers sa grand-mère pour lui expliquer qu'elle aura bientôt un beau chapeau pour sa poupée, et Étienne réalise qu'avant, la petite-fille se serait d'abord dirigée vers sa mère pour lui montrer son trésor. Comme si l'enfant, en dépit de son jeune âge, a compris que sa mère s'est enfermée dans un autre monde.

Ralentissant le pas, il s'approche de celle qu'il considère comme sa belle-mère. Après s'être assuré que personne ne puisse les entendre, il pose la question qui lui brûle les lèvres.

— Anne, je m'inquiète pour Fanchon. Elle agit normalement, mais elle est tellement différente d'avant, comme dans un autre monde. Que peut-on faire pour l'aider ?

Anne soupire, et réfléchit quelques instants avant de répondre.

— Je sais, j'y ai pensé moi aussi. Je suis contente que vous m'en parliez, ça prouve que vous vous inquiétez aussi pour elle, que vous l'aimez. Malheureusement, je n'ai pas de remède miracle. Comme toutes les mères de famille, je connais les potions et les onguents pour les petits maux de tous les jours, les nausées, les maux de dents, les écorchures. Mais la peine de perdre un enfant, je l'ai connue, et je sais que la seule chose qui peut aider, c'est le temps. Fanchon n'oubliera jamais Jean, sa peine ne s'effacera jamais tout à fait, elle s'atténuera, c'est tout.

Après un moment de silence, elle dévisage Étienne qui chemine à côté d'elle, les mains enfoncées dans ses poches, tapant inconsciemment dans chaque caillou qu'il croise, comme s'ils étaient responsables de la disparition de son fils, de la peine de sa compagne. Haut dans le ciel, les hirondelles stridulent et tournent dans un incessant ballet, chassant le moindre insecte.

— Il y a une chose qui pourrait lui faire du bien, c'est d'avoir un autre enfant.

— Un autre enfant ? Je fais tout pour l'éviter, tant j'ai peur qu'elle ne replonge dans l'angoisse d'un accouchement avant terme, d'un autre bébé fragile.

— C'est un risque, je ne vous le cache pas. Quand j'ai perdu coup sur coup mes deux petits, qui se nommaient tous deux Jean d'ailleurs, un malheureux hasard qui a ancré dans la tête de Fanchon que ce prénom portait malheur dans la famille, j'ai bien cru mourir de chagrin. Et puis quand Claude est né, si beau, si dodu, un vrai Jésus de crèche, j'ai su qu'il fallait que je relève la tête, pour lui, et pour les plus grands qui eux aussi avaient besoin de moi. Croyez-moi, faites-lui un petit à ma Fanchon, pour elle, pour vous et pour votre fille.

***

Avec l'arrivée du soir dans un rougeoiement de soleil couchant, tous rentrent dans leurs foyers, et Étienne, qui a quartier libre jusqu'au lendemain matin, débarbouille la petite Anne toute couverte de poussière à force de courir dans les allées du parc, tandis que Fanchon prépare un peu de pain et de fromage sur la table.

— Nous avons encore trop mangé aujourd'hui. Je ne sais pas de qui ta mère tient cette merveilleuse recette de pâté en croûte, mais à chaque fois qu'elle en fait, j'en mange à me faire éclater l'estomac. Ce n'est pas à la caserne qu'on mangerait un mets si délicieux.

— C'est une recette de ma grand-mère, je crois.

— Tu devrais lui demander de te la transmettre.

Fanchon esquisse un pâle sourire tout en déposant les assiettes sur la table.

— C'est prêt. Mangeons tout de suite, sinon Anne va s'endormir sur son repas.

Tous trois mangent du bout des lèvres et même Anne, repue aussi bien de nourriture que de fatigue, repousse les fruits que tente de lui faire manger sa mère. Fanchon la borde dans son petit lit et elle a à peine le temps de tirer les rideaux que l'enfant dort déjà.

Étienne, assis sur le bord de sa chaise, fixe ses pieds sans même les voir, se demandant comment aborder avec Fanchon le sujet qui lui tient à cœur. Soudain, il sent une présence devant lui et lève la tête pour voir sa compagne qui le dévisage. Derrière elle, la lampe fait un halo autour de ses cheveux, et l'espace d'un instant, Étienne se revoit dans l'église, lorsqu'il était petit, contemplant la statue à l'effigie de Marie, auréolée de la lueur des cierges.

— Je sais de quoi vous parliez avec ma mère. Je ne suis pas complètement sotte.

Étienne prend ses mains dans les siennes. Sans le savoir, elle vient de lui donner le courage de parler.

— Et alors ? Tu penses que nous ne devrions pas nous inquiéter pour toi ? Que crois-tu donc ? Que ta mère, tes frères, tes sœurs, moi, on ne t'aime pas ? Que nous nous moquons totalement de ce que tu ressens ?

— Ce n'est pas ça le sujet. J'aimerais savoir ce qui se dit derrière mon dos.

— Ce n'est pas derrière ton dos puisque je voulais t'en parler ce soir. Tu m'as surpris alors que je réfléchissais à la meilleure manière d'aborder le sujet.

— Je t'écoute.

— J'ai demandé conseil à ta mère. Tu le sais, elle a vécu le même drame que toi, plusieurs fois même. Elle m'a dit qu'elle aussi avait cru mourir de chagrin, que le temps ne faisait qu'affaiblir la douleur sans la faire disparaître totalement. Mais que ce qui l'avait sauvé, c'était la naissance de Claude. Elle avait eu un but, un dérivatif à sa douleur.

Fanchon arrache ses mains brusquement et se recule.

— Remplacer Jean ? Jamais !

— Ma chérie, je ne te parle pas de le remplacer. Je sais bien qu'un enfant ne se remplace pas. Tu ne l'oublieras pas et moi non plus. Il restera toujours dans nos cœurs. Mais je sais que tu culpabilises, et tu as tort. Rien n'est de ta faute. Regarde Anne, elle est forte, c'était un beau bébé, vigoureux. Il n'y a pas de raison que tu n'aies pas un deuxième enfant comme elle, même si au fond de toi, tu es persuadée du contraire. Je dis seulement qu'avoir un autre bébé te permettra de remonter la pente, te prouvera que j'ai raison et que tu n'as aucune responsabilité dans ce qui est arrivé. Au contraire, tout le monde est persuadé que tu t'es occupée de Jean comme aucune autre mère ne l'aurait fait, et que sans toi, il n'aurait certainement pas survécu plus d'un mois.

Fanchon reste silencieuse, pensive. Étienne se lève et la prend dans ses bras, l'embrasse puis plonge ses yeux dans les siens.

— On ne va pas faire un bébé ce soir, c'est évident. Mais promets-moi d'y réfléchir sérieusement. Si tu penses que j'ai raison, alors dis-le-moi. Tu me le promets ?
— Oui, je te le promets.

Cette nuit-là, Fanchon, apaisée, a enfin dormi sans cauchemar pour la première fois depuis longtemps.

16 novembre 1810

Le froid vif et piquant lui rosit les joues et gèle ses doigts, bien qu'elle ait pris soin d'envelopper ses mains dans son châle. Fanchon se hâte, il fait nuit depuis longtemps et demain aussi la journée sera longue. En passant devant la maison d'un bourgeois dont elle ignore le nom, elle voit toute la famille réunie autour de la table, l'homme, rubicond, bien nourri, qui lève un verre de vin. À la santé de qui trinque-t-il ? À la naissance annoncée du fils de l'empereur ? Fanchon s'en moque, tout ce à quoi elle pense, c'est aux taches de vin et de graisse sur la nappe qu'il lui faudra savonner, frotter, et tout ça indéfiniment. Même si elle ignore son nom, elle sait qu'il est un des clients de Madame Hortense. Pour un peu, elle qui n'est pas méchante, elle souhaiterait que la jeune impératrice accouche d'une fille. Une fille sur le trône impérial ! Elle rit toute seule rien qu'en imaginant la tête qu'ils feraient tous, l'empereur et tous ceux qui lui font des courbettes !

Fanchon secoue la tête. C'est bien le moment de penser à tout ça, alors qu'Anne l'attend chez sa tante et que demain il faudra la réveiller tôt la pauvre petite, et l'emmener, toute chaude encore de sommeil, blottie dans les bras de sa mère. Elle en arriverait presque à envier la femme du bourgeois, qui se réveille au milieu de la matinée, sonne pour avoir son repas et n'a pas à se préoccuper de réveiller ses enfants, tant elle a de nourrices et de bonnes pour s'en occuper. Est-elle plus heureuse pour autant ? Fanchon décide que non. Elle au moins, elle a l'affection de sa fille, elle ne confie pas à une autre le soin de s'occuper de sa petite, et Fanchon conclut que, en définitive, elle n'en voudrait pas de cette vie-là.

Dans l'escalier, elle a presque chaud, par contraste avec la bise qui souffle dehors. Arrivée devant la porte, elle entend des voix d'homme. Augustin son frère est donc rentré de l'atelier ? Mais cette autre voix, pas de doute, oui, c'est bien celle d'Étienne. Pressée et joyeuse tout en même temps, elle toque à la porte et entre aussitôt.

— Étienne ? Mais que fais-tu là ?

— Bonjour ma douce. Je suis venue chercher Anne et je t'ai attendue. Le dernier contingent de conscrit qui devait arriver ce soir a été retardé en route par des inondations. Ils ne seront là que lundi dans la matinée. De ce fait, j'ai quartier libre pour deux jours.

— Vraiment ? C'est merveilleux. Quel dommage que je travaille demain !

— Je sais, mais je vais quand même te faciliter la vie. Déjà, pas la peine de réveiller la petite, je m'occuperai d'elle toute la journée. Et quand tu sortiras de la blanchisserie, nous t'attendrons dehors.

Fanchon hésite et Étienne, qui la connaît par cœur, sait très bien quelles pensées traversent son esprit. Dehors, il fait froid, Anne risque d'attraper du mal. Louise, qui a bien saisi elle aussi le dilemme qui ronge sa belle-sœur, lance à Étienne

— Dehors ? Avec la petite ? Moi je vous propose plutôt de déposer Anne ici, vous allez chercher Fanchon, et vous revenez ensuite souper avec nous tous les trois. Qu'en dites-vous ?

Devant le soulagement qui envahit le visage de sa compagne, Étienne acquiesce chaleureusement à cette proposition. Alors que Fanchon commence à chercher la veste et le châle pour envelopper Anne, Étienne lui tend un paquet.

— Tiens, un cadeau.

Les yeux brillants, elle défait le papier et tend à bout de bras pour mieux l'admirer une magnifique veste de laine brune, chaude et épaisse à souhait, le vêtement idéal pour la protéger de l'hiver qui s'annonce glacial.

— Étienne, elle est magnifique. Tu n'aurais pas dû, elle a dû te coûter une fortune.

— Ts ! Ne t'occupe pas du prix, une jolie femme ne discute jamais le prix d'un cadeau. Et comme tu es maintenant une couturière émérite, j'ai pensé que dans ton ancienne veste, en doublant le tissu, tu pourras coudre une veste bien chaude pour Anne.

— C'est une merveilleuse idée, je m'y mettrai ce dimanche.

— Et pendant que tu feras de la couture, je commencerai à apprendre à lire à notre fille. Cette petite est intelligente, j'ai envie qu'elle aille loin.

Attendrie, Louise regarde le jeune couple faire des projets. Pourvu que rien ne les sépare jamais, pense-t-elle avec une pointe d'inquiétude.

***

— Brrr, on gèle ici.

— Il y a encore des braises, je vais raviver le feu.

Tandis qu'Étienne entasse du petit bois sur les braises encore chaudes et souffle dessus pour les raviver, Fanchon installe leur fille sur une chaise.

— Garde encore un peu ta veste ma chérie, le temps que papa ranime le feu.

Obéissante, la petite secoue la tête de haut en bas, imprimant ainsi charmant mouvement à ses jolies boucles.

Fanchon, qui a ôté sa jolie veste neuve et l'a accrochée soigneusement à la patère, allume la lampe, éclairant ainsi la pièce d'une chaude couleur jaune d'or.

Tandis que la chaleur commence à se répandre dans la pièce, Fanchon sort les provisions du garde-manger et les dispose sur la table pour un souper improvisé. Il reste de la soupe de la veille qu'elle va faire réchauffer, et elle met quelques pommes de terre à cuire qu'elle servira avec de la crème et de la salade. La soupe et du pain lui auraient suffi, mais elle sait Étienne pourvu d'un solide appétit. Alors qu'elle se retourne, un pichet de cidre à la main, elle voit sur la table un morceau de lard bien épais.

— Mais tu es un magicien. Quel baron d'empire as-tu détroussé pour, non seulement pouvoir m'offrir un superbe vêtement chaud, mais mettre aussi sur la table ce morceau de choix alors que nous ne sommes même pas jour de fête ?

Étienne éclate de rire.

— Je n'ai détroussé personne. Mais je ne suis pas non plus totalement innocent, car j'ai détourné ce lard qui devait normalement finir sur la table des officiers.

Affolée, Fanchon porte ses mains à sa bouche.

— Mon Dieu, et si tu t'étais fait prendre ?

— J'aurais raconté que ce morceau de lard est destiné à ma bien-aimée et à notre fille... Et j'aurais terminé au cachot. Allez, assez de suppositions. Je ne me suis pas fait prendre et je meurs de faim. À voir la façon dont Anne dévore des yeux ce morceau de choix, je pense que je ne suis pas le seul. À table.

Tous trois font honneur aux mets disposés sur la table, tant et si bien que Fanchon se réjouit d'avoir coupé le lard en deux pour en mettre la moitié de côté pour le lendemain. Tandis qu'Étienne lave et range la vaisselle, elle couche leur fille qui tombe de sommeil. Tout en donnant un coup de balai, elle regarde, attendrie, son homme qui termine d'empiler les assiettes propres sur l'étagère. Celui-ci s'en rend compte et lui sourit.

— À quoi penses-tu ?

— Je pense que j'ai bien de la chance de t'avoir dans ma vie, même si nous ne nous voyons qu'une fois par semaine, parfois moins. Quand j'entends les histoires des autres femmes à la blanchisserie, celles dont les maris rentrent saouls presque chaque soir, dilapidant l'argent au cabaret, ou bien qui les quittent pour une autre femme, les laissant seules avec les enfants, quand ce n'est pas pire. Vraiment, je n'échangerais ma place contre la leur pour rien au monde.

— Tu sais, si nous vivions ensemble, peut-être que tu ne me supporterais pas.

— Oh si, je te supporterai. J'en mets ma main au feu.
— En parlant de feu, je vais charger le foyer en bois...

Étienne, qui sait que sa compagne doit se lever avant l'aube et qu'il se fait tard, rajoute quelques bûches pour la nuit puis commence à se déshabiller tandis que Fanchon ouvre les rideaux du lit clos qu'elle occupe seule la plupart des nuits et commence, elle aussi, à ôter ses vêtements.

Il ne se passe que quelques minutes avant qu'ils ne se retrouvent serrés l'un contre l'autre, blottis au chaud dans ce lit où ils se sont aimés tant de fois. Et justement, ce soir, Fanchon a envie d'être aimée. Alors c'est elle qui prend l'initiative, glissant doucement sa main vers le sexe dressé d'Étienne. Dans un gémissement de plaisir, celui-ci accepte ses caresses puis plonge son visage entre les seins de son aimée.

— Ma douce... Je t'aime tant.

Caressant doucement ses cheveux d'une main, il tend l'autre à travers les rideaux du lit, pour prendre de quoi s'épancher, mais Fanchon retient son poignet.

— Non, pas ce soir, plus maintenant. Fais-moi un enfant, s'il te plaît.

Cambrant les reins, offerte, Fanchon l'accueille en elle, s'abandonnant comme elle ne l'avait jamais fait auparavant.

13 décembre 1810

Fanchon lave et frotte, maussade, fatiguée, irritable. Rien ne va. Aujourd'hui, comme il y a beaucoup de linge à laver et moins de couture, c'est à elle que Madame Hortense a demandé de repasser au lavage. Et depuis ce matin, elle a mal au ventre. Elle a ses règles, ce qui veut dire qu'elle n'est pas enceinte.

Elle se moque d'elle-même avec une ironie cruelle. Ses deux premières grossesses étaient des accidents, à chaque fois elle craignait d'annoncer la nouvelle à Étienne, et maintenant, tous deux ne rêvent que d'une chose, avoir un autre enfant. Elle imagine déjà son regard déçu quand il s'en rendra compte.

Pour couronner le tout, Madame Hortense est chez un riche notable, négociant âprement le tarif de lavage et de repassage de son linge, son fils est en livraison, et son mari, et bien son mari comme d'habitude, il profite de l'absence de sa femme pour filer à l'auberge vider quelques verres.

Il n'y a pas que lui qui profite de l'absence de sa femme. Les filles ont ralenti la cadence, la pile de linge ne baisse pas, mais par contre les langues elles, ont adopté une cadence infernale. Et vas-y que je te critique une telle, et que je te raconte que le tisserand couche avec la femme du boulanger. Et d'ailleurs tu penses vraiment que son petit à la boulangère, il n'est pas le fils de son amant plutôt ?

Fanchon écoute d'une oreille distraite. Elle ne veut pas participer à ces commérages. Oh bien sûr, dans un autre contexte, si elle n'avait que ça à faire, elle aussi aimerait bien dégoiser sur les autres. D'ailleurs, ce ne serait que bonne guerre. Elle n'est pas naïve non plus, quand elle marche dans les rues tenant Anne par la main, elle sent bien certains regards qui pèsent sur elle, elle sait que sa relation avec Étienne donne lieu à des critiques acerbes. Mais elle a de la répartie. Pour preuve sa dernière visite à la boulangerie, quand la boulangère, faussement aimable, lui a demandé « des nouvelles de son mari », en insistant bien sur le dernier mot. Fanchon, l'air enjoué, lui avait répondu « Il va très bien. Par contre je m'inquiète pour Monsieur Planchet, le tisserand, ça fait un moment que je ne l'ai pas croisé. J'espère qu'il n'est pas malade au moins ». La pâleur soudaine de la boulangère et le regard inquiet qu'elle avait jeté vers le fournil avaient rempli le cœur de

Fanchon d'un sentiment de vengeance qui n'avait rien de charitable.

Soudain, un brouhaha retentit dans l'arrière-boutique, là où le linge est mis à sécher. Toutes arrêtent le travail, attentives, car elles savent que le scandale qu'elles redoutaient, qu'elles espéraient même pour certaines, vient de se produire. Elles l'avaient pourtant prévenue la Jeannette, qui fait les yeux doux aux clients lorsqu'ils apportent leur linge sale, qui dévoile comme par accident une épaule, un sein même, ou oublie, comme par hasard, de détacher sa jupe qu'elle relève pour plus d'aisance, dévoilant ainsi une cuisse rose et appétissante. Il faut dire que ceux qui apportent leur linge, pour économiser les frais d'enlèvement et de livraison, sont souvent de jeunes étudiants, bien faits de leur personne. Et s'ils économisent sur certaines dépenses, ils ne rechignent pas à glisser une pièce à Jeannette pour profiter de son corps.

Au début, la Jeannette emmenait « ses amis » comme elle disait, dans la petite chambrette qu'elle louait dans la maison d'une veuve. Mais ça n'avait pas duré longtemps. La veuve, outrée, avait posé un ultimatum « Plus d'hommes chez moi sinon tu vas loger ailleurs ». Alors Jeannette avait donné ses rendez-vous dans des endroits calmes, un parc où une ruelle déserte lorsque le temps était clément. Puis, l'hiver venant, elle avait essayé de convaincre ses galants de la recevoir chez eux. Difficile lorsqu'on loge dans le collège lui-même, ou bien lorsqu'on partage une pièce avec d'autres étudiants.

Un jour, les blanchisseuses l'avaient surprise avec un jeune étudiant en droit, entre les draps mis à sécher, dans une situation sans équivoque. Elles l'avaient prévenue « si Madame Hortense te surprend, tu vas le payer cher ». Jeannette s'était contentée de hausser les épaules en se rajustant. Et voilà, ce que tout le monde redoutait était arrivé.

Madame Hortense jaillit comme une furie, tirant par les cheveux Jeannette à demi nue, suivie d'un jeune homme qui se rajuste avec empressement avant de filer dans la rue au pas de course, sans demander son reste. La Jeannette aussi aimerait bien filer, mais Madame Hortense ne lâche pas prise, et à moins de laisser entre les mains de sa patronne la moitié de sa chevelure, la jeune fille n'a pas d'autre solution que de subir.

— Espèce de petite putain, tu crois que je vais tolérer ça chez moi ? Je le dis pourtant à l'embauche, et je le redis souvent, pas de prostitution chez moi. Les autres patronnes le tolèrent, je sais que certaines prélèvent même un pourcentage au passage, mais ici c'est une maison honnête, où les parents peuvent placer sans crainte leurs filles pour apprendre un métier.

Madame Hortense crache ces mots tout comme elle crache sur Jeannette, toujours prisonnière de la terrible poigne. Son autre main assène des coups de poing sur la poitrine dénudée tandis qu'elle bourre la jeune fille de coups de pieds. Fanchon voit sa jeune sœur se lever pour intervenir, mais elle l'arrête d'un geste tout en secouant la tête.

— Laisse, murmure-t-elle, Jeannette savait ce qu'elle risquait, nous l'avons assez prévenue. Si tu prends son parti, tu risques de perdre ta place toi aussi.

Fanchon le sait, c'est lâche de ne rien faire, mais elle pense à sa fille, au salaire dont elle a besoin pour les nourrir toutes deux. Et puis Madame Hortense a été bonne et juste avec elle, la reprenant après ses deux accouchements, lui donnant même une place de couturière alors qu'elle n'y était pas obligée. Alors, même si Fanchon souffre en voyant maintenant le sang couler du visage de Jeannette, elle sait qu'elle n'interviendra pas.

Fatiguée soudain de cette bataille, Madame Hortense lâche la jeune fille qui s'écroule à ses pieds, et toise ses employées qui baissent immédiatement les yeux sur leur linge, le frottant vigoureusement, comme si leur vie en dépendait.

— Et vous toutes là, vous n'allez pas me dire que vous ne saviez rien ! Vous ne pouviez pas me prévenir ? Oui, je sais, dit-elle comme si les filles lui avaient répondu, ce qui n'est pas le cas bien sûr, vous n'alliez pas la dénoncer, vous vous serrez les coudes. Et bien je vous préviens, vous n'aurez pas de deuxième chance. Si une fille, une seule, ose se prostituer chez moi, je vous mets dehors toutes, toutes, vous m'entendez !

Puis, jetant quelques pièces aux pieds de Jeannette, toujours prostrée sur le sol.

— Voici tes gages jusqu'à hier soir, et je suis encore bien bonne de te payer. Tu as cinq minutes pour te rhabiller et disparaître. Ne t'avise même pas de croiser mon chemin, je ne veux plus jamais te revoir.

Impériale, la tête haute, Madame Hortense repart vers le petit réduit qu'elle nomme « mon bureau », sans un regard pour personne, tandis que Jeannette, reniflant, ramasse les pièces et sort de la boutique, se fondant dans le brouillard de l'hiver comme un spectre.

***

Les trois sœurs marchent vite, comme pour se réchauffer. Françoise ne dit rien, mais Fanchette elle, boue intérieurement, Fanchon le voit bien. Soudain, elle s'arrête net, plantée au milieu de la chaussée.

— On aurait dû faire quelque chose, nous avons été lâches, on n'aurait pas dû laisser Madame Hortense traiter Jeannette comme ça.

Fanchon et Françoise s'arrêtent elles aussi, et font face à leur sœur, échangeant un regard rapide. Est-ce parce qu'elle est la plus jeune, qu'elle est toujours bouillante d'indignation, prête à intervenir pour sauver un chaton de la noyade, empêcher un père de gifler son fils, un cocher de battre ses chevaux, quitte à prendre un mauvais coup ?

— Eh bien, répondez-moi ? Vous allez me dire que ça nous ne regarde pas peut-être ?

— Oui, soupire Fanchon, ça ne nous regarde pas. En plus, je te le répète encore une fois, nous avions toutes prévenu Jeannette, elle savait ce qu'elle risquait. Elle a joué avec le feu, elle a payé.

— Elle est jeune, elle ne s'est pas rendu compte.

— Arrête Fanchette, elle a ton âge. Tu aurais fait ça, toi ?

— Non, mais elle avait peut-être besoin d'argent, personne ne s'est inquiété de savoir si elle avait de la famille, si elle avait besoin d'aide. Toi Fanchon, qui a une fille à élever, tu peux la comprendre non ?

Fanchon sent l'énervement l'envahir doucement. Elle aime beaucoup sa sœur, mais par moment, elle aimerait qu'elle réfléchisse un peu avant de parler.

— Arrête, ne me compare pas à elle s'il te plaît. C'est justement parce que j'ai une fille que je ne ferai jamais ça. Une mère qui se prostitue, il y a mieux comme exemple. Si elle a besoin d'argent, ça veut dire que ce que nous donne Madame Hortense ne lui suffit pas ?

Et bien je suis désolée, mais avec ce salaire, je paie mon logement, je mange, ma fille aussi, et nous avons des vêtements sur le dos. Tu as vu l'autre jour la chaîne d'argent qu'elle avait autour du cou la Jeannette ? Et le foulard brodé l'autre dimanche, quand nous l'avons croisée dans la rue ? Eh bien non, si elle se prostitue pour des bijoux et des fanfreluches, je ne la plains pas, et je ne vais pas risquer ma place pour l'aider.

— Ta place, ta place, mais si tu la perds ta place tu en trouveras une autre. Et puis maman, Augustin et Étienne ne vous laisseront pas mourir de faim toi et la petite.

Fanchon soupire. Comme d'habitude, Fanchette n'a retenu que ce qui l'intéressait.

— Ma place j'y tiens. Madame Hortense me l'a gardée, ma place, après mes accouchements, Madame Hortense m'a mise à la couture quand je suis revenue avec Jean. Alors maintenant qu'Étienne et moi avons décidé de faire un autre bébé, oui je m'y accroche à ma place. Et tant pis pour Jeannette !

Bouches ouvertes, elles dévisagent leur sœur.

— Vous allez faire un bébé ? Exprès ?
— Oui, répond Fanchon, le nez baissé, mais un sourire mutin sur le visage. Nous l'avons décidé le mois dernier. Puis, fusillant ses sœurs du regard : mais pas un mot à qui que ce soit, sinon je prends le fusil d'Étienne et je vous fais passer de vie à trépas !

Françoise, peu expansive d'habitude, saute au cou de sa sœur.

— Je suis si contente.

Fanchon la serre dans ses bras puis s'avance vers Fanchette.

— On fait la paix ?

Des larmes dans les yeux, Fanchette l'embrasse à son tour et c'est bras dessus, bras dessous que les trois sœurs reprennent leur chemin, devisant sur le futur bébé, prenant des paris sur le sexe et choisissant déjà les prénoms. De la pauvre Jeannette, il n'en est maintenant plus question.

10 avril 1811

Fanchon ouvre les yeux. L'aube pointe à peine, et elle sait que bientôt, sa sœur va venir toquer à sa porte pour la réveiller. Elle s'étire, les bras tendus, puis se renfonce profondément sous l'édredon. Encore cinq minutes !

Depuis quelques jours, elle espère... si elle a bien fait ses calculs, elle aurait dû avoir ses règles depuis déjà deux semaines, et même si elle n'est pas aussi précise que sa sœur Françoise, qui elle, peut prédire l'arrivée de ses menstruations à la journée prêt, elle n'a jamais eu, au grand maximum, qu'une semaine de retard. Deux semaines ! Et si elle était enceinte ?

Toc, toc, toc... ça y est, elle doit se lever, se préparer, puis prendre Anne dans ses bras et la porter chez Louise. Comme d'habitude, la petite dormira encore à moitié, et elle répondra à peine lorsque sa mère la déposera sur le lit de sa tante.

Décidée, Fanchon repousse l'édredon d'un grand coup de pied, pose ses deux pieds sur le sol, se lève.... Et retombe aussitôt sur le lit. Elle porte ses mains à sa bouche et se lève à nouveau pour se précipiter vers la bassine. Juste à temps. Haletante, la bouche souillée, elle sourit pourtant. Aucun ne doute, ces nausées en sont le signe, elle attend un petit.

***

Fanchon n'a rien dit à Louise... Elle ne dira rien à personne, elle veut qu'Étienne ait la primeur de la nouvelle. Quel vœu pieux ! Sur le chemin, avec ses sœurs, rien qu'en sentant l'odeur de pain frais qui s'échappe de la boulangerie, elle sent son estomac se retourner, et vlan, dans la rigole. Inutile de la faire à ses sœurs, elles ont tout de suite compris et la félicitent chaleureusement.

Arrivée à la blanchisserie, elle décide de jouer franc-jeu avec Madame Hortense.

— Je suis contente pour vous ma fille. J'espère que tout se passera aussi bien que pour votre premier. Pour l'instant, je ne peux pas vous remettre à la couture, je n'ai pas assez d'ouvrage, mais je vous passe au repassage en attendant, ça sera un peu moins dur.

— Merci madame.

Satisfaite, Fanchon s'installe devant la pile de linge propre et met les fers à chauffer. Ce que Madame Hortense ignore, c'est que Sylvaine, l'une des couturières, vient de se fiancer et qu'elle donnera ses huit jours aussitôt le mariage célébré. Elle pourra donc prendre sa place. Sylvaine lui a fait cette confidence il y a quelques jours. Comme Fanchon lui demandait pourquoi elle ne prévenait pas Madame Hortense avant, à sa grande surprise, cette dernière lui a répondu :

— On ne sait jamais, tant que je n'ai pas signé le registre des mariages, je préfère ne pas vendre la peau de l'ours avant de l'avoir tué.

— Tu crains donc tant de voir ton fiancé changer d'avis ?

Sylvaine a éclaté de rire.

— Certainement pas, mais il est si vieux que j'ai peur qu'il ne meure avant le mariage. Après, je suis tranquille, le contrat de mariage et le testament sont tous deux en ma faveur.

Fanchon est restée bouche bée de cette déclaration. Elle a déjà entendu parler de mariages arrangés entre nobles, de jeunes hommes épousant des femmes sans les aimer parfois même beaucoup plus âgées qu'eux, juste pour échapper à la conscription, mais épouser un vieillard uniquement pour son argent, jamais. Est-elle donc si naïve ?

***

— Je te le confirme ma belle, tu es enceinte d'environ un mois. Tu auras ton petit début décembre. Il a l'air bien accroché et tu es en pleine forme. J'ai confiance.

Souriante, Fanchon se rhabille et dépose sur la table le paiement de la consultation. Pour un peu, elle embrasserait la sage-femme.

— Il sera encore plus beau et plus fort que le roi de Rome !

— Pour sûr, ce n'est pas la naissance qui fait un bel enfant. J'en sais quelque chose, j'en ai mis assez au monde des fils de gueux et des fils de notables. L'argent ne donne pas la santé ni le bonheur hélas.

— Je me dépêche, j'ai ma petite à aller chercher. À bientôt.

Fanchon se précipite dehors. C'est un demi-mensonge, car si Anne l'attend effectivement chez Louise, elle fuit surtout parce qu'elle la connaît bien la veuve Cariage. Si elle se lance sur le sujet des enfants qu'elle a mis au monde, il y en a pour des heures. Et égoïstement, Fanchon n'a pas envie d'entendre parles des autres enfants. Seul son bébé à venir l'intéresse.

***

Lorsqu'elle rentre chez Louise, elle a la surprise d'y trouver Étienne, tout harnaché dans son uniforme.

— Tu ne m'avais pas dit que tu passerais, lui dit-elle après un baiser prudent, tant elle a peur de s'accrocher à un bouton ou à une épaulette.

— Je n'ai qu'une heure, je passais juste pour embrasser la petite en espérant te voir aussi. Je dois être rentré à la caserne, je suis de garde toute la nuit.

— Eh bien je suis heureuse que tu sois là. Anne, viens donc sur mes genoux.

Fanchon s'installe, sa fille assise sur ses genoux. La petite, toujours sensible aux émotions ressenties par sa mère, la regarde attentivement. Étienne, surpris, s'assied à côté d'elle tandis que Louise, discrètement, emmène ses fils dans la pièce voisine sous un vague prétexte.

— Voilà ma chérie, annonce Fanchon, tout en regardant Étienne du coin de l'œil, mutine, maman est allée voir la sage-femme ce soir, et tu vas avoir un petit frère ou une petite sœur avant Noël. Tu es contente ?

Heureuse, la petite bat des mains et saute par terre, folle de joie à l'idée d'annoncer la nouvelle à ses cousins. Mais ni Étienne ni Fanchon ne font plus attention à elle. Sans aucun respect pour son bel uniforme, Étienne est à genoux aux pieds de sa compagne, des larmes de joie dans les yeux.

1er août 1811

La chaleur est étouffante, et même les fenêtres et les portes de la blanchisserie grandes ouvertes n'arrivent pas à chasser la moiteur ambiante. Fanchon, grosse de presque six mois maintenant, bénit silencieusement Sylvaine qui a célébré son mariage et lui a ainsi laissé sa place de couturière. Elle ne sait vraiment pas si elle aurait pu travailler à la blanchisserie dans son état. Ce n'est pas que sa grossesse se passe mal, loin de là. Maintenant que les nausées se sont dissipées, elle se sent très bien. Mais ce poids qu'elle a pris ! Elle n'en revient pas. Bien sûr elle mange un peu plus qu'avant, mais pas tant que ça. La sage-femme elle, est ravie. « Ça va être un superbe bébé », a-t-elle fièrement déclaré, comme si elle y était pour quelque chose.

Pour l'instant, toutes les filles profitent de la pause que leur accorde Madame Hortense pour se restaurer, et pour une fois, elle ne les houspille pas pour qu'elles se couvrent. Pour ce que ça change ! Même en se mettant à moitié nue, la sueur leur dégouline dans les yeux, entre les seins, dans le dos, et le moindre mouvement leur est pénible.

— Profitez bien de votre pain, il va se faire rare.

— Comment ça ? questionne Fanchette à cette remarque de Madame Hortense qui, fuyant la chaleur de l'étage où elle loge, dîne avec ses employées.

— Mon frère, qui possède une ferme, dit que la récolte est catastrophique du fait de cette sécheresse. Vous ne lisez donc pas les journaux ?

— Mon frère le lit, il nous en a parlé, mais je ne pensais pas que c'était à ce point.

Fanchette regarde son pain d'un air dubitatif, comme s'il allait soudain disparaître de sa main.

— Bien sûr que c'en est à ce point. Vous n'avez pas non plus réalisé que le pain est plus cher ?

— Si, moi je m'en suis rendu compte, intervient Françoise. À se demander si nous pourrons toujours nous le payer avec nos gages.

— Et bien vous le remplacerez par autre chose. Je ne peux pas augmenter mes prix, donc je ne peux pas augmenter vos gages.

Catherine, qui veut éviter un débat houleux, détourne la conversation.

— J'ai entendu dire qu'il y avait des pillages et des attaques, que les vagabonds se regroupent pour attaquer les convois de blé. Vous pensez qu'on risque quelque chose ?

— Bien sûr que non, répond Madame Hortense, avec ce petit air supérieur qui a parfois le don d'agacer les filles. Les attaques se font dans la forêt, ou dans la campagne, pas en pleine ville. Et puis, vous ne convoyez pas de blé que je sache.

Quelques rires polis accueillent cette remarque, puis Madame Hortense se lève, ôte les quelques miettes accrochées à sa jupe et tape dans ses mains :

— Allez Mesdames, au travail, c'est l'heure.

Toutes se lèvent le plus lentement possible en grognant.

— Et c'est inutile de traîner, vous savez que vous ne pourrez partir que quand tout l'ouvrage sera terminé, chaleur ou pas.

***

Les filles marchent lentement pour rentrer ce soir-là, aussi bien pour profiter du peu de fraîcheur que la soirée leur dispense, que pour retarder le plus possible le moment de s'enfermer dans un logement étouffant, surtout Fanchon qui ne supporte plus la chaleur accumulée dans sa chambre sous les toits.

— Tu devrais venir t'installer chez Maman, il y fait plus frais.

Fanchon fait la moue sans répondre. C'est vrai, sa mère le lui a proposé, mais Fanchon rechigne. Elle est bien chez elle, elle fait ce qu'elle veut. Et puis quand Étienne vient, comment faire ? Aller dormir dans sa chambre avec lui, essuyer les regards appuyés de Claude, qui va leur souhaiter « bonne nuit » avec un regard égrillard ? Celui-là, il prend le même chemin que Joseph, à reluquer les filles du haut de ses vingt ans. Elle soupire. Penser à Joseph lui donne du vague à l'âme. Il est toujours sur le front, écrit quand il peut. Enfin, tant qu'il écrit, c'est qu'il est vivant.

Devant l'air interrogateur de Fanchette, elle secoue la tête et répond.

— Non, je préfère souffrir de la chaleur, mais être indépendante. Mais toi, tu devrais augmenter la somme que tu lui donnes tous les mois pour ta nourriture, sinon, avec les prix qui montent, elle ne s'en sortira pas.

— C'est fait, ne t'inquiète pas. Je n'ai presque plus rien pour sortir et m'habiller.

— Tu n'as pas besoin de sortir et si tes vêtements sont usés, et bien rapièce-les.

Fanchon éclate de rire. C'est bien une réflexion de leur aînée, toujours à compter ses sous et à économiser. Si un jour elle se marie, pas besoin de lui faire de dot à la Françoise, elle a certainement un bon petit bas de laine caché quelque part.

— Pourquoi ris-tu ? questionne Françoise, vexée.

— Tu es tellement économe. Remarque, dit Fanchon, sérieuse tout d'un coup, tu as raison. Par les temps qui courent, il est préférable de faire attention à ce qu'on dépense.

Fanchette, qui marchait le nez en l'air, butte et manque de tomber, rattrapé de justesse par son aînée.

— Et si tu regardais où tu mets les pieds. Tu cherches quoi ? Une étoile filante ?

— Presque, je cherche à voir la comète. Tu crois que c'est à cause de la comète qu'il y a la sécheresse ?

— Comment veux-tu que je le sache ?

— Maman dit que c'est un mauvais présage.

— Bah, avec maman, tout est mauvais présage : un chat noir qui passe dans la rue, une araignée qui court sur le mur.

— En tout cas, j'aimerais bien que ces guerres s'arrêtent. Pourquoi est-ce que les peuples ne peuvent donc pas vivre en paix ?

Un silence accueille cette déclaration et les trois sœurs cheminent de concert un moment, tournant cette question dans leur tête. Juste au moment de se séparer, quand Françoise va rentrer dans son immeuble tandis que ses sœurs continuent tout droit, Fanchon les regarde toutes les deux, sérieuse, presque triste.

— Tu crois vraiment que ce sont les peuples qui font la guerre ? Moi je crois plutôt que ce sont les empereurs et les rois. S'ennuient-ils donc tant, qu'il leur faille conquérir encore et encore, entraînant par-là la mort de milliers d'innocents ?

27 octobre 1811

Étienne range les baïonnettes et les fusils. Il les tape, les cogne, râlant et pestant on ne sait trop contre qui, sous l'œil goguenard de Jean. Ce dernier, assis devant la table, graisse soigneusement le cuir de son baudrier, sa pipe éteinte vissée entre ses dents. Juste avant, il a cousu sur les épaules de sa veste les galons d'adjudant qui lui ont été remis le matin même. Finalement, n'y tenant plus, il pose ses deux mains bien à plat sur la table et lance à son ami :

— Tu n'as pas bientôt fini de grogner ? Ces malheureux fusils ne t'ont rien fait. Est-ce donc leur faute si tu es de garde ce dimanche et que tu ne peux pas voir Fanchon ? Alors de grâce, arrête de leur mener la vie dure.

— Ça te va bien, à toi, de me reprocher ma mauvaise humeur. Tu viens de passer adjudant, moi je suis toujours caporal, et en plus je ne peux pas voir ma famille alors que ma femme est presque à terme.

Jean soupire et retourne à l'entretien de son uniforme. Quand Étienne est de cette humeur de dogue, pas la peine d'essayer de le raisonner. Et si en plus il se pique de relever ses erreurs, à savoir que Fanchon n'est pas sa femme aux yeux de la loi et qu'elle ne sera à terme que dans deux mois, il risque l'orage, pire, l'ouragan, la tempête, tant Étienne peut vite monter sur ses grands chevaux.

Au bout d'une demi-heure de silence contraint, de rage ravalée d'un côté et de bonne volonté de l'autre, Jean décide de tenter une diversion.

— Tiens, l'autre jour l'aubergiste me disait que la récolte de vin de Bourgogne promettait d'être exceptionnelle, du fait de la chaleur de cet été. Les vignerons disent même que la comète y serait pour quelque chose. Il m'a dit textuellement « La comète est passée sur les vignes et sa queue a déposé un voile parfumé sur le raisin ». Tu le croirais toi, qu'un aubergiste pourrait se piquer de poésie ?

Étienne, qui ne peut pas résister longtemps à la bonne humeur de son ami, se détourne du râtelier qu'il inspecte et sourit.

— Tu appelles ça de la poésie ? C'est plutôt des vers de mirliton qu'il nous fait là, ton gargotier.

— Que veux-tu ? On fait ce qu'on peut ! En tout cas, je me suis promis une chose. Quand ton petit viendra au monde, je t'offrirai une caisse de vin bouché de cette année. Vous la boirez à son mariage. Qu'en penses-tu ?

Dubitatif, Étienne se frotte le menton.

— Dis donc, tu prévois loin toi ! Il n'est pas encore né que tu penses déjà à son mariage ! Je serais à ta place, je prévoirais plutôt un cadeau utile. Je ne suis pas certain que Fanchon soit folle de joie à l'idée de recevoir du vin de l'année.

— Les femmes, elles ne sont jamais satisfaites de rien, répond Jean en haussant les épaules, ravi au fond de lui d'avoir réussi à changer l'humeur d'Étienne.

***

Pensif, Étienne regarde dehors. La cour de la caserne apparaît encore plus grise qu'elle ne l'est, à travers les hautes fenêtres à petits carreaux. Une pluie fine fait briller les pavés sur lesquels les sabots des chevaux frappent de temps à autre, tandis qu'ils attendent patiemment le retour de leurs cavaliers.

Ce n'est pas la première fois que des officiers viennent de Paris, ça ne sera pas la dernière non plus. Ils inspectent, critiquent souvent, félicitent parfois, puis repartent. Pendant les jours qui suivent, tout le monde s'agite, distribue des ordres, puis le calme revient. De toute façon, ils savent tout ce qu'ils ont à faire, et en ce qui le concerne, tout tient dans cette phrase : former les conscrits le mieux possible et le plus vite possible, puis les envoyer sur le front. Ce qui se passe après ne le regarde plus, même s'il se demande souvent combien de ces gamins qu'il tente de transformer en soldats reviendront vivants dans leurs foyers.

Au début, il était persuadé qu'il allait vite s'ennuyer, que l'exaltation des batailles, l'odeur de la poudre, tout le tumulte de la guerre allaient rapidement lui manquer. Et puis il y a eu Fanchon, Anne, et maintenant ce petit qui va arriver. La vie sur le front lui apparait lointaine, comme à travers une brume. Il prend son rôle d'instructeur très au sérieux et, même s'il est sévère, ses hommes le trouvent juste. Un jour, le capitaine, envieux de ce respect que ses hommes lui portent, lui a jeté avec hargne « Méfiez-vous caporal Philippe, vous n'êtes pas ici à demeure et la retraite est encore loin en ce qui vous concerne, vous pourriez bien retourner au front un de ces jours ».

Étienne n'a rien répondu, il a fait comme si de rien n'était. Avec le capitaine, c'est la meilleure conduite à tenir. Lui répondre entraîne une punition, l'ignorer le met en rage, car il ne peut rien faire. Pourtant, depuis, il y pense souvent, et il se sent en sursis, comme un enfant qui mange un gâteau et qui voit les autres gamins lui tourner autour, prêt à lui arracher sa gourmandise.

— Eh bien, tu rêves ? La soupe est prête et comme c'est dimanche il y a du bœuf. Si tu ne te dépêches pas, il n'en restera plus.

Étienne se retourne vers Jean, tout sourire.

— Te voilà donc de bonne humeur. Qu'est-ce donc qui te fait sourire d'un air niais ?

— J'imagine Fanchon comme une gourmandise.

— Ouh là, ne m'en dis pas plus, je ne veux rien savoir.

Tous deux éclatent de rire et se dirigent de concert vers la salle qui résonne déjà du bruit des gamelles et des exclamations des hommes.

12 décembre 1811

La neige ne va pas tarder, pense Fanchon en regardant par la fenêtre. Elle vient de terminer de reprendre complètement une robe de bal pour la femme du préfet. C'est fou le nombre de robes de bal qu'il faut reprendre pour cette femme. Alors qu'elle s'en étonne, Madame Hortense lui explique qu'une femme de la bonne société ne peut pas porter deux fois la même robe de soirée, sinon, tout le monde va aussitôt s'imaginer des revers de fortune, une faillite à brève échéance. Mais le préfet lui, ne voit pas ça de la même manière. Pas question de laisser au fond de l'armoire une robe quasiment neuve. Alors sa femme, en bonne ménagère économe, mais soucieuse des apparences, a trouvé la solution. Un décolleté carré qui devient rond, des manches longues qui deviennent des manches ballons, une dentelle par ici, un ruban par-là, et voici une robe que personne n'a vue. Après deux ou trois modifications comme celles-ci, la robe est envoyée à une cousine ou une filleule lointaine, dans une ville où on n'a jamais vu ce modèle, et l'honneur de Madame est sauf, tandis que le portefeuille du préfet reste bien garni.

Tout ça a bien fait rire Fanchon. Elle pousse un soupir et attaque maintenant les reprises. Elle préfère transformer une robe de bal, sentir le satin et le velours sous ses doigts, plutôt que la toile des chemises dont les coutures ont lâché, mais c'est toujours mieux que d'être penchée sur un baquet. De toute façon, avec son ventre proéminent, elle serait bien en peine de se pencher sur quoi que ce soit. Même ses souliers, elle a du mal à les mettre, sans parles de ses bas. Anne est morte de rire en regardant sa mère s'habiller. Et comme le rire de la petite est contagieux, l'habillage prend un certain temps.

— Et, mais dis donc, tu ne peux pas te retenir ?

Fanchon regarde autour d'elle, étonnée.

— Ben oui, c'est à toi que je parle, tu pisses sous toi.

C'est Hélène qui vient de s'exprimer ainsi, une petite nouvelle qui ne mâche pas ses mots et dont le langage laisse parfois à désirer, au grand dam de Madame Hortense qui ne tolère pas la mauvaise éducation. Françoise se lève et regarde le sol sous Fanchon.

— Pauvre idiote, tu ne connais rien à la vie. Elle perd les eaux, elle va accoucher.

Aussitôt, toutes les filles se lèvent et entourent Fanchon, caquetant à qui mieux mieux, comme un parterre de volailles aux plumes ébouriffées, chacune y allant de ses conseils et de son expérience personnelle.

— Et bien que se passe-t-il ici ?

— Madame Hortense, c'est Fanchon, elle vient de perdre les eaux.

— Bon, raccompagnez votre sœur chez elle et vous autres, à moins d'être soudain devenues sages-femmes par l'opération du Saint-Esprit, retournez donc travailler.

Fanchon se lève et Françoise la prend délicatement par le bras.

— Ça va ?

— Oui, je ne sens rien. Mais je préfère rentrer avant que les douleurs ne commencent.

Madame Hortense crie, du fond de son réduit :

— Françoise, aussitôt votre sœur entre bonnes mains, vous revenez travailler. Il est déjà trois heures du soir et il y a encore de l'ouvrage.

— Oui madame, crie cette dernière depuis la porte.

Toutes deux cheminent lentement, Fanchon soutenant son ventre, tant la peau, tendue à craquer, lui semble être incapable de soutenir son bébé. Arrivée à quelques mètres de l'immeuble, elle s'arrête.

— Attends, les douleurs commencent, laisse-moi reprendre mon souffle.

— Tu veux aller chez toi ?

— Non, conduis-moi chez maman. Étienne est de garde plusieurs jours d'affilé, il y a un officier supérieur, un envoyé de Napoléon, toutes les sorties ont été annulées. Je préfère être chez Maman, si jamais je ne peux pas m'occuper du bébé et d'Anne en même temps. Aaahh mon Dieu, j'avais oublié que c'était aussi douloureux.

— Respire, respire profondément.

— Oui je disais donc, je préfère aller chez maman. Il sera plus facile de rentrer chez moi si je me sens bien que l'inverse.

— Tais-toi donc et avançons, je n'ai pas envie de mettre mon neveu au monde toute seule au milieu de la chaussée.

Fanchon, entre deux contractions, ne peut s'empêcher de rire.

— Voyons, ne sois pas bête, ça n'est pas aussi rapide que ça.

***

Une fois Fanchon installée chez sa mère, Françoise file prévenir la sage-femme avant de retourner travailler, tandis qu'Anne fait les gestes habituels, machinaux, faire bouillir de l'eau, préparer les langes, les linges, tout ce qui est nécessaire pour accueillir le nouveau-né.

— Quand même, avec tous les enfants que j'ai, arrivée à cinquante-sept ans, j'aurais pensé avoir plus de petits enfants que ça. Tu réalises que ça va être seulement mon cinquième ?

Seul un grognement lui répond. Fanchon, allongée sur le lit, ne voit que son ventre. Bizarrement, elle repense à cette illustration qu'elle a vu un jour, dans un livre. Une île posée au milieu de la mer, comme le dos rond d'un chat, seulement surmontée d'un arbre exotique. Enfant, elle s'était naïvement imaginé que toutes les îles ressemblaient à de petits monticules plantés au milieu de l'océan. Bon, au moins, sur son ventre, il n'y a pas d'arbre.

Quelques coups sont frappés à la porte, qui s'ouvre sur la plantureuse silhouette de la veuve Cariage et son bon sourire rassurant.

— Ah, le voilà qui s'annonce ce petit. Il était temps, tu allais devenir aussi grosse qu'une baleine.

— Vous ne croyez pas si bien dire, grogne Fanchon, je trouvais justement que mon ventre ressemblait à une île perdue dans l'océan. J'ai perdu les eaux à la blanchisserie et vous me parlez de baleine. On reste dans l'eau à ce que je vois.
— Et elle fait de l'humour en plus, c'est bon signe, réplique la matrone, en écartant le drap. Allez, écarte donc les cuisses que je t'examine.

Sans faire le moins du monde attention aux récriminations de Fanchon, elle enfonce ses doigts dans son ventre et trifouille allègrement. Puis elle enlève sa main qu'elle essuie sur un chiffon.

— Ça va aller vite ce coup-ci, tu es presque dilatée. D'ici une demi-heure je t'examine à nouveau. En attendant, prends ton mal en patience et surtout ne pousse pas tout de suite.

— Ne pas pousser, ne pas pousser, vous en avez de bonnes, vous.

— À ta guise ! Si tu veux te déchirer et risquer l'hémorragie...

Sur ce, la veuve Cariage s'installe sur une chaise, sort un ouvrage de son panier et commence à agiter ses aiguilles à tricoter, sous l'œil furibond de Fanchon.

***

Il est dix heures du soir passées lorsque Anne sort de la pièce avec un grand sourire et rentre dans la salle commune où l'attendent Louise, la petite Anne et tout le reste de la famille. Tous ont soupé ensemble, attentifs aux bruits qui s'échappent de la pièce, attendant impatiemment que les cris de la parturiente soient remplacés par les pleurs du nouveau-né.

— C'est un petit garçon. Et quand je dis petit, c'est façon de parler. C'est un superbe bébé, rose, joufflu, dodu à souhait.

— Comment il va s'appeler ? Jean comme mon autre petit frère ?

À ces mots de sa petite-fille, le visage d'Anne s'assombrit soudainement.

— Non ma chérie, et je pense qu'il est préférable que tu ne parles pas de ce petit frère disparu devant ta maman, tu lui ferais de la peine.

— Alors comment il va s'appeler ? demande la petite, avec tout le sérieux de ses quatre ans.

— Tes parents ont parlé de Joseph, qui est le deuxième prénom de ton papa et aussi de son père et de son grand-père avant lui.

— Ah, j'aime bien Joseph. Comme le papa de Jésus alors.

Anne regarde Louise interrogativement et celle-ci hausse les épaules pour marquer son ignorance. Les deux femmes, sans se parler, décident silencieusement qu'il sera temps un autre jour de savoir comment la petite a entendu parler de Joseph et de Jésus. Pour l'instant, elle a hâte de voir son petit frère.

Aussitôt dans la chambre, l'enfant se précipite vers le lit et s'arrête soudain, tout intimidée. Dans le lit, un joli poupon repose dans les bras de sa mère et tête goulûment.

— Tu peux l'embrasser si tu veux, lui dit sa mère avec un sourire encourageant.

Délicatement, la petite pose un baiser sur le crâne duveteux du bébé puis fronce les sourcils.

— Qu'est-ce qui te tracasse ?

— Il est quand même petit ! Il va falloir longtemps avant que je puisse jouer avec lui !

17 décembre 1811

Il court comme un fou dans les rues, en nage malgré le froid, bousculant parfois un passant qui le maudit le poing levé. Tant pis, il ne s'arrête pas. Son fils est né. Il n'a eu le message que ce midi, juste à la fin de sa garde, et cinq jours après l'accouchement. Il soupçonne un coup du capitaine. Ça lui ressemble bien, à ce vicieux, de retarder la transmission de cette nouvelle, sachant l'importance que cet événement représente pour Étienne

Dans sa tête, le message laissé par Augustin est gravé comme dans la pierre « C'est un garçon, Fanchon et le bébé sont en parfaite santé. Elle t'attend pour faire la déclaration ». Tout en montant quatre à quatre les marches qui mènent chez Fanchon, Étienne sourit intérieurement. Il imagine bien Fanchon refusant obstinément que quiconque aille faire la déclaration. En tant que père, Étienne met un point d'honneur à reconnaître ses enfants. Ils ont bien ri tous les deux, lorsqu'il lui a répété la question que l'officier d'état civil lui avait posée, l'air pincé, lorsqu'il avait déclaré leur fille « vous déclarez que cet enfant provient de vos œuvres et le reconnaissez pour vôtre ? ».

À bout de souffle, il frappe à la porte et entre comme un fou avant de se figer sur place, ébloui. Fanchon est assise devant le berceau et l'accueille avec un sourire éclatant, le plus beau sourire qu'il lui ait jamais vu. Les jambes tremblantes, il s'approche du berceau et voit son fils endormi, comme l'ombre d'un sourire sur ses lèvres. La petite Anne, qui joue dans un coin, se précipite vers lui pour quémander un câlin.

Sa fille dans les bras, il ne se lasse pas d'admirer son fils.

— Il est beau hein papa, mon petit frère. Il s'appelle Joseph, déclare fièrement la petite.

— C'est bien le prénom que tu souhaitais n'est-ce pas ?

— Oui, Joseph. Si tu es d'accord, comme deuxième prénom Jean et comme troisième François.

— François ?

— Oui, le masculin de Françoise.

À cet instant, la porte s'ouvre de nouveau devant la sage-femme, venue examiner la mère et l'enfant.

— Tiens, voici le coupable ! Vous revenez sur les lieux du crime ?

Fanchon et Étienne sourient devant ce que la veuve Cariage croit être un bon mot, et qu'elle énonce devant chaque nouveau père.

Une fois les examens terminés, elle toise Étienne, les poings sur les hanches.

— Dites donc, ce n'est pas tout ça, faudrait voir à lui donner une existence légale à ce petiot. Je dois justement aller à la maison commune pour une autre déclaration. Le père m'y a donné rendez-vous pour quinze heures trente. Ça nous laisse le temps de déclarer votre petit avant.

Sans lui laisser le temps de répondre oui ou non, elle prend l'enfant avec une délicatesse qu'on ne soupçonnerait pas chez une femme aussi corpulente, et se dirige vers la porte, suivie d'Étienne

— Tu restes ce soir ? questionne Fanchon dans leur dos.

— Oui, j'ai quartier libre pendant deux jours.

— Quelle bonne nouvelle ! Je prépare une bonne soupe pour ce soir.

— Oui, et bien ne profitez pas de ces deux jours de liberté pour lui en refaire un troisième. On vous connaît, vous les hommes, lance la mère Cariage du haut de l'escalier.

***

Tandis qu'ils attendent leur tour de passer au bureau des naissances, Étienne ne se lasse pas de contempler son fils. Les deux témoins qui vont l'assister, le sergent de ville, Jean

Lallemand, toujours prêt à rendre service et le sieur Fourniole, agent de police qui lui, ne manque pas une occasion de faire autre chose que son travail, n'en reviennent pas.

— Vous êtes certains qu'il n'a que cinq jours ? Mon fils qui est né il y a un mois, et bien il est encore tout maigre et tout fripé.

— Ne compare pas ce qui n'est pas comparable, mon pauvre Jean, coupe la veuve Cariage. Tu l'as regardé, ta femme ? Maigre comme un coucou et sèche comme un coup de trique. Comment veux-tu qu'elle te fasse un bébé qui ne ressemble pas à un avorton ?

Vexé, Jean Lallemand allait répliquer vertement lorsqu'on entend appeler « Bureau des naissances, au suivant » ! Aussitôt, tous les quatre se dirigent vers la pièce où trône un homme rubicond, aux impressionnantes moustaches en croc, moustaches qui paraissent d'autant plus fournies que le pauvre homme est chauve comme un œuf. Posée sur le bureau, rutilante à force d'être astiquée, se trouve une plaque de cuivre indiquant cérémonieusement « Charles François Levert, premier adjoint ».

— Tu vois mon petiot, murmure la sage-femme au petit Joseph profondément endormi dans ses bras, tu vas avoir l'honneur d'être déclaré au premier adjoint lui-même !

Étienne prend la parole après s'être éclairci la voix :

— Voilà Monsieur le premier Adjoint, je sais qu'un enfant doit être déclaré au plus tard dans les trois jours, mais la mère et moi n'étant pas mariés, je tenais à faire la déclaration pour reconnaître ma paternité, et voici le document prouvant que j'étais de garde à la caserne. Ceci explique donc que mon fils ici présent ne soit déclaré qu'aujourd'hui, alors qu'il est né le douze décembre, à dix heures du soir.

Le premier adjoint en question redresse la tête, fronce les sourcils et se lève pour regarder de plus près le nouveau-né.

— Le douze décembre vous dites ? Cinq jours seulement, vous en êtes certain ?

— Pour sûr qu'il en certain, vu que c'est moi qui ai mis l'enfant au monde. Il est beau pas vrai, se rengorge la sage-femme, comme si elle y était pour quelque chose ?

— Bien, allons-y alors, prénoms de l'enfant, de la mère, du père... soupire le sieur Levert, après avoir trempé sa plume dans l'encre.

***

— Et voilà, Joseph a maintenant une existence légale, s'exclame joyeusement Étienne, en tendant à Fanchon leur fil hurlant et gigotant. Par contre, je crois qu'il a faim !

Tandis que Fanchon allaite le petit Joseph, Étienne se penche vers la marmite où cuit une soupe odorante.

— Hum, ça sent bon ! Il y a quoi dedans ?

— J'ai mis des haricots blancs, ça tient au corps, par ce froid, ça fait du bien. Et il y a des pommes de terre aussi, et un petit morceau de lard qui me restait. J'ai voulu fêter la déclaration de naissance de Joseph. Tu peux tourner un peu la soupe s'il te plaît ? Je ne voudrais pas que ça attache.

Tout en remuant le mélange odorant, Étienne continue la conversation, son regard allant de la soupe au charmant tableau qu'il a devant lui.

— Tiens, ce vendredi, le commandant va annoncer les passages au grade supérieur. Jean l'a entendu en passant devant son bureau dont il avait laissé la porte ouverte.

— Tu crois que tu vas monter en grade ? Ça serait quoi maintenant, caporal-chef ?

Étienne éclate de rire !

— Non, ça n'existe pas caporal-chef, ça serait sergent.

— Sergent Philippe, déclare Fanchon, l'air concentré. J'aime bien, ça sonne bien.

— Tu m'aimeras plus si je suis sergent ? questionne Étienne moqueur.

Sans répondre, Fanchon dépose le petit Joseph, repu, dans son berceau, et s'approche de son amant. Doucement, elle l'entoure de ses bras et pose sa tête contre sa poitrine.

— Je t'aimerai même si tu étais un simple laboureur couvert de boue du matin au soir.

Tout en l'embrassant, Étienne se demande si ce n'est pas une façon de lui dire que, justement, elle ne préférerait pas avoir dans sa vie un simple laboureur, plutôt qu'un soldat à l'avenir incertain.

20 décembre 1811

À peine Étienne est-il rentré de ces deux jours passés auprès de sa famille que Jean lui fait un signe de la main.

— Viens vite, rassemblement dans la cour dans cinq minutes, le colonel est là, ce sont les passages en grade.

Il a juste le temps de vérifier son uniforme avant de rejoindre les hommes qui sont plantés au garde-à-vous dans la cour, aussi raides que si le froid mordant les avait gelés sur place. Le colonel est déjà là, debout sur une estrade, une feuille dans la main, le capitaine quelques pas derrière lui. Même les arbres, raides et noirs dans leurs tenues hivernales, leurs branches sans feuilles tendues vers le ciel, semblent attendre avec eux. Puis commence la longue liste de nom égrené par ordre alphabétique, suivi du nouveau grade.

— Caporal Boulin, passe sergent. Soldat Girard, passe caporal. Caporal Lefoucheux passe sergent. Caporal Philippe, passe sergent.

Étienne se redresse et s'avance pour prendre des mains du capitaine ses nouveaux galons et ce dernier le félicite du bout des lèvres, comme s'il lui en coûtait. Ce qui rassure Étienne, c'est qu'il n'est pas le seul que le capitaine ait pris en grippe. En fait, en y réfléchissant bien, il n'aime personne, le capitaine. Même les quelques lèche-bottes qui ont essayé de gagner ses bonnes grâces se sont fait rabrouer vertement. Lorsqu'il retourne à sa place, Jean lui murmure discrètement « Fanchon va être fière de toi » et la simple évocation de sa compagne lui fait oublier derechef le caractère arrogant et agressif du capitaine.

***

La journée s'est écoulée comme habituellement. Les nouveaux conscrits sont arrivés. À peine installés dans le dortoir, ils ont reçu leur uniforme. Étienne leur a expliqué les règles de vie à la caserne, et maintenant il est assis dans la chambre de Jean à qui il a emprunté son matériel de couture pour fixer ses nouveaux galons.

— Fais attention, si le capitaine fait une inspection et qu'il voit que tu n'as plus de matériel de couture, il va sévir.

— Ne t'inquiète pas, je m'en occupe à ma prochaine sortie.

Dubitatif, Jean le regarde à travers les nuages de fumée qui sortent de sa pipe.

— J'en doute. Tu vas être accaparé par tes devoirs de père de famille.

Étienne éclate de rire.

— Des devoirs ? Tu plaisantes j'espère ! C'est un vrai plaisir d'être avec eux. Le petit Joseph est adorable, son seul défaut est d'avoir toujours faim. Anne est curieuse de tout, son esprit est toujours en éveil, tout ce qu'elle voit est prétexte à questions.

— Et Fanchon ? Aucun défaut ?

— Ah Fanchon....

Devant le visage d'Étienne, son sourire rêveur, ses yeux soudain dans le vague, Jean n'insiste pas. Il se sent même un peu jaloux, lui qui pourtant revendique âprement sa liberté.

Un bruit de pas dans le couloir le sort de sa rêverie et il continue sa couture, piquant l'aiguille trop souvent dans ses doigts gourds plutôt que dans l'épais tissu de sa veste.

— Justement, si je n'ai pas le temps de racheter des aiguilles et du fil, Fanchon m'en donnera. Elle a tout ce qu'il faut chez elle. Et Madame Hortense va lui faire porter du travail de couture par ses sœurs, comme ça elle touchera un peu d'argent.

— J'ai rarement vu une patronne comme cette Madame Hortense. La plupart diraient à leurs employées : « si vous ne venez plus au travail, une autre prendra votre place ».

— Elle n'est pas comme ça avec tout le monde. Fanchon est courageuse, travailleuse. Il y a quelques mois, elle a mis dehors une fille qui vendait ses charmes aux clients de la blanchisserie. Fanchon m'a dit que sa plus jeune sœur était sur le point d'intervenir, tant sa patronne maltraitait la pauvre fille, avant de la jeter sur le trottoir à moitié nue.

— Elle vendait ses charmes dis-tu ? Demande donc son nom à Fanchon, ça m'intéresse.

— Idiot ! Réponds Étienne tout en jetant à la tête de Jean un soulier, première chose qui lui tombe sous la main. Si je demande ça à Fanchon, elle me tue.

19 avril 1812

Il fait presque chaud ce dimanche. Toute la famille est réunie et Jean, qui a quartier libre en même temps que son ami, a été invité. La petite Anne le considère comme un oncle et Jean, qui clame pourtant haut et fort qu'il ne se mariera pas et n'aura jamais d'enfants, craque devant ce petit ange.

Le repas est bon, en dépit de la pénurie et de la disette qui sévissent. Encore un de ces miracles qu'Étienne a réussi à faire en troquant au caporal responsable des réserves la réparation de ses souliers par Augustin contre quelques denrées.

— Fais attention de ne pas te faire prendre, lui avait dit Jean, le capitaine ne te ratera pas !

— Le capitaine je m'en moque. Ce n'est pas le caporal Moulin qui va me dénoncer et personne ne nous a vus. Tu es le seul à être au courant, à part lui et moi bien sûr.

— Va savoir, c'est peut-être moi qui vais te dénoncer !

Tous sont maintenant installés devant la table que les femmes traînent à débarrasser. Les fenêtres sont ouvertes et l'air doux et chaud du printemps entre dans la pièce. Augustin, qui a ramené de l'atelier un exemplaire du journal, tourne les feuilles et tapote du doigt un article.

— Vous y croyez, vous, à une guerre avec la Russie ?

— La Russie, c'est un sacré morceau. Si Napoléon s'y attaque, il risque de s'y casser les dents, comme en Espagne.

— Il n'a pas perdu l'Espagne !

— Non, mais il piétine.

— En tout cas, il se doit de réagir à l'ultimatum du Tsar. Il ne peut pas rester sans rien faire, sous peine de passer pour un faible. Et si l'Angleterre et la Russie le croient faible, ils vont tenter d'en profiter.

Tous écoutent cet échange entre Jean et Augustin, le premier ayant l'expérience du militaire, le second se fiant au journal et à toutes les opinions qui s'échangent dans son atelier, au fur et à mesure des passages, que ce soit le sergent de ville, le notaire, le curé ou le bourgeois.

Fanchon elle, son petit dans les bras, ne dit rien. Elle sait que la conscription appelle de plus en plus d'hommes. Claude est passé à travers la dernière fois, mais pour combien de temps encore ? Et Étienne, est-ce qu'il va rester affecté à Vesoul ? S'il est envoyé sur le front, que ce soit en Espagne ou dans une éventuelle guerre contre la Russie, reviendra-t-il ? Elle ne le lui a pas dit, mais elle a bien vu son corps changer. L'homme sec et musclé qui l'a fait danser toute une nuit disparaît petit à petit, derrière un petit ventre, un cou plus épais. Bien sûr il est toujours fort, bien sûr il fait de l'exercice, mais il passe quand même le plus clair de son temps à faire marcher ses conscrits au pas, tandis que lui reste à les regarder. Elle le sait, elle l'a vu quelques fois, lorsqu'il était avec ses hommes pour des manœuvres en extérieur, tôt le matin, tandis qu'elle se rendait à la blanchisserie. Soudain, elle dresse l'oreille.

— Toi Jean, questionne Claude, tu ne crois pas que c'est un signe ? Le vingt mars dernier, le même jour, tu passes sous-lieutenant et on donne à Étienne le grade de sergent major. Pourquoi ces nominations ? Vous êtes affectés au recrutement, rien ne justifie tout ça non ? Tu ne crois pas qu'ils préparent votre départ, là-haut ?

Un silence s'installe pendant quelques secondes, tant le sujet est sensible pour Fanchon et Anne, la petite sentant bien elle aussi, du haut de ses quatre ans, qu'une menace plane sur la belle harmonie de son petit monde.

— Sacré Étienne, il a toujours un galon de retard, plaisante Jean. Il passe en grade en décembre et hop, je le dépasse à nouveau trois mois plus tard !

La boutade tombe à plat, Jean s'en rend bien compte. Après s'être éclairci la voix, il décide de jouer cartes sur table.

— Pour être honnête Claude, je n'en sais rien et je pense que l'empereur lui-même n'en sait rien. Même le capitaine pourrait être appelé, je pense, même le colonel... enfin non, pas le colonel, il est trop vieux.

— Mais vous, vous formez les conscrits, vous êtes indispensables ?

— Personne n'est indispensable, mon pauvre garçon, coupe sa mère. Ni toi ni moi. Regarde, ton père est mort, il me manque terriblement. Tous les jours quand je me lève je pense à lui, à tous les matins de ma vie où je me suis réveillée à ses côtés. Mais il n'est indispensable qu'à moi. Mais si tu réfléchis bien, l'atelier de cordonnerie continue à tourner, ton frère et toi vous fabriquez toujours des souliers tels qu'il vous a appris à le faire, mais sans lui. Il est venu sur terre, il a transmis son savoir, et il est parti.

Anne, après avoir asséné cette terrible vérité, se lève pour empiler les assiettes, puis se tourne vers la tablée.

— Je suis désolée, je ne voulais faire de peine à personne, mais il faut être réalistes et se préparer au pire.

***

Le soir venu, les enfants couchés, Étienne et Fanchon sont côte à côte, assis sur le lit. Il lui prend la main tendrement et la porte à ses lèvres :

— Tu as peur ?

— Peur que tu partes, oui.

— Tu sais, je peux aussi retourner à Lyon, là où se trouvent le dépôt de mon régiment et le gros des troupes.

— N'essaye pas de me rassurer, à Lyon tu ne servirais à rien. Soit ils te laissent ici, soit ils t'envoient dans une bataille quelconque.

— Rien n'est fait encore. Viens ma princesse.

Il la prend doucement dans ses bras et l'allonge sur le lit.

— Tu feras attention ? Je pense qu'un autre enfant maintenant, ce ne serait pas raisonnable.

— Ne t'inquiète pas ma belle, je vais être très prudent. Et puis avec toi, Anne et le petit Joseph, je suis un homme comblé. Je ne demande rien de plus à la vie.

Doucement, Fanchon s'abandonne dans les bras de son homme, mais si son corps est entièrement à lui, son esprit n'arrive pas à se laisser aller totalement. Et si la vie elle, leur demandait plus ? Beaucoup plus ?

18 mai 1812

Fanchon est debout, sur le bord de la route. Dans ses bras, Joseph, sage comme une image, regarde de tous ses yeux. Anne, accrochée à la jupe de sa mère, lui jette des coups d'œil inquiets. Ce matin, elle lui a dit : « nous allons dire au revoir à papa ». Madame Hortense, prévenue la veille de son retard, avait opiné du chef sans rien dire. Comment réprimander une femme qui veut voir une dernière fois l'homme qu'elle aime, avant qu'il n'aille affronter l'ennemi ?

Maintenant elle attend. Bien sûr, quand Étienne est venu lui apprendre, il y a quelques jours, qu'il va intégrer l'armée de réserve, il a tout fait pour la rassurer.

— Ne t'inquiète pas ma belle, je pars juste pour surveiller les frontières. Tu penses bien qu'ils seront tous occupés à courir après Napoléon. Pas question qu'ils le laissent arriver jusqu'à Moscou. Alors nous, on aura juste à coincer quelques voleurs de chèvres, quelques contrebandiers, mais c'est sûr que l'ennemi aura autre chose à faire.

Fanchon lui a souri, pour le rassurer. Pas question de le laisser partir avec l'esprit ailleurs. Il faut qu'il soit serein, qu'il l'imagine dans sa chambre, préparant le repas ou jouant avec les enfants, ou bien au travail, lavant le linge des autres, tout en fredonnant quelques chansons à la mode avec les autres filles, sachant son homme en sécurité. Mais si son visage n'a rien laissé paraître, son cœur s'est glacé, son ventre s'est contracté, et elle a senti un grand froid l'envahir.

Tout d'abord, il a refusé de lui dévoiler le jour de son départ, mais devant sa détermination et sa menace de dormir devant la caserne avec les enfants, il a cédé. Maintenant elle guette l'ouverture des deux grandes portes situées sur le côté du bâtiment. Déjà, les bruits d'armes et les ordres qui filtrent à travers le bois épais laissent présager que le moment tant redouté ne va pas tarder.

Dans un grondement sourd, les portes s'écartent l'une de l'autre, et au fur et à mesure que l'espace s'agrandit, les hommes apparaissent, lourdement chargés de leur havresac, le métal de leur uniforme et de leur baïonnette luisant sous le soleil matinal.

Fanchon se redresse, tête levée, cherchant Étienne des yeux, lorsque les hommes, en colonne par deux, s'ébranlent sur le chemin. Elle n'est pas la seule, d'autres femmes sont là, parfois accompagnées d'un ou de plusieurs enfants, tout comme elle. Étienne le lui a dit un jour, d'autres hommes que lui ont noué des liens avec des femmes de Vesoul.

Soudain, elle le voit et son cœur se serre. Avoir l'air confiante, ne pas pleurer, surtout ne pas pleurer. Elle se penche sur sa fille et tend son doigt devant elle.

— Regarde, c'est papa. Fais-lui signe.

Obéissante, la petite agite la main, tout en sautillant sur place, tandis que Fanchon lève bien haut le petit Joseph pour que son père puisse le voir une dernière fois, avant d'aller rejoindre sa brigade... Étienne leur sourit, il ne peut pas faire plus.

Fanchon restera longtemps sur la route, le regard perdu au loin, tandis que se dissipe doucement la poussière levée par les pas cadencés des militaires. Ce n'est que lorsque son bébé commence à lui faire savoir qu'il a faim, qu'elle sort de sa torpeur pour prendre le chemin de son logis.

***

— Compagnie, Halte !

Les hommes ne se le font pas dire deux fois. Tous s'arrêtent au bord du chemin, posent leur barda et sortent de leur sac le pain et l'eau qui fera leur repas. Ce soir, ils logeront chez l'habitant, avec l'espoir d'une soupe chaude et au minimum, d'un matelas de foin dans la grange.

— Eh bien, je ne pensais pas que ce serait si dur de reprendre la route, déclara Étienne, assis sur le talus à côté de Jean. Et toi, tu tiens la forme ?

— Certainement plus que toi. J'ai gardé la ligne, moi, je n'ai pas fait de bons repas mitonnés par une jeune et jolie Vésulienne.

Voyant le visage d'Étienne se fermer, Jean pose sa main sur son bras.

— Pardon, je suis idiot. Pensant faire une bonne blague, je ne sais que te rappeler ce que tu laisses derrière toi.

— Ne t'inquiète pas, je n'ai besoin de personne pour me le rappeler, j'y pense à chaque seconde.

— N'y pense pas trop tout de même. Devant l'ennemi, il te faudra garder les idées claires et avoir du sang-froid.

— Tu crois vraiment qu'on va le voir, l'ennemi ?

— Je ne sais pas, mais je me dis que certains pourraient bien profiter du départ de Napoléon pour essayer de nous envahir. Notre empereur est un fin stratège, s'il nous charge de surveiller les frontières, c'est qu'il a une bonne raison de s'inquiéter.

Étienne, sans répondre, bourre consciencieusement sa pipe de tabac et tend ensuite sa blague à Jean.

— Tiens, c'est du bon, un cadeau d'Augustin et de Louise avant mon départ.

— Merci.

Ils ont à peine le temps de terminer leur pipe qu'il faut déjà repartir. On leur en dit peu, simplement qu'ils vont rejoindre Dantzig en passant par le nord de l'Europe, plus de mille cinq cents kilomètres à couvrir. Heureusement, nous sommes au printemps, a pensé Étienne, nous n'aurons pas à subir le froid.

***

Il fait encore jour lorsqu'ils arrivent à leur première étape et les hommes, fidèles au surnom de grognards que leur attribué l'empereur, râlent et rechignent. C'est qu'on leur a promis le logement chez l'habitant, mais sans leur préciser que seuls les officiers et les sous-officiers auront ce privilège. Alors, bon gré, mal gré, ils se regroupent à l'abri des arbres, dans une prairie, sous des toiles tendues pour les plus chanceux, ou sous la protection des étoiles pour les autres.

Jean et Étienne ont eu de la chance, ils partagent la soupe d'une famille de paysans aisés et ils vont dormir dans la grange, dans de moelleuses meules de foin odorant. Le repas se passe dans la bonne humeur, tant le père de famille est un fervent admirateur de l'empereur, heureux de pouvoir « aider nos valeureux soldats » comme il l'a répété plusieurs fois pendant la soirée.

— Dites-moi, ça serait merveilleux si on mettait les Russes à genoux. Vous imaginez notre Napoléon non seulement empereur des Français, mais aussi empereur de toutes les Russies.

Jean réprime un sourire, tant l'enthousiasme du bonhomme est risible, prêt à prendre la mouche à ce qu'il considère comme une attaque contre son héros.

— Vous êtes optimiste mon brave. Je ne dis pas que l'empereur ne va pas gagner, se hâte-t-il de rajouter devant le froncement de sourcils de son hôte, mais je ne pense pas que Napoléon jettera Alexandre premier à bas de son trône, il se mettrait tout le peuple russe à dos et notre empereur est trop intelligent pour prendre ce risque. Mais au moins, il lui apprendra qui est le maître de l'Europe.

Rasséréné par ce revirement, et surtout par cette remarque sur l'intelligence de l'empereur, le brave homme se hâte de resservir ses hôtes, tandis que Jean échange un clin d'œil avec Étienne. Une fois le repas terminé, tous se retirent pour la nuit, les uns devant se lever tôt pour reprendre la route, les autres pour travailler aux champs.

Une fois dans la grange, Étienne, anticipant la fraîcheur de la nuit, s'enveloppe dans une couverture puis se tourne vers Jean.

— Tu ne te couches pas, dit-il, surpris de voir son camarade se raser ?

— Pas tout de suite. Tandis que tu étais tout occupé à te remplir le ventre, tu n'as pas remarqué les regards que me lançait la fille du fermier, son pied qui frôlait le mien sous la table, et la façon détournée qu'elle a eu de m'indiquer où se trouvait sa chambre, lorsqu'elle s'est plainte d'être réveillée par le soleil levant tous les matins.

— Tu as encore de l'énergie pour l'amour toi ? Et bien bon courage, ne me réveille pas en rentrant s'il-te plaît.

Et tandis qu'Étienne, harassé par cette première journée de marche, s'endort en quelques secondes, Jean entrouvre doucement la porte de la grange pour se glisser dehors et partir retrouver sa fiancée d'un soir.

4 juin 1812

Jean aide Étienne à s'asseoir et se redresse ensuite, soutenant le bas de son dos à deux mains. Il n'en peut plus. Il y a deux jours, ils ont dormi à la belle étoile, sous la pluie, et vers midi, Étienne a commencé à tousser. Le soir, il était fiévreux.

— Bah, une bonne nuit de sommeil et ça ira mieux, a-t-il dit en se couchant.

Non, ce matin, ça ne va pas mieux. Étienne est brûlant. Jean a prévenu le chef de bataillon qui a haussé les épaules. Ce soir, on arrivera dans la petite ville de Ruremonde, qui a un hôpital. On y laissera le sergent-major Philippe pour qu'il y soit soigné. C'est tout juste s'il n'a pas l'air envieux, le chef de bataillon, comme s'il pensait : « le veinard, il va se faire dorloter pendant que nous on va continuer à avancer à marche forcée, et tout ça à cause d'un petit refroidissement ». Mais en attendant, soit il marche avec les autres, soit il reste sur le bord de la route. Les ordres sont clairs, il faut rejoindre Dantzig au plus vite.

Alors il a marché, jusqu'à ce qu'il s'écroule, vaincu par la fièvre. Depuis, Jean le soutient, l'aidant à avancer, relayé par d'autres soldats. Dans ces cas-là, on se dit toujours « et si c'était moi, si on me laissait en route... ». Alors on serre les dents et on avance, soutenant le camarade en peine.

Jean s'approche du chef de bataillon, salue réglementairement, puis questionne.

— Où se trouve l'hôpital ? Je vais y accompagner le sergent-major Philippe, pour qu'il voie un médecin avant la nuit.

Tous deux se penchent sur une carte et Jean mémorise rapidement le trajet. Une fois revenu vers Étienne, qu'il a laissé à la garde de quelques soldats, il trouve celui-ci prostré, la tête dans les mains.

— Ça va ?

— J'ai l'impression que ma tête va exploser, gémit Étienne.

— Je t'emmène à l'hôpital, ils vont bien s'occuper de toi là-bas.

Jean le soulève par une épaule, mais Étienne est comme un poids mort. Il le sent brûlant et sa peau est sèche comme du parchemin.

— Toi, dit-il en désignant un grand brun à la mâchoire prédominante, prénommé François, et dont il sait qu'il est du nord, comme Étienne, aide-moi à l'emmener jusqu'à l'hôpital. Et gardez-nous un peu de soupe pour quand nous rentrerons, bande de goinfres.

Personne ne répond à cette dernière phrase. Tous sont d'humeur sombre, car voir un homme tomber sous les balles ou sous un coup de sabre, c'est une chose, le voir vaincu par la maladie, c'en est une autre. Jean laisse son havresac à la garde d'un dénommé Maurice, dont il ne sait rien de plus que le prénom, mais qui s'est relayé avec lui tout le jour pour soutenir Étienne. Ils partent, Étienne marchant difficilement entre Jean et le dénommé François, ce dernier s'étant chargé du havresac du malade.

***

À l'entrée de l'hôpital, leurs uniformes leur donnent la prérogative sur les civils qui attendent encore leur tour à la consultation. C'est que Jean ne se laisse pas faire, jamais. Il est arrivé, Étienne traînant le pas entre eux deux, en clamant « Place, armées de l'empereur, nous avons un malade ». Aussitôt, quelques sœurs infirmières affolées ont préparé une chaise pour Étienne et quelques minutes plus tard, un médecin vient l'examiner.

— Bonjour, Messieurs, Docteur Meraud.

— Bonjour Docteur. Voici le sergent-major Philippe. Il a de la fièvre depuis hier midi et ça ne fait qu'augmenter. Il se plaint de maux de tête aussi.

Le médecin examine Étienne sans dire un mot, tâte son ventre, ouvre sa bouche.

— Qu'avez-vous mangé et bu ?

— Du pain, de l'eau, de la soupe. Un peu de fromage, articule péniblement Étienne

— Nous avons dormi sous la pluie il y a deux nuits, rajoute Jean.

Le médecin sort sa plume, une feuille de papier sur laquelle il note quelques mots puis la signe rapidement. Il tend ensuite le document à Jean.

— Tenez, donnez ça à la sœur qui se trouve au bout du couloir. Elle vous indiquera dans quel lit mettre votre ami.

—Qu'est-ce qu'il a ?

— Pour l'instant, difficile à dire. Sa fièvre peut venir d'un refroidissement, dans ce cas il devrait être rapidement rétabli. Mais il peut aussi avoir mangé un aliment avarié ou bu une eau de mauvaise qualité. Nous en saurons plus dans quarante-huit heures, repassez à ce moment-là.

— Dans quarante-huit heures, nous serons loin, nous allons en garnison à Dantzig.

Le médecin hausse les épaules.

— Dans ce cas, il vous rejoindra là-bas quand il sera guéri. Je ne peux pas vous en dire plus pour l'instant.

***

La grande salle est à moitié occupée par des malades, certains presque convalescents sont assis sur leur lit, jouant aux cartes ou discutant avec leur famille qui les visite, d'autres dorment, et les plus mal en point geignent doucement, en proie à la douleur.

La sœur leur désigne un lit disponible, au fond de la salle, et sur le chemin, ils passent devant un lit où un vieil homme n'en finit pas de mourir, un autre où un enfant, veillé par une femme qui n'en peut plus de fatigue, respire difficilement. François marmonne entre ses dents :

— Tu parles d'un hôpital, un mouroir, oui.

— Chut, lui intime sévèrement Jean, en lui indiquant Étienne d'un coup de menton péremptoire.

Mais Étienne semble ne rien avoir entendu. Une fois arrivés devant le lit, ils lui ôtent ses souliers puis sa veste d'uniforme. Comme il grelotte maintenant, ils lui laissent le reste de ses vêtements et le glissent entre les draps.

Jean lui prend la main, et se penche vers son oreille.

— Étienne, il faut qu'on y aille. Tu sais que je donnerais tout pour rester avec toi, mais c'est impossible. Le médecin nous a promis que tu nous rejoindras à Dantzig une fois rétabli. Fais-moi confiance, on se retrouvera bientôt, tu ne vas pas tirer au flanc aussi facilement.

Alors qu'il allait enlever sa main, Étienne l'agrippe soudainement.

— Attends, souffle-t-il d'une voix faible, dans mon havresac, il y a une lettre pour Fanchon. Poste-la pour moi, tu veux bien ?

— Ne t'inquiète pas, ta lettre partira ce soir, je te le jure.

Sur le seuil, Jean se retourne une dernière fois pour faire signe à son ami. Mais celui-ci, tourné vers le mur, semble dormir. Serrant la lettre pour Fanchon dans sa main, Jean, suivi de François, sort de l'hôpital, la tête basse, les épaules voûtées.

9 juin 1812

— Docteur, je m'inquiète pour le militaire du lit numéro quinze.

— Il est rentré quand déjà ma sœur ?

— Le quatre, il y a cinq jours. Nous avons appliqué le traitement que vous avez prescrit depuis son arrivée, mais son état empire de jour en jour, et depuis hier, il présente une forte diarrhée.

Tout en parlant, le médecin et la sœur infirmière se dirigent vers le lit d'Étienne qui semble inconscient. Au fur et à mesure qu'ils approchent, l'odeur nauséabonde exhalée par le malade se fait de plus en plus forte.

Fronçant les sourcils, le médecin se penche sur Étienne et prend son pouls. Levant ensuite le drap, il palpe le ventre du malade, déclenchant un faible gémissement. Secouant la tête d'un air contrarié, il écarte ensuite ses mâchoires à l'aide d'un abaisse-langue. L'infirmière se penche pour examiner elle aussi la bouche du malade où la langue, épaisse, présente une teinte blanchâtre.

— Il a saigné du nez, déclare le médecin, montrant les traces brunâtres qui vont des narines jusqu'à la lèvre supérieure.

— Il semble bien oui, mais pas pendant mon service en tout cas, je m'en serais rendu compte.

Le médecin se redresse, notre quelques chiffres et remarques sur les feuilles retenues par une pince et qui ne quittent pas sa poche, puis entraîne la sœur un peu plus loin.

— Continuez le traitement. Il a une constitution robuste, mais j'ai peur que ça ne suffise pas. Et faites une fumigation dans la salle.

— Bien docteur.

***

Étienne tente de lever la tête, mais une main lui maintient le front. Il lui semble que cette main est fraîche, que de l'eau coule dans ses cheveux. Il entrouvre les yeux et voit, dans un halo flou, un visage encadré de blanc.

— Fanchon ?

— Chut, calmez-vous.

Non ce n'est pas Fanchon, elle ne porte pas de fichu blanc, juste son petit bonnet coquettement noué sous le menton. Las, il laisse retomber sa tête. Tout son corps lui fait mal, son ventre le brûle, sa tête va éclater, et il est fatigué, si fatigué. Maintenant, il croit entendre une voix d'homme, forte, portant loin. Si seulement tous ces gémissements pouvaient s'arrêter, qu'il sache ce que dit cet homme. C'est certainement le chef de brigade, il faut repartir.

Étienne s'agite, tente de basculer ses jambes sur le côté. Il fait jour, il le voit bien, qu'est-ce qu'il fait, couché en plein jour, il faut reprendre la route, Dantzig, le Général Heudelet. Jean va l'aider, il faut que Jean lui explique ce qui se passe.

— Jean...

— Docteur, venez m'aider, il est agité.

Deux bras le repoussent fermement sur le matelas. Il voudrait lutter, mais il est trop faible.

— Tenez, buvez, ça vous fera du bien.

Étienne sent quelque chose de froid et de dur contre sa bouche. Un gobelet ? L'odeur l'écœure, mais on force le métal contre ses dents, il n'a pas la force de lutter et un liquide amer coule dans sa gorge, le faisant tousser et hoqueter.

— Voilà, c'est bien, reposez-vous maintenant.

Sans force, docile non par choix, mais par manque de volonté, Étienne se laisse aller en arrière. Une douce torpeur l'envahit. Soudain, derrière ses yeux clos, une scène éclatante de couleur lui apparaît. Les détails sont si clairs, si précis qu'il lui semble pouvoir toucher Fanchon rien qu'en tendant la main. Elle est là, elle lui sourit, donnant le sein à Joseph. À ses pieds, assise sur un coussin, Anne joue avec des animaux de bois, inventant une ferme imaginaire où les vaches jouent avec les cochons. Le soleil rentre à flot par la petite fenêtre, mais pourtant, le feu rougeoie dans le poêle. Quelle saison est-ce donc ? Il inspire profondément, mais il ne sent rien, ni parfum de fleurs ni bois odorant se consumant.

Maintenant, il fait nuit, il voit la pleine lune, disque d'argent suspendu dans le ciel, mais pourtant la lumière illumine toujours la pièce comme en plein jour. Les enfants dorment et Fanchon aussi dort dans le lit clos dont elle a laissé les rideaux ouverts. Il veut la rejoindre, il veut lui faire l'amour, mais ses pieds sont comme cloués au sol. Ses jambes sont lourdes, il ne peut pas bouger. Même ses bras pendent le long de son corps, comme lié sur ses flancs.

— Il va dormir un moment. Au moins, il ne souffre plus.

— Il a l'air agité. Regardez docteur comme il tremble, comme ses paupières tressautent. Il parle souvent dans son sommeil.

— Que dit-il ?

— Des prénoms. Jean quand il tente de se lever, comme tout à l'heure.

— Oui, son dossier mentionne que deux camarades l'ont amené à l'hôpital. L'un d'eux se prénommait Jean. Certainement un soldat avec qui il a partagé de bons et de mauvais souvenirs.

— Les autres prénoms, Docteur, ce sont des femmes, Fanchon surtout, parfois Anne.

— Certainement une compagne, une fille ou une sœur, soupire le médecin. Bien, allons-y ma sœur, nous ne pouvons rien faire de plus pour lui, d'autres malades requièrent nos soins.

***

Sœur Thérèse a terminé son service. Mais chaque jour, avant de partir, elle se fait un devoir de faire le tour de tous les lits, de vérifier que tous les malades ont reçu leur traitement, que ceux qui ont fait sous eux ont été nettoyés, que leurs pansements ont été changés. Elle ne manque jamais d'adresser à chacun une parole réconfortante, d'avoir un geste chaleureux. Elle le sait, le moindre mot, la plus petite chose peut faire un bien fou. Elle-même a été gravement malade étant enfant, et elle n'oubliera jamais ce vieux médecin qui passait tous les soirs lui donner à boire un peu d'eau sucrée. Elle avait l'impression que ces quelques gorgées, et surtout le visage souriant et chaleureux de celui qui les lui apportait, lui faisaient plus de bien que tous les remèdes.

Pourtant, ce soir, il y a un malade qu'elle ne pourra pas réconforter, elle le sait déjà, à quelques mètres du lit numéro quinze. Ce visage blême, ces yeux fixes, ouverts sur le plafond, ces bras qui pendent sur les côtés du lit, tout lui indique que le militaire qui a été admis il y a quelques jours ne retournera plus au front. Pour lui, la guerre s'arrête là, sur un lit d'hôpital.

Au moment de relever le drap sur son visage, elle se fige, surprise. Sur les lèvres du mort, il y a un sourire, un sourire heureux. Il est vrai que très souvent les morts ont l'air apaisés, détendus, accueillant la mort comme la fin de leurs souffrances. Mais cet homme, lui, il a l'air d'avoir trouvé plus que la paix : le bonheur.

Sœur Thérèse fronce les sourcils. Ce sourire, ça lui fait penser à quelque chose, mais à quoi déjà ? Soudain, elle se souvient. Enfant, lorsqu'elle s'amusait avec son frère et qu'elle levait la tête, c'était ce sourire qu'elle surprenait sur le visage de son père, assis au coin du feu, tandis qu'il les regardait jouer. Sans un mot, elle couvre le visage du mort. Philippe, sergent-major Étienne Joseph Philippe, se souvient-elle, en se dirigeant vers le bureau du médecin pour le prévenir du décès du patient du lit numéro quinze.

12 juin 1812

La lettre est arrivée dans la journée et Fanchon brûle de la lire, mais il faut d'abord s'occuper des enfants, préparer le souper. Tandis qu'elle épluche les légumes, elle jette des regards gourmands sur l'enveloppe qu'elle a posée sur la commode. Elle se doute bien que le contenu de la missive est aussi pour Anne, mais elle ne veut pas la lire devant sa fille. Elle veut d'abord dévorer les mots de son homme seule, un peu par égoïsme, mais aussi parce qu'avant de partager la lettre avec sa fille, elle veut se préparer. Si certaines nouvelles sont mauvaises, il n'est pas question d'inquiéter la petite, en laissant libre cours à ses émotions devant elle. Déjà, depuis le départ de son père, l'enfant dort mal, fait de mauvais rêves. Joseph aussi est agité, comme si l'angoisse de sa sœur et de sa mère rejaillissait sur lui. Il faut protéger les petits, c'est ce qu'Étienne voudrait.

Une fois le repas terminé, elle range la pièce sans faire de bruit, s'accordant du temps pour être certaine que les enfants dorment. Et puis attendre encore un peu pour lire cette lettre, c'est aussi un peu comme l'attendre lui. Elle sait que lorsque sa lecture sera terminée, l'excitation retombera, remplacée par cette angoisse sourde qui ne la quitte plus depuis le départ d'Étienne.

Enfin, après s'être assurée qu'Anne et Joseph dorment tranquillement, que leur respiration est régulière, elle installe une chaise devant la fenêtre pour profiter de la lumière de cette fin de journée et s'assied pour lire.

Premier juin mille-huit-cent-douze

Ma douce,

Tu ne peux pas savoir combien tu me manques, combien je pense à toi. Mes pensées sont toujours à tes côtés. Rassure-toi, nous ne faisons que marcher, ton visage et ta voix dans ma tête ne m'empêchent pas de me concentrer sur une quelconque bataille. Je pense aussi aux enfants, à nos enfants, à notre petite Anne, si vive, si joyeuse. Et Joseph, si souriant, et pourtant si sérieux parfois, quand il découvre une nouvelle odeur, lorsqu'il entend un nouveau son. Je me souviens encore de notre fou rire devant son air étonné, quand il a entendu pour la première fois la musique d'une flûte. Mais si tu n'existais pas, il n'y aurait pas nos merveilleux enfants, alors oui, je pense à toi en premier.

Ici les jours se ressemblent tous. Nous avançons, au rythme de trente kilomètres par jour, parfois plus quand les routes le permettent. Lorsque nous ne marchons pas, nous préparons nos repas, parfois nous dînons et dormons chez l'habitant, quand nous avons la chance d'avoir un billet de séjour. Je bénis le ciel de ne plus être simple soldat, car souvent, il n'y a pas suffisamment de logements pour tous et seuls les officiers y ont droit, tandis que le gros de la troupe doit se contenter de dormir à l'abri d'une toile, en plein air.

Quand je dis logement, c'est un bien grand mot. Il y a quelques jours, Jean et moi avons dormi dans la grange d'une ferme, dans des meules de foin. Enfin quand je dis Jean et moi, c'est surtout moi. Ce gredin a fait du charme à la fille du fermier, et il a passé la plus grande partie de la nuit dans son lit, en sortant juste à temps pour ne pas se faire prendre par le père. Ce dernier est un fervent admirateur de Napoléon, mais je doute que son admiration pour l'empereur aille jusqu'à autoriser l'un de ses officiers à profiter des charmes de sa fille.

Moi je dors avec toi, tu es avec moi quand je m'endors. Sens-tu mes bras autour de ton corps lorsque tu te couches ? Tu es tellement présente que je sens ton souffle dans mon cou, ta chaleur à côté de moi. J'attends avec impatience la nuit pour te rejoindre en songe, même lorsque je dors à la belle étoile.

Allons, assez parlé de moi. Comment vous portez-vous tous ? J'ai hâte d'arriver à la garnison de Dantzig pour y trouver tes premières lettres. Anne apprend-elle toujours aussi vite à lire et à écrire ? Elle m'a dit qu'elle se dépêchait de bien former ses lettres pour pouvoir m'écrire elle aussi, quand je serai « à Gangzig ». Elle a beaucoup de mal avec ces mots barbares. Si notre empereur conquiert la Russie, la pauvre enfant n'a pas fini de peiner sur la géographie de l'empire.

L'autre jour, nous avons croisé un troupeau de moutons qui encombrait le chemin. Tandis que le berger se hâtait de les pousser sur le bas-côté pour nous laisser le passage, j'admirai les agneaux venant de naître et j'ai pensé à la joie que notre fille aurait eue à les caresser. Quand cette guerre sera terminée, tu n'aimerais pas que nous achetions un petit lopin de terre ? Nous pourrions avoir quelques poules, un cochon à engraisser pour l'hiver.

Tu dois rire et penser que je divague. Non, je ne divague pas. J'étais heureux tant que je te savais près de moi, même si nous ne vivions pas ensemble. Maintenant que nous sommes séparés, je réalise tout ce que j'ai perdu. Alors je te fais une promesse, solennelle. Cet anneau que je t'ai offert ce jour de fête et que tu ne quittes jamais, considère-le comme une bague de fiançailles. Lorsque je reviendrai, je demanderai à quitter l'armée et je ferai de toi ma femme, si tu veux toujours de moi. Pourrais-tu accepter de t'appeler Françoise Philippe ?

Fasse Dieu ou l'empereur que cette guerre se termine vite.

Je t'envoie mes plus tendres pensées. Embrasse nos enfants pour moi et dis-leur que leur père pense bien à eux.

Ton Étienne

Fanchon, en pleurs, serre convulsivement la lettre contre sa poitrine, sans pouvoir décider si elle verse des larmes de joie ou de désespoir.

3 juillet 1812

— Allez Mesdames, la journée est terminée, rentrez chez vous. Et essayez de ne pas aller danser demain, pour être en forme lundi matin.

Sans se faire prier, les blanchisseuses vident les baquets, rajustent leurs vêtements, se rhabillent pour certaines, sous l'œil acéré de la patronne. La journée est terminée, oui, mais avant il faut ranger. Madame Hortense ne tolère pas que la blanchisserie soit laissée en désordre, que ce soit un jour de semaine, ou à plus forte raison le samedi.

Tandis que toutes s'égaillent dans la rue, Fanchon, accompagnée de ses sœurs, va chercher Joseph dans la salle réservée aux bébés. Un doux gazouillis accueille les trois femmes. Le petit, nu sur une couverture, raconte une merveilleuse histoire à ses orteils qu'il tient bien serrés dans ses petites menottes.

— Allez petit coquin, viens donc remettre ton lange pour la route. Pas question que tu me fasses pipi dessus.

Fanchon emmaillote son petiot tandis que Fanchette ramasse la couverture.

— Je te la plie dans un coin pour lundi ?

— Non, je la prends. La dernière fois que j'ai laissé une couverture ici, elle avait disparu le lendemain. Vous rentrez directement ?

— Oui, pourquoi ?

— Je dois passer à l'atelier chercher mes souliers neufs.

— Augustin ou Claude ne peuvent pas te les amener ?

— Augustin voudrait que je les essaye avant, pour qu'il fasse les retouches éventuelles tout de suite. Les miens sont tellement usés que si on perd du temps à faire des allers et retours, j'ai peur qu'ils ne me lâchent avant que les nouveaux ne soient prêts.

— Je viens avec toi alors. Et toi Françoise ?

— Moi aussi.

Les trois sœurs se dirigent donc d'un pas alerte vers l'atelier familial, situé à l'angle de la ruelle des Tanneurs et de la Grande Rue, ce qui donne le double avantage d'être dans un lieu très passant tout en facilitant aux frères Carle l'approvisionnement en cuir.

Une fois arrivées devant l'atelier, alors que Fanchette va se précipiter vers ses frères avec sa pétulance habituelle, Françoise la retient par le bras tout en lui murmurant à l'oreille :

— Attends donc, petite sotte, tu ne vois pas qu'Augustin est avec un client ? Et vu sa tenue, c'est un client important.

Tandis que Claude s'affaire sur une paire de souliers dans le fond de la pièce, Augustin discute avec beaucoup de déférence avec un homme effectivement bien mis, lui présentant plusieurs paires de bottes de cuir fin. L'homme, quoiqu'ayant certainement une bonne quarantaine d'années, se tient très droit. Ses cheveux grisonnants et sa barbe sont bien taillés, attestant qu'il a les moyens d'aller régulièrement chez le perruquier, ses vêtements sont de toile fine et la canne qu'il tient dans la main est surmontée d'un pommeau d'argent finement ciselé qui jette des éclairs dans le soleil couchant.

Il se tourne soudain vers les trois femmes, dardant sur elles des pupilles d'un bleu tellement pur qu'elles paraissent découpées dans le ciel d'été.

— Je vous en prie, ne faites pas attendre ces demoiselles, je peux patienter.

— Ce ne sont pas des clientes, sont mes sœurs, répond Augustin, un peu embarrassé.

— Quand bien même, faites-les asseoir, au moins celle qui porte un enfant.

Ne voulant pas déplaire à son riche client, Augustin avance un tabouret pour Fanchon qui s'installe, un peu gênée de causer tant de tracas, Joseph toujours gazouillant dans les bras.

— Merci de votre prévenance monsieur, le remercie-t-elle avec un gracieux sourire.

— Maître François Janard, notaire, pour vous servir.

Pour un peu, pense Fanchon amusée, il me ferait une révérence en balayant le sol de son chapeau, comme sous l'ancien régime.

L'homme se décide finalement pour une superbe paire de bottes de cuir fauve qu'il paie comptant, demandant toutefois qu'on les lui livre le lendemain matin, ce qu'Augustin s'empresse de confirmer. Puis il part d'un pas décidé, non sans avoir salué les trois jeunes femmes, dévisageant Fanchon d'une manière plus qu'insistante.

Aussitôt qu'il est hors de portée de voix, Fanchette se précipite vers son frère.

— Tu ne nous avais pas dit que tu avais des clients aussi importants que ce notaire.

— Je ne vous tiens pas au courant de mes affaires, rétorque-t-il d'un air amusé.

— En tout cas, il n'avait d'yeux que pour Fanchon.

— Penses-tu, rétorque cette dernière, il nous regardait autant les unes que les autres. C'est un homme bien élevé qui ne fait pas de favoritisme, ou alors un coureur de jupons qui multiplie les conquêtes, au choix. Allez, au lieu de dire des sottises, prends donc ton neveu, que j'essaie mes nouveaux souliers.

Mettant d'office Joseph dans les bras de Fanchette, Fanchon passe les souliers que Claude vient de descendre d'une étagère. Une fois qu'elle les a aux pieds, Augustin appuie d'un côté, de l'autre, testant la résistance d'une couture, la tenue du coup de pied.

— Fais quelques pas, que je juge de la symétrie.

— Je suis ta sœur, pas une cliente, tant qu'ils me protègent les pieds et qu'ils ne me font pas mal, c'est le principal, rétorque Fanchon en riant.

— Mais oui, et après tout le monde dira que la sœur du cordonnier a les plus laids souliers de Vesoul. Marche donc, je te dis.

Docilement, Fanchon fait quelques pas, se tourne, revient, sous l'œil critique de son frère.

— Alors ?

— Ils sont parfaits. Tu es à l'aise dedans ?

— Parfaitement bien. Tu es un amour de frère. Combien est-ce que je te dois ?

— Pose-moi encore une question comme celle-là et je ne te reconnais plus comme ma sœur.

Fanchon saute au cou de son frère et l'embrasse chaleureusement.

— Tu es le meilleur des frères. Allez, je ne traîne pas, Joseph ne va pas tarder à avoir faim et il faut encore que je passe prendre Anne chez toi.

Augustin reste un moment sur le pas de la porte, regardant ses sœurs qui marchent d'un même pas décidé. Il se demande quand même ce qu'aurait pensé leur père s'il avait été toujours en vie. L'aînée, Françoise, qui va sur ses trente ans, toujours aussi acariâtre, même si elle a mis un peu d'eau dans son vin, et qui n'est toujours pas mariée. Fanchon, avec ses deux petits sur les bras et son homme reparti à la guerre, et Fanchette, qui vient de coiffer Sainte-Catherine, mais qui ne pense qu'à s'amuser, comme si la vie était un bal permanent. Il soupire en pensant « Si au moins Barbe et Madeleine pouvaient donner quelques satisfactions à notre pauvre mère ! »

9 septembre 1812

Fanchon s'inquiète. Elle est même folle d'inquiétude, car elle n'a pas eu de nouvelles d'Étienne depuis le mois de juin. Trois mois sans rien savoir de son homme. Elle sourit, essaye de chanter parfois, pour ne pas inquiéter ses enfants, mais la nuit, quand ils dorment, elle pleure, seule dans son lit.

Au début du mois, en désespoir de cause, elle est passée à la caserne où tout le monde a entendu parler d'elle au moins une fois, mais personne n'a pu la renseigner. Un jeune caporal l'a reçue, qui lui a furieusement fait penser à Étienne lorsqu'elle l'a rencontré, il y a quelques années. Sûr de lui, de ses convictions, de la victoire, il l'a rassurée, avec un sourire un peu condescendant. Pauvre femme, semblait-il penser, qui ne sait pas ce que sont les contraintes de la guerre, comme si un militaire avait le temps de penser à écrire.

— Madame, vous savez, le courrier fonctionne mal depuis le front. Et puis les communications entre l'empereur et l'état-major sont prioritaires. Forcément, le courrier personnel prend du retard. Ne vous inquiétez pas outre mesure, vous verrez, si ça se trouve dans quelques jours vous recevrez plusieurs lettres en même temps, postées à une semaine intervalle.

À moitié rassurée, Anne est rentrée chez elle, continuant à surveiller le courrier tous les soirs, courant presque pour rentrer chez elle après le travail, irritée parfois d'être ralentie par ses enfants, tant son impatience était violente, presque douloureuse.

Ce soir, son cœur s'arrête de battre lorsqu'elle trouve une grosse enveloppe qui l'attend, dont les cachets ne laissent aucun doute sur sa provenance : c'est une enveloppe de l'armée. Est-ce que le jeune caporal avait raison ? Elle va avoir plusieurs lettres d'Étienne en même temps ?

— C'est papa qui écrit ? questionne sa fille, les yeux écarquillés.

— Je ne sais pas, répond sa mère.

Elle a honte de mentir à sa fille, mais elle ne veut pas lire les lettres d'Étienne devant la petite, sachant qu'elle va la questionner et, fière de son nouveau savoir, essayer de lire par-dessus son épaule. Ces mots de son homme, comme pour la lettre reçue en juin, elle veut être la première à les découvrir, à les savourer. Après seulement, lorsqu'elle en sera rassasiée, elle partagera une partie des nouvelles avec sa fille. Sa décision est prise en quelques secondes. Elle monte les premiers étages et s'arrête devant la porte de sa mère. Quelques coups et elle rentre.

— Tiens, bonjour, ma Fanchon. Tu vas bien ?

Anne se penche pour embrasser sa petite-fille et prend Joseph dans ses bras.

— Maman, j'ai un service à te demander, demande Fanchon en montrant discrètement l'enveloppe qu'elle tient dans la main. Tu peux me garder les enfants une petite demi-heure ?

— Bien sûr ma chérie, je peux même te donner de la soupe si tu veux, tu auras plus de temps pour faire... ce que tu as à faire.

— Qu'est-ce que tu dois faire maman ? Je peux t'aider, questionne la petite ?

— Non ma chérie, j'ai quelque chose à faire pour... ma patronne. Vous restez chez grand-mère et je reviens très vite.

Fanchon fait vite demi-tour et claque la porte derrière elle pour éviter d'autres questions. Elle a hâte d'être seule.

***

Alors qu'elle va ouvrir l'enveloppe, les mains tremblant d'impatience, Fanchon a un temps d'arrêt. L'écriture n'est pas celle d'Étienne. Puis elle secoue la tête en se traitant de bécasse. Bien sûr que ce n'est pas l'écriture d'Étienne, c'est certainement celle d'un employé des postes, ou d'un militaire, qui a eu l'idée de regrouper les lettres d'Étienne dans une même missive, pour plus de simplicité.

Hâtivement, elle déchire le papier épais, se coupe, suce son pouce entamé en grognant d'impatience. Finalement, l'enveloppe déchirée laisse échapper sur la table une dizaine de lettres, comme les entrailles d'une bête qui s'écouleraient d'un seul coup de son ventre. Fanchon en prend une, saisie de stupeur. Cette écriture, c'est la sienne... Ce sont *ses* lettres qui lui sont retournées. Pourquoi ? Pourquoi est-ce qu'Étienne ne les a pas eues ?

Au milieu des missives, un papier blanc, plié en deux. Elle le prend, le déplie hâtivement. Ce n'est pas l'écriture d'Étienne, elle le voit en un seul coup d'œil. Elle va à la signature. Jean Meunier... C'est Jean qui lui retourne ses lettres et qui lui écrit.

Un malaise soudain la fait s'abattre sur la chaise. Elle se sent glacée, ses mains tremblent, un sanglot lui monte à la gorge au fur et à mesure qu'elle déchiffre l'écriture penchée de Jean.

Ma très chère Fanchon,

Vous avez dû recevoir une lettre d'Étienne que j'ai postée à sa demande. Nous avons malheureusement été obligés de laisser derrière nous mon cher camarade. Atteint de fièvres, de maux de tête et de ventre, il était incapable de suivre la marche. Je serais volontiers resté à ses côtés, mais l'état-major ne l'aurait pas permis. Nous sommes maintenant à Munster, depuis de longues semaines, attendant des ordres et un éventuel départ pour Dantzig, ce qui nous permet de recevoir du courrier de nos proches.

J'ai bien entendu demandé à être dépositaire de vos lettres à Étienne, souriant par avance de son bonheur à les lire l'une après l'autre, lorsqu'il nous reviendrait guéri et prêt à en découdre avec l'ennemi.

Aujourd'hui, c'est le cœur gros que je vous écris. Le commandant vient de m'appeler pour m'apprendre l'horrible nouvelle. Étienne est mort dans l'hôpital où je l'ai moi-même conduit, quelques jours à peine après mon départ. En dépit des soins du médecin et des infirmières qui s'occupaient de lui, il s'est éteint dans son sommeil le neuf juin de cette année.

Avec l'avis de décès officiel, il y avait un petit mot de l'infirmière en chef, sœur Thérèse, que je vous retranscris ici « Veuillez faire savoir à sa famille que, durant les derniers jours de sa vie, le sergent-major Étienne Philippe répétait souvent les noms de deux femmes,

Fanchon et Anne. Fanchon était le nom qui revenait le plus souvent. En espérant que de le savoir les aidera à supporter leur peine. »

Je partage votre douleur, vous perdez un amant, un compagnon, le père de vos enfants, je perds un ami, presque un frère. Je sais qu'Étienne, s'il avait pu prévoir sa fin, m'aurait demandé de veiller sur vous. Votre famille vous entourera. Cependant, n'hésitez pas à faire appel à moi par courrier. Étienne était comme mon frère, et je prendrai soin de vous comme si vous étiez ma sœur.

Transmettez toutes mes pensées à votre fille et à votre famille. Heureusement, Joseph, ce pauvre petit, est trop jeune pour se rendre compte de quoi que ce soit.

Croyez, chère Fanchon, en toute mon amitié et mon affection,

Jean Meunier.

Fanchon, éperdue de douleur, s'effondre sur la table. C'est là que sa mère, inquiète de ne pas la voir redescendre, la trouvera une heure plus tard.

25 octobre 1812

Fanchon a passé un long mois chez sa mère. Au début, prostrée, incapable de parler, éclatant en sanglots plusieurs fois par jour, elle n'avait accepté de s'alimenter que pour Joseph, parce qu'il fallait bien l'allaiter. Mais elle mangeait peu, maigrissait, dépérissait.

Et puis, après environ trois semaines, dans le lit qu'elle partageait avec sa fille, elle avait été réveillée par des sanglots en pleine nuit. C'était Anne, sa petite, qui pleurait. De grosses larmes coulaient sur le visage de l'enfant, sa poitrine était soulevée par de violents hoquets et tout son corps tremblait.

Fanchon, doucement, l'avait questionnée. Muette au début, blottie dans les bras de sa mère, la petite avait fini par avouer avoir surpris une conversation entre Augustin et Louise. Ils s'inquiétaient pour Fanchon et l'enfant n'avait retenu que ces mots « Si elle continue à dépérir comme ça, je crains pour sa vie ». Fanchon, bouleversée, avait entendu son enfant murmurer entre deux soubresauts : « Maman, je ne veux pas que tu meures toi aussi ». L'enfant, rassurée par sa mère et assommée par sa peine, avait fini par s'endormir. Fanchon elle, était restée éveillée de longues heures, les yeux grands ouverts, une multitude de pensées tournant dans sa tête.

Le matin, sa mère avait eu la surprise de la voir se lever en même temps que Fanchette et se préparer. Une fois habillée, le petit Joseph tout endormi dans les bras, Fanchon avait alors raconté rapidement la scène de la nuit et avait déclaré, d'un ton volontaire « J'ai agi comme une égoïste, toute à ma peine, sans penser à mes enfants. Je vais reprendre ma place à la blanchisserie. Explique à ma fille que notre vie va reprendre comme avant, mais sans son père, et que ce soir, nous retournons chez nous. »

Muette de saisissement, Anne l'avait serrée dans ses bras, retenant à peine ses larmes et depuis, Fanchon a repris le cours de sa vie. Ou plutôt, elle a bâti une vie nouvelle, dans laquelle elle sourit devant ses enfants, aide sa fille dans sa lecture et ses additions, chante des comptines à son fils pour l'endormir, parle avec ses collègues. Mais lorsqu'elle est seule, les enfants endormis, le sourire déserte son visage, la tristesse prend possession de son cœur et les larmes, trop longtemps retenues, coulent silencieusement.

***

Lorsque le reste de la famille a appris la décision de Fanchon, tous ont été soulagés de la voir reprendre le dessus. Mais après qu'elle soit restée seule avec ses enfants tout le dimanche, Fanchette lui a demandé de passer le dimanche suivant en famille. Augustin et Louise ont décidé de réunir tout le monde chez eux, enfin presque tout le monde, Claude, Françoise et Fanchette ayant déjà pris d'autres engagements.

Fanchon a tout d'abord refusé, puis elle s'est dit que ça serait mieux pour ses enfants de passer la journée entourée de leurs cousins, et elle a accepté, à condition d'apporter sa contribution au repas. Date a donc été prise et Fanchon et ses enfants viennent juste d'entrer dans la salle où règne un joyeux brouhaha.

— Te voilà, viens donc m'embrasser, déclare Louise en se précipitant vers sa belle-sœur. Que nous apportes-tu là ? Ha de la Cancoillotte, magnifique, j'ai justement mis à cuire de belles pommes de terre. Nous la mangerons avec. Et ta mère a fait des gaufres. Nous allons avoir un merveilleux repas.

Tandis que Fanchon dépose son fromage sur la table, Anne se précipite vers ses cousins tandis que Joseph, bien décidé à participer à la fête, se trémousse dans les bras de sa mère. Celle-ci étale une couverture dans le coin où jouent les enfants et y installe son fils, tout en recommandant aux plus grands de bien faire attention à lui. Âgé de dix mois, il marche maintenant à quatre pattes et parcourt allègrement toutes les pièces, ne s'arrêtant que vaincu par la fatigue. Anne l'a même surpris s'accrochant à un tabouret pour tenter de se mettre debout.

— Comment allez-vous tous les trois, demande Augustin ?

— Nous allons tous très bien. Comme tu le vois, ton neveu ne va pas tarder à marcher.

— Ça a toujours été un bébé précoce. Déjà à la naissance, on aurait dit qu'il avait plusieurs semaines tellement il se portait bien.

Fanchon n'est pas dupe, c'est plus pour elle que pour les enfants que son frère s'inquiète. D'autant plus qu'il suffit de regarder Anne et Joseph pour se rendre compte qu'ils débordent de santé. Pour couper court à toute autre interrogation, elle empoigne le pain et commence à en couper d'épaisses tranches.

— Barbe, Madeleine, mettez la table s'il-vous plaît, votre tante Louise ne va pas tout faire !

— Oui maman, répondent en cœur les jeunes filles.

— Quand je pense à l'époque où elles étaient encore des gamines ces deux-là ! Elles vont bientôt être bonnes à marier.

Louise, aussitôt sa phrase prononcée, se mord les lèvres, se disant qu'il n'est peut-être pas judicieux d'aborder le sujet du mariage devant Fanchon, mais cette dernière, toute à sa tâche, ne réagit pas.

— Allez, les pommes de terre sont cuites, tout le monde à table !

***

Alors que les enfants se disputent les dernières gaufres, Augustin tout en fumant la pipe qu'il aime à déguster après le repas, se redresse dans sa chaise et prend la parole après s'être éclaircie la voix.

— Fanchon, j'ai quelque chose à te dire.

— Tu crois que c'est le moment ? interroge Louise avec inquiétude.

Fanchon les regarde l'un après l'autre.

— De toute façon, c'est trop tard. Maintenant qu'Augustin a commencé, je veux connaître la suite.

— Te souviens-tu de Maître Janard, le notaire, que tu as rencontré à l'atelier lorsque tu étais venue chercher tes souliers avec tes sœurs ?

— Rencontré, c'est un bien grand mot. Je l'ai croisé quelques minutes oui. Et alors ?

— Il est souvent revenu pour acheter des souliers pour ses enfants, ses domestiques. Est-ce que je t'ai dit qu'il est veuf depuis plusieurs années et qu'il a trois enfants entre neuf et quinze ans ?

— Non, tu ne me l'as pas dit, répond Fanchon de plus en plus renfermée. Mais si tu l'avais fait, je t'aurais répondu que la vie privée de tes clients ne me concerne pas. Est-ce que tes clients ont l'habitude de te raconter leur vie, surtout les plus riches ?

— Il était déjà client du temps de papa alors oui, une certaine intimité s'est créée. Et puis ça se fait, commercialement, de demander à un client des nouvelles de sa famille.

Fanchon fronce les sourcils et se penche en avant sur la table, de façon à réduire l'écart entre elle et son frère qui lui fait face. Elle sent que la suite de la conversation ne va pas lui plaire, mais elle laisse venir, tandis que son frère, qui comprend soudain qu'il se trouve sur une pente glissante, change peu à peu de couleur, son teint virant au rouge brique, comme à chaque fois qu'il ne sait plus comment se tirer d'une situation délicate.

— Bien, ton client est veuf avec trois enfants, et alors ?

— Et bien… comme il t'avait croisée à l'atelier, il m'a demandé de tes nouvelles. Je lui ai donc raconté ce qui t'était arrivé, que tu te retrouvais seule toi aussi avec tes enfants, un peu comme lui. C'est venu comme ça dans la conversation.

— Augustin, tu as beau être mon frère, un très bon cordonnier qui entretient de bons rapports avec ses clients, si tu veux aborder un sujet personnel avec eux, j'aimerais autant que ce soit ta vie privée qui tu racontes, pas la mienne. Ma vie privée ne regarde pas ce Maître Janard.

Un silence pesant s'installe dans la pièce, seulement interrompu par le babil des enfants qui n'ont heureusement pas réalisé la tension qui règne maintenant entre Fanchon et Augustin.

— Je ne comprends pas pourquoi tu réagis de cette façon. C'est un homme bon, qui a une bonne situation, et qui souhaite se remarier. La femme qu'il choisira n'aura rien d'autre à faire que de veiller à l'éducation des enfants et donner ses ordres aux domestiques.

— Vraiment ? Et en quoi la vie de son éventuelle deuxième épouse me concerne en quoi que ce soit ?

Augustin se lève d'un coup, les deux mains posées sur la table, dominant Fanchon de toute sa stature.

— Parce qu'il souhaite t'épouser ! Voilà pourquoi ! Bon sang tu as le don de m'exaspérer parfois.

Augustin se calme et se rassied aussitôt. Fanchon, elle, blanche comme un linge, est assise, les yeux fixes. Mais lorsque son frère pose sa main sur la sienne, elle l'enlève, comme si ce contact l'avait brûlée.

— Fanchon, bien sûr qu'il comprend ce que tu traverses, il ne demande pas une réponse sur le champ. Il est prêt à te laisser le temps de le connaître, le temps de la réflexion. Mais si tu examines calmement sa proposition, tu comprendras que c'est ce qui peut t'arriver de mieux, à toi et à tes enfants. Plus besoin de te lever à l'aube, de t'éreinter sur le linge sale des autres. Ce sont tes domestiques qui porteront ton linge sale chez Madame Hortense. Il est même prêt à légitimer tes enfants par le mariage.

Fanchon se lève et cette fois c'est elle qui toise Augustin, puis toute sa famille.

— Je crois comprendre que Louise était au courant. Et toi maman ?

— Oui, reconnaît sa mère, Augustin m'en avait parlé.

— Et quel est ton avis ?

— Je suis du même avis que ton frère, c'est une opportunité qui ne se représentera pas deux fois.

Sans dire un mot, Fanchon se dirige vers ses enfants, les habille pour sortir, prend Joseph dans ses bras et sa petite par la main. Elle se dirige vers la porte, s'arrête à mi-chemin et se tourne vers sa famille toujours assise à table, muette de saisissement.

— Vous me décevez, tous. Vous avez reçu Étienne comme mon époux, vous l'avez accueilli comme un membre de la famille, et il est mort depuis à peine quelques mois que vous voudriez déjà que je le remplace. Pire, vous voudriez que ses enfants aient un autre père, que je l'efface de leur vie ?

Puis, faisant face à Augustin.

— Voici ma réponse à Maître Janard. Je ne l'épouserai jamais. Mes enfants ont un père, je les élèverai dans son souvenir, je n'ai pas besoin qu'il joue les preux chevaliers, volant au secours de la veuve et des orphelins. Je continuerai à travailler pour les nourrir et leur assurer un toit, je n'ai pas besoin de sa charité. Il n'a qu'à faire bénéficier une autre femme de ses largesses. Merci pour le repas, je retourne chez moi, j'ai de la couture à terminer.

Fanchon passe la porte sans se retourner et tous entendent le bruit de ses pas qui décroisse dans l'escalier.

— Je te l'avais dit, soupire Louise en regardant son mari. Tu connais le caractère de ta sœur. Tu n'aurais même pas dû aborder le sujet. Au printemps peut-être, et encore. Là, tu as tout gâché, elle ne changera jamais d'avis.

22 janvier 1813

Fanchon appréhende la fin de la journée. Après avoir passé des heures dans l'étuve que représente la blanchisserie, avec l'eau bouillante qui chauffe à longueur de temps, remplissant l'atmosphère d'une buée parfois aussi dense que le brouillard, sortir dehors avec la température glaciale qui règne en ce début d'année peut entraîner un refroidissement fatal. Heureusement, ce matin, elle a pris la chaude veste qu'Étienne lui a offerte.

À la pensée de son amour disparu loin d'elle, Fanchon sent son cœur se serrer. Elle a reçu une lettre de Jean juste avant Noël. En garnison à Dantzig, il attend avec impatience son retour en France, retour qui selon lui, ne devrait plus tarder puisque l'empereur en a fini avec la Russie. Fanchon pense à tous ces hommes morts de froid et d'épuisement lors de la traversée des steppes glacées. Combien devront encore mourir à cause de la soif de pouvoir de certains ?

Alors qu'elle rince abondamment le linge qu'elle a savonné et frotté de longues heures, elle sent une main se poser sur son épaule. À genoux devant son baquet, elle se retourne et manque tomber de surprise. Derrière elle se tient Augustin, le visage défait.

— Mon Dieu, que se passe-t-il, c'est maman c'est ça, elle a fait un malaise, comme papa ?

— Non Fanchon, ce n'est pas maman, viens s'il-te plaît.

Le silence s'est fait dans la pièce, les femmes sont comme changées en statues, la pièce de linge qu'elles ont en main suspendue en l'air ou plongée dans l'eau. Fanchon pose une main au sol pour se lever et titube, retenue de peu par Augustin. Comme dans un cauchemar, elle le suit dans la pièce de derrière, là où se trouvent habituellement les enfants. Joseph, sevré depuis qu'il court partout, est chez Louise, avec Anne.

Madame Hortense, sur le seuil de la porte, pleure à chaudes larmes, une chose que ses employées n'ont jamais vue. Pire, elle qui les houspille aussitôt que le rythme se ralentit, elle semble ne pas avoir remarqué que toutes sont immobiles, figées dans l'expectative de la suite.

Soudain, un cri à glacer le sang retentit dans la pièce voisine, la voix de Fanchon qui hurle « Non, non, non », un bruit de chute. Françoise est la première à réagir, elle se précipite, revient prendre un linge, un pichet d'eau fraîche. Puis le silence. Un silence de mort.

C'est Françoise qui sort la première de la pièce, Françoise l'égoïste, l'acariâtre, qui, pour la première fois de sa vie peut-être, pleure à chaudes larmes. Fanchette se lève, s'approche de sa sœur, questionne. Mais aucun son ne sort de la bouche de Françoise, juste des sanglots frénétiques.

Et puis Augustin apparaît dans l'encadrement de la porte, portant dans ses bras Fanchon inanimée, enveloppée d'une couverture. Sans un mot, il sort de la blanchisserie, suivi de ses deux sœurs.

Des murmures commencent à courir dans les rangs, des questions, que se passe-t-il ? Quel drame a encore frappé Fanchon, qui a déjà perdu un bébé, puis le père de ses enfants ? Enfin une femme se lève, et pose la question qui leur brûle les lèvres à toutes.

— Madame, s'il vous plaît, dites-nous ce qui se passe ?

Madame Hortense sort un mouchoir, essuie son visage, se mouche vigoureusement puis s'assied sur un tabouret qui traine contre le mur, comme si elle aussi portait une peine trop lourde pour ses épaules.

— C'est sa fille. Elle est morte.

— Sa fille ? Mais comment ? Elle n'était pas malade, Fanchon nous l'aurait dit.

— Un accident. Elle a voulu courir après un chaton, elle a glissé sur une plaque de glace, sa tête a heurté un caillou, et elle est morte sur le coup.

Toutes échangent des regards rapides, effondrées, avec la même pensée en tête. Comment autant de malheur peut frapper la même personne ?

Madame Hortense se lève, se tourne vers la porte et jette par-dessus son épaule.

— Finissez vos tâches et rentrez chez vous. Le reste attendra demain.

23 janvier 1813

Augustin n'a pas dormi. Il a passé la nuit à veiller le corps de sa nièce, assis d'un côté du lit, Fanchon de l'autre côté. Elle n'a pas dit un mot, repoussant simplement d'un geste la boisson, la nourriture. Quand sa mère ou ses sœurs ont proposé de la remplacer au chevet de sa fille, elle a juste secoué la tête de droite à gauche.

Allongée sur le lit, la petite a l'air de dormir. Ses longs cheveux sont soigneusement lissés de chaque côté de son visage, ses yeux sont clos, sa bouche est juste un peu plus pâle et le rose qui colore habituellement ses joues a disparu. Dans ses deux mains jointes, sa poupée préférée, celle que son père lui avait donnée, la toute première. Elle est usée, recousue, rapiécée, mais elle n'en voulait pas d'autres pour dormir. Fanchon a jeté loin du lit le chapelet que sa mère avait déposé sur les mains de l'enfant. Comment lui en vouloir de ne plus croire en un Dieu qui lui retire l'un après l'autre tous ceux qu'elle aime ?

À l'aube, Augustin s'est levé, remplacé par sa mère. Il a dit à Claude qu'il serait seul aujourd'hui à l'atelier, que les clients qui ne voulaient avoir affaire qu'à lui n'avaient qu'à revenir le lundi. Il a enfilé sa veste la plus chaude, mis son chapeau et a pris le chemin du poste de police. Là, il a retrouvé l'agent Nicolas Fourniole, dont les yeux cernés démontrent que, pour lui aussi, la nuit a été difficile. C'est lui qui, hélé par un passant alors qu'il revenait de sa ronde, avait constaté le décès de l'enfant et avait ramené son corps à la maison. Louise, de grosses larmes coulant sur ses joues, le suivait, le petit Joseph dans ses bras et ses trois fils, choqués, agrippés à la jupe de leur mère. Puis il était allé prévenir Augustin à l'atelier.

L'histoire est banale. Les enfants marchaient devant Louise qui avait le petit dans les bras. Ils avaient vu un chaton et avaient voulu l'attraper pour le ramener à la maison. Depuis le temps que leur père leur promettait un petit animal, ils avaient voulu le mettre devant le fait accompli, certains qu'il ne résisterait pas devant cette adorable boule de poils. La petite bête, effarouchée, s'était sauvée et les quatre enfants l'avaient poursuivie. Anne avait glissé, était tombée, et ne s'était pas relevée. Ça aurait pu être n'importe lequel des quatre enfants...

Sans un mot, les deux hommes se serrent la main et prennent le chemin de la mairie. Ils arrivent les premiers, juste pour l'ouverture des portes. La déclaration se fait vite. L'adjoint Daguenet prend un visage de circonstance, les coins de sa bouche s'inclinent vers le bas et il murmure rapidement des condoléances. Père d'une nombreuse marmaille, il n'a jamais aimé enregistrer la mort d'un enfant, comme si, par ricochet, le malheur pouvait frapper sa propre famille.

Une fois sortis de la mairie, les deux hommes s'arrêtent devant la porte.

— Je vais aller commander le cercueil.

— Voulez-vous que je vous accompagne ?

— Non, agent Fourniole, vous êtes bien aimable, mais je suppose que vous avez d'autres choses à faire.

L'homme hausse les épaules.

— Transmettez toutes mes condoléances à votre sœur. Quand je pense que j'ai été témoin pour déclarer la naissance de son fils. Je m'en souviens comme si c'était hier. Il y avait la sage-femme et le père de l'enfant. Ah oui, Étienne qu'il s'appelait, un brave garçon. Le bébé était tellement grand et costaud, le premier adjoint avait du mal à croire qu'il s'agissait d'un nouveau-né. Et maintenant, il ne lui reste plus que ce petit. Pauvre femme.

Augustin lui serre la main sans répondre et continue son chemin. Cette pensée l'a tourmenté toute la nuit. Après la mort d'Étienne, Fanchon n'a repris le dessus que grâce à ses enfants. Est-ce que la présence du petit Joseph va suffire pour lui rendre goût à la vie ?

La nuit est déjà bien avancée, mais Fanchon ne dort toujours pas. La pleine lune est haute dans le ciel, éclairant la pièce d'une demi-clarté argentée, mais ce n'est pas ce qui la tient éveillée.

Elle ne veut pas dormir. Lorsqu'elle plonge dans le sommeil, ce sont rêves et cauchemars qui se succèdent, tous avec le même résultat, elle se réveille les joues couvertes de larmes, parfois en hurlant.

Lorsqu'elle rêve, ce sont les moments heureux qu'elle revit. Elle revoit le visage d'Étienne proche du sien, lorsqu'ils étaient couchés ensemble, dans ce lit où elle dort seule, définitivement seule. Ces rêves sont tellement réels qu'elle sent son souffle précipité sur son visage, au fur et à mesure que le plaisir monte, ses mains qui se crispent et s'accrochent partout où il peut, sur le coussin, sur son corps parfois, lui laissant des marques d'amour qu'elle chérit tendrement les jours suivants.

Elle voit Anne courir vers elle dans le soleil, sa voix joyeuse qui appelle « Maman, Maman », tout heureuse de lui faire découvrir la fleur ou l'insecte qu'elle vient de trouver. Elle sent ses petits bras autour de son cou, sa bouche qui couvre ses joues de baisers, avec toute la fougue d'une enfant de cinq ans.

Lorsqu'elle se réveille juste après, elle met quelques secondes à réaliser que ce n'est qu'un rêve, qu'elle a tout perdu. Et c'est là qu'elle bascule dans la douleur. Mais ce n'est pas le pire, non. Le pire, c'est quand tout devient cauchemar, quand le visage d'Étienne devient pâle, ses yeux vitreux et qu'elle le sent flasque, amolli au creux de ses bras, emporté par la maladie. Quand Anne est stoppée net dans sa course et que du sang coule sur son front tandis que la fillette bascule en arrière et tombe, interminablement, et qu'elle, sa mère, reste figée, les jambes paralysées, incapable d'aider sa fille.

Avec un soupir, Fanchon se lève, silencieuse, et allume le feu. L'aube n'est certainement plus très loin, il faut qu'elle se dépêche. Sa décision est prise.

Doucement, pour ne pas réveiller Joseph, elle s'habille chaudement et avale rapidement quelques morceaux de pain avec un peu de lait. Il lui faut prendre des forces.

Ensuite, méthodiquement, elle ouvre les tiroirs et sort rapidement ce qu'elle a décidé de prendre, et entasse ces quelques affaires dans son panier. Les mains tremblantes, elle se souvient des jours heureux, quand ce panier, elle l'utilisait pour mettre des provisions qu'elle partageait avec son homme, lorsqu'ils passaient la journée allongés au bord de la rivière. C'était il y a tellement longtemps, avant Anne, avant Jean... Mon Dieu, Jean. Toute à sa douleur récente, elle avait enfoui au fond d'elle cette vieille blessure qui s'ouvre soudainement, comme une ancienne cicatrice qui redevient une plaie béante, ouverte par de nouveaux coups d'épée.

Fanchon pose le panier à terre et s'agrippe à deux mains sur le dossier de la chaise. Elle respire à fond, profondément. Ne pas craquer, ne pas pleurer, pas maintenant, alors que sa décision est prise.

Elle pose devant elle l'encre, la plume et deux feuilles de papier, et s'assied devant la table. D'une main désormais ferme, elle noircit une première feuille, appuie soigneusement le buvard sur toute la page, la plie et la glisse dans le panier, entre les vêtements. Ensuite, le tour de la deuxième feuille. Même chose, mais cette fois-ci, elle laisse la page en évidence sur la table.

Par la fenêtre, le ciel rosit, se colorant d'or là où le soleil va bientôt apparaître. Il n'y a pas un seul nuage dans le ciel, ça sera une belle journée. Le feu qu'elle a allumé se meurt doucement. Elle reste un moment debout devant la fenêtre ouverte, respirant le vent qui apporte d'on ne sait où un parfum de fleurs des champs. Les bruits de la rue qui s'éveille montent jusqu'à elle. Elle reconnaît le grincement de la charrette de Josèphe, la marchande de quatre saisons, le bruissement du balai de brindilles que la boulangère passe tous les matins sur la chaussée, devant sa boutique. Tous ces bruits familiers qu'elle va laisser derrière elle.

Elle referme la fenêtre, enfile sa veste et, doucement, se penche vers Joseph. Avec mille précautions, pour ne pas le réveiller, elle prend l'enfant dans ses bras et le cale tout contre elle, la tête du petit nichée dans son cou. De l'autre main, elle ouvre la porte, prend le panier et se retourne pour regarder une dernière fois cet endroit qui a été son foyer. Puis, laissant la porte ouverte derrière elle, elle descend doucement l'escalier, sans faire de bruit, pour ne réveiller personne.

Remerciements

Un grand merci tout d'abord au descendant de la famille Carle qui m'a autorisée à romancer la vie de ses ancêtres, allant même jusqu'à m'interdire formellement de changer les noms ou les lieux. Augustin Carle est son quadrisaïeul, ce qui fait de Françoise (Fanchon) son arrière-arrière-arrière-arrière-grand-tante. Et si c'est Michel, l'aîné des trois fils d'Augustin et de Louise, qui reprendra le métier de cordonnier, Alexandre, son deuxième fils, s'installera à Paris où il épousera une demoiselle Barbangon dont il aura deux fils, Claude et Michel. Eh oui, la tradition familiale perdure, on garde toujours les mêmes prénoms dans la famille Carle. Michel, le plus jeune, est l'arrière-arrière-grand-père du descendant de cette branche. Il embrassera la profession de… cordonnier. Ce sera d'ailleurs le dernier cordonnier de la lignée.

Merci à Monsieur François Houdecek de la Fondation Napoléon, qui m'a énormément aidée, d'une part avec ses explications très détaillées sur les sous-officiers en recrutement, plus particulièrement au sein du 24e Régiment d'Infanterie de Ligne à Vesoul, et d'autre part, en me faisant découvrir le site internet Mémoire des Hommes. Ce site m'a permis de retrouver non seulement Étienne Joseph Philippe, mais aussi son ami, Jean Meunier, présent lors de la déclaration de naissance de la petite Anne. J'ai aussi trouvé de nombreuses informations sur le site internet de la Fondation Napoléon, qui est une vraie mine d'or.

Toutes les informations généalogiques viennent du site internet des Archives de la Haute-Saône. Un grand merci aux bénévoles des associations de généalogie qui ont réalisé la numérisation des actes.

Une pensée toute particulière pour Madame Corinne Luzet, secrétaire de la Société d'Agriculture, Lettres, Sciences et Arts de la Haute-Saône (SALSA) pour son aide précieuse dans la recherche de documentation sur Vesoul et sa patience infinie.

Merci à Rigodon d'Honneur et demi-Solde du forum Napoléon 1er, sans lesquels je serais restée sur ma mauvaise lecture du lieu de décès d'Étienne Joseph Philippe.

Et enfin, merci à Chantal du forum Scribavita pour ses informations sur les noms de famille des enfants naturels.

Pour clore ce roman, je voulais aussi remercier les lecteurs et apporter une réponse à ceux qui m'ont demandé « Mais qu'est devenue Fanchon ? » La réponse est que je n'en sais rien. Les archives de Haute-Saône ne parlent plus d'elle ni de son fils. Ni mariage, ni décès, rien non plus dans le fichier des personnes disparues.

Comme Fanchette et son mari, comme Alexandre, le second fils d'Augustin, elle a pu partir pour Paris. Elle a peut-être envisagé d'aller dans le Nord, dans la famille d'Étienne. Autant de pistes que j'envisage d'explorer pour, peut-être, un roman qui racontera la suite de sa vie, qui sait ?

Bibliographie

CARLIER A. (1948) – *Histoire des cordonniers* – Bibliothèque de travail, Collection de brochures bimensuelles pour le travail libre des enfants, 15 novembre 1948

Extrait d'un recueil de 8 pièces diverses – *Fêtes des 22 et 23 avril 1810 (avec des odes – poèmes – composées par Marc et Peignot, couplets pour la fête du mariage de l'Empereur Napoléon et Marie-Louise d'Autriche)* – Document en provenance des archives de la SALSA

GRANDHAY, Jean-Claude (2010) - 29 *mai 1807 : ouragan sur la Haute-Saône* - Revue trimestrielle n° 78 Haute-Saône SALSA (2010), Avril-Juin 2010.

Le Pays comtois - c*omment s'habillaient nos anciens (costume, coiffure)* – Tome 4, n° 78, 20 décembre 1935, P. 109

Logement des gens de guerre – 15 pages manuscrites en provenance des archives de la SALSA

MOURANT, Jacques (2008) - *La nourriture des hauts-Sannois, quelques mets à évoquer* - Revue trimestrielle n° 70, Haute-Saône SALSA (2008), Avril-Juin 2008.

PIGEARD Alain (2018) – *Les grognards de Napoléon, vie quotidienne dans les armées* – Hors-série n° 28 Napoléon 1er, le magazine du Consulat et de l'Empire, avril 2018.

ROUCAUD, Michel (2018) Projet de descente en Angleterre : 1803 – 1805. De la planification à la réalité - La Fondation Napoléon « Napoleonica. La Revue » 2018/1 N° 31 | pages 18 à 30

TULARD, Jean (1978) - *La vie quotidienne des Français sous Napoléon* - France, Le Livre de Poche Hachette, 1978.

Extrait du Contrôle des Troupes du 24e Régiment d'Infanterie de Ligne

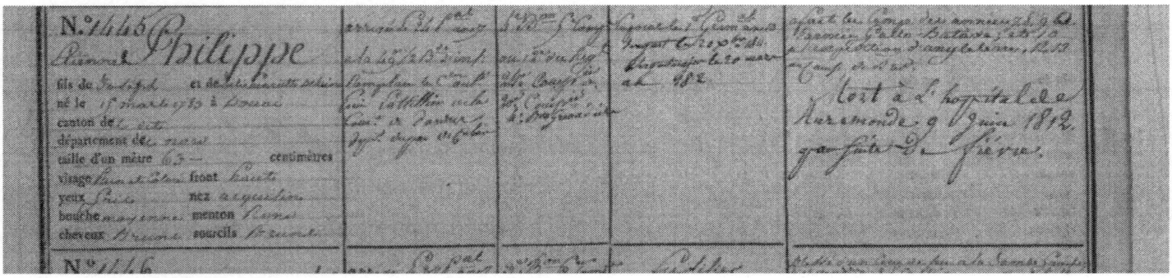

N.° 1445 Philippe

fils de Joseph et de

né le

canton de

département de

taille d'un mètre 63 — centimètres

visage front

yeux nez

bouche menton

cheveux sourcils

Mort à l'hopital de Ruremonde 9 Juin 1812 par suite de fièvres.

Acte de baptême de Françoise Carle

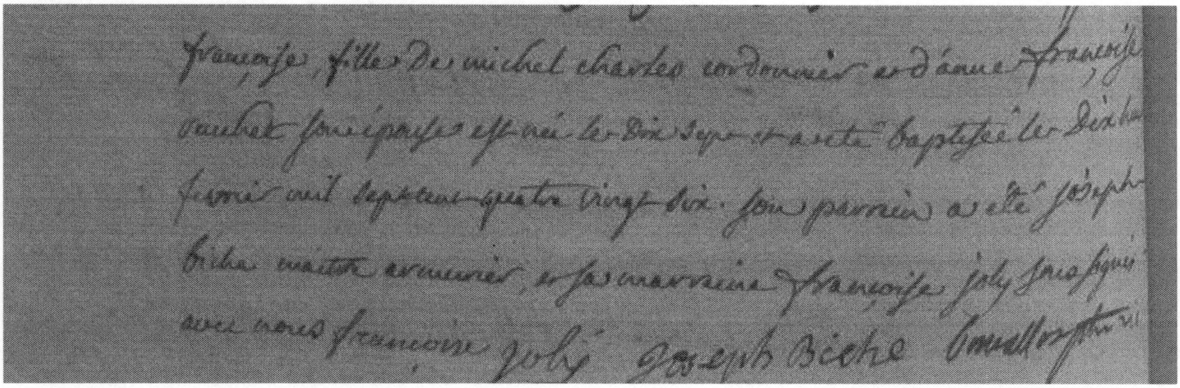

françoise, fille de michel charles cordonnier et d'anne françoise
vaubel son épouse est née le dix sept et a été baptisée le dix huit
fevrier mil sept cent quatre vingt dix. son parrain a été joseph
biche maitre armurier, et sa marraine françoise joly qui a signé
avec nous françoise joly Joseph Biche Bouillot vic.

Arbres Généalogique

Françoise CARLE

CARLE
Françoise
° 17.02.1786 Vesoul (70)

Blanchisseuse Couturière

192
CARLE
Franciscus Michael
° 12.09.1751 Endingen (Allemagne)
x 12.02.1778 Vesoul (70)
+ 19.03.1809 Vesoul (70)
Cordonnier

193
REUCHET
Anne Françoise
° 07.05.1754 Vesoul (70)
x 12.02.1778 Vesoul (70)
+ 29.11.1829 Vesoul (70)

384
CARLE
Anton (Antonius)
° 15.01.1718 Endingen (Allemagne)
x 15.01.1743 Endingen (Allemagne)
+ 22.01.1802 Endingen (Allemagne)

385
MERKLERIN
Maria Anna

x 15.01.1743 Endingen (Allemagne)

386
REUCHET
Jean Claude
° ca ......1730 Conflandey (70)
x 23.02.1751 Vesoul (70)
+ 09.10.1773 Vesoul (70)
Manouvrier

387
BOURLOT
Anne
° 25.11.1732 Vesoul (70)
x 23.02.1751 Vesoul (70)
+ 04.11.1776 Vesoul (70)

Arbres Généalogique

Etienne Joseph PHILIPPE

PHILIPPE
Etienne Joseph
° 16.03.1783 Douai (59)

+ 09.06.1812 Ruremonde (Limbourg)
Caporal en recrutement au 24ème Régiment d'Infanterie de Ligne

PHILIPPE
Ignace Joseph

Garçon tanneur

DELENE
Julie Henriette

PHILIPPE
Etienne Joseph

DERIN
Marie Thérèse

Printed in Poland
by Amazon Fulfillment
Poland Sp. z o.o., Wrocław

26284572R00231